目　录

客观题练习

练习 1

一、单项选择题

1. 下列各项中，能够预防员工贪污、挪用销货款的最有效的方法是（   ）。
   A. 记录应收账款明细账的人员不得兼任出纳
   B. 收取支票与收取客户现金由不同的人员负责
   C. 告知客户将货款直接汇入企业所指定的银行账户
   D. 收到客户的支票后立即寄送收据给客户

2. 下列各项中，不违背货币资金业务的不相容岗位相互分离、制约和监督原则的是（   ）。
   A. 出纳人员兼任会计档案保管工作
   B. 出纳人员保管签发支票所需的全部印章
   C. 出纳人员兼任收入总账和明细账的登记工作
   D. 出纳人员兼任固定资产明细账及总账的登记工作

3. 在一个设计适当的内部控制结构中，同一员工可以负责（   ）。
   A. 接受和保管支票，批准注销客户的应收账款
   B. 审核付款凭证，签发支票
   C. 保管现金，编制银行存款余额调节表
   D. 签发支票，保管原始凭证

4. 下列职务中，不属于不相容职务的是（   ）。
   A. 授权业务与执行业务   B. 记录业务与审核业务
   C. 记录资产与保管资产   D. 授权业务与审核业务

5. 在 2022 年的杭州农行盗窃案中，犯罪嫌疑人张某在 2022 年 3 月 20 日时已经不是管库员，但当天查库登记簿"管库员"一栏有张某的签章。同年 3 月 29 日的查库登记簿"管库员"一栏没有任何人的签章。这一内部控制缺失与内部控制中的（   ）要素最为相关。
   A. 控制环境   B. 控制活动   C. 风险评估   D. 监督

6. 一天夜里，甲企业的铁路专用车辆运进一批原料，但因无人通知卸货，第二天货物又被原封运走。这一内部控制缺失与内部控制中的（   ）要素最为相关。
   A. 控制环境   B. 控制活动   C. 风险评估   D. 监督

7. A 公司计划修建一栋办公楼，工程预算总造价 300 万元，其中含装饰工程 100 万元。该公司与建筑公司签订基建工程合同，在合同及其附件中注明"只将土建工程分包给建筑公司。装饰公司另行发包"，而工程造价却未将装饰工程部分剥离出来，仍按 300 万元总额包给建筑公司。该案例说明 A 公司在（   ）环节中未建立内部控制，或设计了内部控制但未有效执行。
   A. 合同的签订与审批   B. 对固定资产购建进行验收控制
   C. 对固定资产支出进行预算制度控制   D. 对固定资产购建进行记录和入账控制

8. 下列各项中，符合货币资金内部控制制度规定的是（　　）。

A. 出纳人员负责应收账款的记账工作　　B. 出纳人员负责总账的登记和保管工作

C. 货币资金审批人员负责记账工作　　D. 货币资金审批人员兼任出纳

9. 对库存现金实有数额的审计，应通过对库存现金实施（　　）来进行。

A. 审阅　　　　　　B. 核对　　　　　　C. 分析　　　　　　D. 盘点

10. 货物验收控制制度的核心是（　　）。

A. 对订单的控制

B. 对购货询价、签订合同的控制

C. 保管人员不得负责会计记录

D. 保证所购货物符合预定的品名、数量和质量标准，明确有关人员的经济责任

二、多项选择题

1. 根据内部控制制度的要求，不相容职务应当相互分离。下列各项中，属于不相容职务的有（　　）。

A. 授权批准与业务经办　　　　　　B. 业务经办与会计记录

C. 会计记录与财产保管　　　　　　D. 业务经办与稽核检查

2. 控制环境是实施内部控制的基础。下列有关控制环境的表述，正确的有（　　）。

A. 科学合理的人力资源政策是内部控制的人才和工作机制保证，有利于调动员工的积极性、主动性和创造性

B. 有效的反舞弊机制是发现和处理舞弊行为的制度安排，有利于及时防范因舞弊而导致内部控制失效

C. 企业文化是企业在经营管理过程中形成的、影响内部控制环境的精神和理念，包括高级管理人员的管理理念、经营风格与职业操守，企业的整体价值观，员工的行为守则等

D. 健全的治理结构、科学的内部机构设置和权责分配是内部控制的基本前提，是控制环境的重要内容

3. 下列业务中，（　　）需要集体审批。

A. 重要货币资金支付业务　　　　　　B. 超出销售政策和信用政策的赊销业务

C. 重大投资项目决策　　　　　　D. 提前或延期收回对外投资

4. 内部会计控制主要包括（　　）。

A. 采购与付款循环控制　　　　　　B. 销售与收款循环控制

C. 对外投资控制　　　　　　D. 担保控制

5. 采购与付款循环控制包括（　　）。

A. 请购控制　　　　B. 审批控制　　　　C. 采购控制　　　　D. 验收控制

6. 下列有关企业内部控制建设的表述，正确的有（　　）。

A. 内部控制建设有助于企业及时识别和防范风险，促进企业实现战略发展目标

B. 企业应当结合自身的管理实践，从控制环境、风险评估、控制措施、信息与沟通、监督检查等要素出发，建立本企业的内部控制制度

C. 内部控制应当由企业各个层级的人员共同实施，从企业负责人到各个业务分部、职能部门的负责人，直至每名员工，都应对实施内部控制负有责任

D. 企业应当定期或不定期对本企业内部控制的健全性、合理性和有效性进行评价，及时发现内部控制设计和实施环节存在的缺陷和漏洞，采取切实可行措施予以改进

7. 企业应当对影响内部控制目标实现的各种风险进行评估，根据评估结果制定相应的措施。下列有关企业风险评估程序的表述，正确的有(   )。

A. 在充分调研和科学分析的基础上，对业务流程和管理活动进行全面梳理，找出影响内部控制目标实现的各风险点

B. 依据风险发生的可能性及其对企业影响的严重程度进行风险排序，确定应当关注的重要风险点

C. 合理确定企业整体风险承受能力和具体业务层次上的可接受风险水平

D. 选择系列风险应对措施，使重要风险处于期望的限度内

8. 下列内部控制措施，能够有效防范货币资金风险的有(   )。

A. 建立货币资金业务的岗位责任制，明确相关部门和岗位的职责权限，确保办理货币资金业务的不相容岗位相互分离

B. 建立货币资金授权制度和审核批准制度，并按照规定的权限和程序办理货币资金支付业务，严禁未经授权的部门或人员办理货币资金业务

C. 建立货币资金监督检查制度，定期和不定期地进行货币资金清查和对账，确保货币资金账实相符

D. 加强银行预留印鉴的管理，指定责任心强的人员统一保管印鉴章

9. 下列控制措施中，贯彻制衡性原则的有(   )。

A. 不相容职务分离控制   B. 轮岗制度

C. 会计系统控制   D. 财产保护控制

10. 内部控制的原则包括(   )。

A. 全面性原则   B. 重要性原则   C. 系统性原则   D. 适应性原则

三、判断题

1. 需要签订合同的对外投资业务，应先进行谈判并经审查批准后签订投资合同，相关谈判须由 2 人以上参加。   (   )

2. 转让、核销对外投资，应经集体审议批准。核销对外投资应取得因被投资单位破产等不能收回投资的法律文书和证明文件。   (   )

3. 穿行试验法的实施步骤：检查与某些交易或事项相关的原始凭证和其他文件，沿着这些凭证和文件上所留下的业务处理的踪迹进行追踪，从而判断业务处理过程是否按所设计的内部会计控制的要求进行。   (   )

4. 检查人员可以观察仓库实际的发货过程是否和规定的发货程序一致。为了使观察收到实效，检查人员最好采用突击的形式执行观察程序。   (   )

5. 企业建立内部控制框架，先要在组织机构设置和人员配备方面做到董事长和总经理分设、董事会和总经理班子分设，避免人员重叠。   (   )

6. 内部会计控制应当保证单位内部涉及会计工作的机构、岗位的合理设置及其职责权限的合理划分，坚持不相容职务相互分离，确保不同机构和岗位之间的权责分明、相互制约、相互监督。   (   )

7. 内部控制是由人来进行并受人的因素影响，保证组织所有成员具有一定水准的诚

信、道德观和能力的人力资源方针与实践，是内部控制有效的关键因素。（ ）

8. 风险应对是指分析和辨认实现有关目标可能发生的风险，以了解企业所面临的来自内部和外部的各种不同风险。（ ）

9. 对于某些重要资料，企业应留有后备记录，以便在遭受意外损失或毁坏时重新恢复，这在当前计算机处理条件下尤为重要。（ ）

10. 企业对各种债权投资和股权投资都要做可行性研究，并根据项目和金额大小确定审批权限，对投资过程中可能出现的负面因素应制定应对预案。（ ）

练习 2

一、单项选择题

1. 下列各项中，违反现金内部控制的是（ ）。

A. 每日及时记录现金收入并定期向客户寄送对账单

B. 负责登记现金日记账及总账的人员与现金出纳人员分离

C. 现金折扣须经过适当审批

D. 每日盘点现金并与账面余额核对

2. 下列各项中，不违反现金内部控制的是（ ）。

A. 现金收入直接用于企业的支出

B. 在办理费用报销的付款手续后，出纳人员应及时登记现金、银行存款日记账和相关费用明细账

C. 指定负责成本核算的会计人员每月核对 1 次银行存款账户

D. 期末应当核对银行存款日记账余额和银行对账单余额，余额核对相符的银行存款账户无须编制银行存款余额调节表

3. 下列属于不相容职务的有（ ）。

A. 经理和董事长　　　　　　　　　B. 采购员和供销科长

C. 保管员和车间主任　　　　　　　D. 记录日记账的人员和记录总账的人员

4. 在注册会计师看来，如果处于重要资产管理或控制岗位的员工（ ），那么该员工侵占资产的舞弊风险可能最高。

A. 缺少强制休假制度　　　　　　　B. 不被管理层重视

C. 对公司存在敌对情绪　　　　　　D. 不相容职务分离不充分

5. 会计记录控制的内容不包括（ ）。

A. 凭证必须连续编号，并按编号顺序使用

B. 记账凭证的内容必须与原始凭证的内容保持一致

C. 建立定期复核制度

D. 建立内部审计制度

6. 对于被担保项目发生变动的情况，企业应建立（ ）制度。

A. 岗位分工　　　B. 授权批准　　　C. 担保评估　　　D. 担保审批

7. （ ）是指未加控制容易产生错弊的环节。

A. 内部审计　　　B. 内部牵制　　　C. 实质性测试　　　D. 关键控制点

8. 下列关于内部审计的说法，不正确的是（　　）。

A. 对内部控制进行监控是内部审计人员的工作职责

B. 相对于政府审计、注册会计师审计而言，内部审计的独立性最弱

C. 内部审计是被审计单位内部控制的一个重要组成部分

D. 内部审计与注册会计师审计的公正性相同

9. 下列各项中，不属于不相容职责的有（　　）。

A. 银行出纳与编制银行存款余额调节表　B. 接受订单与批准赊销

C. 现金出纳与登记现金日记账　　　　　D. 现金出纳与编制记账凭证

10. COSO 报告对内部控制研究的突破不包含（　　）。

A. 强调控制环境在内部控制中属于基础环节

B. 强调风险评估在内部控制中的重要作用

C. 强调信息与沟通是强化内部控制的重要途径

D. 强调监督是内部控制发挥作用的关键环节

二、多项选择题

1. B 公司于 2024 年 3 月开工建设生产车间，2024 年 12 月完工。该公司董事会考虑到项目金额较大，决定授权公司总经理周某全权负责组织工程的可行性研究，并由其对项目作出决策。之后，公司董事会又授权副总经理吴某负责审核工程概预算的编制，并对工程各项价款的支付进行审批。吴某通过私定施工单位捞取了巨额回扣，并利用工程价款支付"一支笔"审批权，从中侵占公司巨额财产。该公司在工程项目建设过程中存在的内部控制缺陷有（　　）。

A. 周某负责组织项目可行性研究并对项目作出决策，违背了不相容岗位相互分离的内部控制要求

B. 周某负责对项目作出决策，违背了项目决策集体审议的内部控制要求

C. 吴某负责审核工程概预算的编制，并对工程各项价款的支付进行审批，违背了内部控制要求

D. 公司授予吴某"一支笔"审批权，属于授权不当

2. 下列各项中，违背货币资金内部控制要求的有（　　）。

A. 未经授权的机构或人员直接接触企业资金

B. 出纳人员长期保管办理付款业务所使用的全部印章

C. 出纳人员兼任会计档案保管工作和债权债务登记工作

D. 主管财务的副总经理授权财务部门经理办理资金支付业务

3. 企业办理货币资金支付业务，至少要按照（　　）规定的程序办理。

A. 支付申请　　　B. 支付审批　　　C. 支付复核　　　D. 办理支付

4. 内部控制的目标包括（　　）。

A. 保护资产的安全、完整　　　　　　B. 保证会计及其他信息资料的真实、可靠

C. 有利于实现企业的发展战略目标　　D. 提高经营管理的效率、效果

5. 公司对存货实施的内部控制规定，应当由存货管理部门承担的有（　　）。

A. 对会计期末货物已到、发票未到的收货，应暂估入账

B. 对代管、代销、暂存受托加工的存货应单独记录，避免与本单位存货混淆

C. 设立实物明细账，详细登记经验收合格入库的存货，定期与会计部门核对

D. 记录管理过程中废弃的存货

6. 工程项目控制包括（　　　）。

A. 项目决策控制　　　B. 预算控制　　　C. 竣工决算控制　　　D. 价款支付控制

7. 内部控制报告方式通常包括（　　　）。

A. 例行报告　　　B. 实时报告　　　C. 专题报告　　　D. 综合报告

8. 授权控制包括（　　　）。

A. 常规性授权　　　B. 临时性授权　　　C. 集体审议　　　D. 联签制度

9. 风险应对措施包括（　　　）。

A. 风险回避　　　B. 风险承担　　　C. 风险降低　　　D. 风险分担

10. 企业反舞弊工作应关注（　　　）。

A. 在财务报告和信息披露方法上弄虚作假

B. 在开展业务活动时非法使用企业资产，牟取利益

C. 未经授权、滥用授权或采取其他不法方式侵占、挪用资产

D. 员工单独或串通舞弊，给企业造成损失

三、判断题

1. 某企业为了管理方便，将关联企业库存现金合并在一起存放，符合内部会计控制规范。（　　　）

2. 企业的库存现金不准以个人名义存入银行。（　　　）

3. 超过现金结算起点的大额现金支付，应及时缴存银行存款账户。（　　　）

4. 未建立健全统一的内部财务管理和会计核算制度，企业缺乏内部统一的执行标准和监督考核依据，造成各子公司在执业方面存在一定程度的各自为政现象，不符合内部管理控制目标。（　　　）

5. 企业为了工作方便，可以将所收到的工程款存入个人账户作为日常结算账户使用。（　　　）

6. 作业控制是与操作管理层和员工相联系的，为了确保作业和任务的可靠执行，主要针对的是总体业务的操作。（　　　）

7. 企业应授权实物管理部门或专门检验机构，对拟仓储的原材料、辅料、燃料和库存商品等进行检验，如因数量、质量等原因，可以拒收。（　　　）

8. 在采购的货物运抵之后，应由仓储部门根据订货单的要求对货物的数量、品种、到货期等情况进行验收，特别是货物的质量是否达到相关的标准。对于不符合要求的，属于违约事项，应予以相应的索赔。（　　　）

9. 销货业务的订单控制应当实行顺序编号法。为了加强管理，企业应当对所有的订单，包括已经执行和尚未执行的订单一起进行管理和控制，以免疏漏。（　　　）

10. 授权进行某项经济业务和执行该项业务的职务要分离，如有权决定或审批材料采购的人员不能同时兼任采购员。（　　　）

练习 3

一、单项选择题

1. 下列各项中，属于内部控制中控制活动要素的是（　　）。

A. 人事政策　　　　B. 组织结构设置　　C. 风险评估　　　　D. 凭证与记录控制

2. 下列关于内部会计控制的原则，表述正确的是（　　）。

A. 企业高层管理者是制度的制定者，有权掌控内部会计控制

B. 财务部门主管是财会工作的领导者，应当有权操纵内部会计控制

C. 企业内部涉及财会工作的所有人员均不拥有超越内部会计控制的权力

D. 监察、审计是企业监督管理部门，可掌控内部会计控制

3. 下列关于内部会计控制制度的修订和完善原则，表述正确的是（　　）。

A. 随着外部环境的变化、职能的调整和管理要求的提高，应不断修订和完善内部会计控制制度

B. 未接到企业上级指示，不得修改内部会计控制制度

C. 未经企业最高行政领导准许，不得变更内部会计控制制度

D. 未经业务主管同意，不得修订内部会计控制制度

4. 下列关于内部会计控制的原则，表述错误的是（　　）。

A. 内部会计控制应涵盖企业内部涉及会计工作业务的所有人员

B. 内部会计控制仅涵盖企业内部财会部门的所有工作岗位和人员

C. 针对业务处理过程的关键点落实决策，执行、监督、反馈等各个环节

D. 企业内部会计控制涉及会计工作的机构，岗位的合理设置，职责、权限的合理划分

5. 为了明确相关部门和岗位的职责、权限，确保办理项目业务的不相容岗位相互分离、制约和监督，企业应当建立业务的（　　）。

A. 经济责任制　　　B. 目标责任制　　　C. 岗位责任制　　　D. 成本责任制

6. 为了明确审批人的授权批准方式、权限、程序、责任及相关控制措施，规定经办人的职责范围和工作要求，企业应当对相关业务建立严格的（　　）。

A. 授权批准制度　　B. 业务流程制度　　C. 信息传递制度　　D. 经济责任制度

7. 企业内部控制监督检查，针对业务相关岗位及人员的设置情况，应重点检查（　　）。

A. 是否存在岗位设置不合理现象

B. 是否存在从业人员专业技能不合格现象

C. 是否存在在岗人员业务素质不过关现象

D. 是否存在不相容职务混岗现象

8. 下列要素中，不属于内部控制程序的是（　　）。

A. 交易授权　　　　B. 会计控制　　　　C. 独立稽核　　　　D. 内部审计

9. 下列各项中，预防员工贪污、挪用销货款的最有效的方法是（　　）。

A. 记录应收账款明细账的人员不得兼任出纳

B. 由不同人员负责收取客户支票与收取客户现金

C. 请客户将货款直接汇入企业指定的银行账户

D. 企业收到客户支票后立即寄送收据给客户

10. 在一个设计适当的内部控制结构中，同一员工可以负责（   ）。

A. 接受和保管支票，并批准注销客户应收账款

B. 审核付款凭证，同时签发支票

C. 保管现金，编制银行存款余额调节表

D. 签发支票，同时保管原始凭证

二、多项选择题

1. 内部控制的基本要素包括（   ）。

A. 内部环境　　　　B. 风险应对　　　　C. 控制措施　　　　D. 信息与沟通

2. 下列属于企业文化的是（   ）。

A. 企业整体价值观　　　　　　　　　B. 高级管理人员的经营理念和管理风格

C. 规范的法人治理结构　　　　　　　D. 高级管理人员的职业操守

3.（   ）对实施内部控制负有责任。

A. 董事会　　　　B. 管理层　　　　C. 风险管理人员　　　　D. 内部审计人员

4. 财产保护控制包括（   ）。

A. 财产记录　　　　B. 实物保管　　　　C. 定期盘点　　　　D. 账实核对

5. 符合性测试的主要方法有（   ）。

A. 证据检查法　　　　B. 穿行测试法　　　　C. 实地观察法　　　　D. 文字说明法

6. 下列有关内部控制的发展阶段的表述，正确的有（   ）。

A. 20 世纪 50 年代以前，内部控制主要表现为内部牵制

B. 在内部控制制度阶段，内部控制被划分为内部会计控制和内部管理控制

C. 内部控制结构主要由控制环境、会计系统和控制程序三个组成部分

D. 内部控制整体框架是内部控制研究最为重要的突破

7. 内部控制制度设计的原则包括（   ）。

A. 合法性原则　　　　　　　　　　　B. 重要性原则

C. 成本效益原则　　　　　　　　　　D. 全面性原则

8. 下列属于内部环境要素的有（   ）。

A. 企业文化　　　　B. 治理结构　　　　C. 反舞弊机制　　　　D. 内部审计

9. 下列符合印章控制要求的有（   ）。

A. 财务专用章由专人保管　　　　　　B. 个人名章由本人保管

C. 同一个人可以保管全部印章　　　　D. 严格履行签字或盖章手续

10. 货币资金岗位分工控制包括（   ）。

A. 建立货币资金业务的岗位责任制　　B. 出纳人员不得兼任稽核

C. 实行岗位轮换制度　　　　　　　　D. 建立回避制度

三、判断题

1. 内部控制要素可以分为控制环境、会计系统和控制程序。内部审计是控制程序的主要组成部分。（   ）

2. 无论内部控制制度的设计多合理、运行多有效，对内部控制的可信赖程度都应低于 100%。（   ）

3. 企业在签订销售合同前，指定 2 名以上专门人员与购货方谈判，并由他们中的首席

谈判代表负责签订销售合同。   （　　）

4. 对售出的商品由收款员对每笔销货开具账单后，将发运凭证按顺序归档，并且收款员应定期检查全部凭证的编号是否连续。   （　　）

5. 内部审计既是内部控制的一个组成部分，又是内部控制的一种特殊形式。 （　　）

6. 内部审计机构原则上不得置于财会机构的领导之下或者与财会机构合并办公。
                                                                 （　　）

7. 内部审计机构对审计过程中发现的重大问题，可以直接向审计委员会或董事会报告。   （　　）

8. 内部审计人员应当具备所在岗位的从业资格，拥有与工作职责相匹配的道德操守和专业胜任能力。   （　　）

9. 企业对关键岗位的员工可以实行强制休假制度，并确保在不超过 5 年的时间内进行岗位轮换。   （　　）

10. 内部控制的基本理念、原则和方法等仅适用于企业等营利组织，不适用于非营利组织。   （　　）

练习 4

一、单项选择题

1. 按照内部控制的要求，应由（　　）核对银行存款日记账和银行对账单，编制银行存款余额调节表。

　　A. 记账人员　　　　　B. 非出纳人员　　　　C. 会计人员　　　　D. 审核人员

2. 现金收支原始凭证上业务经办人员应签字盖章，以明确有关责任，同时该凭证还须经（　　）审核签章。

　　A. 记账人员　　　　　B. 出纳人员　　　　　C. 会计人员　　　　D. 部门负责人

3. （　　）应根据审核无误的现金收款或付款凭证进行收款或付款。收付完毕，对现金收款凭证或付款凭证及所附原始凭证加盖"收讫"或"付讫"戳记，并签字盖章，以示收付。

　　A. 出纳人员　　　　　B. 记账人员　　　　　C. 会计人员　　　　D. 稽核人员

4. 在（　　）的监督下，各个账簿记录人员核对银行存款日记账和有关明细分类账及总分类账。

　　A. 出纳人员　　　　　B. 记账人员　　　　　C. 会计人员　　　　D. 稽核人员

5. 下列不属于货币资金控制目标要求的是（　　）。

　　A. 保证货币资金业务的合法性

　　B. 保证财产物资的完整与安全

　　C. 保证货币资金业务核算的准确、可靠

　　D. 保证货币资金的使用效益

6. 现金内部控制的控制点不包括（　　）。

　　A. 审批　　　　　　　B. 余额调节表　　　　C. 对账　　　　　　D. 清查

7. 现金日记账应采用的格式为（　　）。

　　A. 订本式　　　　　　B. 活页式　　　　　　C. 卡片式　　　　　D. 以上均可

8. 下列各项中，可以保证现金收支业务按照授权进行，增强经办人员和负责人员的责任感的控制措施为（   ）。

    A. 授权批准   B. 分工记账   C. 清点   D. 监察

9.（   ）是可以及时发现企业或银行记账中存在的差错，防止银行存款非法行为的发生，保证银行存款真实和货款结算及时的控制措施。

    A. 审批   B. 复核   C. 核对   D. 对账

10. 不相容职务相分离的核心是（   ），要求每项经济业务都要经过 2 个或 2 个以上的部门或人员的处理，使个人或部门的工作必须与其他人或部门的工作相一致或相联系，并相互监督和制约。

    A. 职责分工   B. 内部牵制   C. 作业程序   D. 授权批准

二、多项选择题

1. 资金活动是指企业（   ）等活动的总称。

    A. 筹资   B. 投资   C. 营运   D. 赚取利润

2. 货币资金控制主要围绕（   ）的目标。

    A. 保证货币资金业务收支的真实与合法

    B. 保证货币资金的使用效益

    C. 保证货币资金业务核算的准确与可靠

    D. 保证货币资金的安全与完整

3. 企业的筹资方式包括（   ）。

    A. 向银行借款   B. 发行债券   C. 发行股票   D. 赚取利润

4. 资金活动的不相容职务包括（   ）。

    A. 资金预算编制与审批   B. 资金审批与执行

    C. 资金取得与保管   D. 内部审计与会计

5. 按照货币资金不相容岗位相互分离的要求，出纳人员不得兼任的工作有（   ）。

    A. 总账的登记和收入、支出、费用、债权债务账目的登记

    B. 货币资金的稽核

    C. 会计档案的保管

    D. 现金清查的盘点

6. 在银行存款收支业务记账前，稽核人员应审核银行存款收付凭证及所附原始凭证、结算凭证基本内容的完整性，处理手续的完备性，以及所反映的经济业务的（   ）。

    A. 合规性   B. 合法性   C. 真实性   D. 有效性

7. 货币资金控制需要建立（   ）。

    A. 职务分离制度   B. 控制程序   C. 稽核制度   D. 岗位责任制度

8. 货币资金控制应做到（   ）。

    A. 收入及时入账   B. 不得私设"小金库"

    C. 不得坐支现金   D. 不得公款私用

9. 下列关于印章管理的说法，正确的有（   ）。

    A. 印章的保管不需要贯彻不相容职务相分离的原则

    B. 企业应制定内部印章使用规则

C. 印章离开企业需要经过各部门主管的批准

D. 印章保管人员应对印章使用情况做备查登记

10. 票据管理制度涵盖（　　）。

A. 各种票据的购买、保管、领用　　　B. 各种票据的备查登记

C. 各种票据的背书转让　　　　　　　D. 各种票据的注销

三、判断题

1. 为了保证资金活动控制目标的实现，企业应建立资金活动相关业务的内部控制制度。　　　　　　　　　　　　　　　　　　　　　　　　　　　　　（　　）

2. 货币资金监督检查的重点内容包括是否存在办理付款业务所需的全部印章交由一人保管的现象。　　　　　　　　　　　　　　　　　　　　　　　　　（　　）

3. 企业不得跳号开具票据，不得随意开具空白支票。　　　　　　　　　（　　）

4. 对销售活动、筹资活动和处置投资取得的资金，企业应当及时办理入账，并进行复核确认。　　　　　　　　　　　　　　　　　　　　　　　　　　　　（　　）

5. 对采购活动、投资活动和清偿债务支付的资金，企业应当按照支付申请、支付审批、支付复核、办理支付这一程序处理，并按规定履行资金支付手续，及时登记现金或银行存款日记账。　　　　　　　　　　　　　　　　　　　　　　　　　（　　）

6. 企业所有活动都可以选择现金支付。　　　　　　　　　　　　　　　（　　）

7. 现金收支应坚持"收有凭、付有据"这一原则。　　　　　　　　　　　（　　）

8. 筹资计划的编制与筹资计划的执行必须由 2 个部门来完成。　　　　　（　　）

9. 出纳人员可以每月清点 1 次现金。　　　　　　　　　　　　　　　　（　　）

10. 重要的货币资金支付业务应由总经理作出决策与审批。　　　　　　（　　）

练习 5

一、单项选择题

1. 下列各项中，对需求部门提出的采购需求进行审核的是（　　）。

A. 需求部门　　　　　　　　　　　　B. 财务部门

C. 具有请购权的部门　　　　　　　　D. 总经理

2. 下列关于采购与付款循环的内部控制，审计人员认为与应付账款的"完整性"认定直接相关的是（　　）。

A. 采用适当的会计科目表核算采购与付款交易

B. 采购价格和折扣须经被授权人员的批准

C. 会计主管复核付款凭单后是否附有完整的相关单据

D. 订购单均经事先连续编号并将已完成的采购登记入账

3. 在采购与付款环节中，下列做法不合理的是（　　）。

A. 支票连续编号

B. 记录应付账款的人员不得经手现金、有价证券和其他资产

C. 会计主管应独立检查记入银行存款日记账和应付账款明细账的金额的一致性，以及支票汇总记录的一致性

D. 出纳人员定期编制银行存款余额调节表

4. 在付款环节中，下列控制活动不正确的是（   ）。

A. 支票的签署应由被授权的财务部门人员负责

B. 被授权签署支票的人员应确定每张支票都附有 1 张已经适当批准的未付款凭单，并确定支票收款人姓名和金额与凭单内容一致

C. 支票一经签署，就应在其凭单和支持性凭证上用加盖印戳或打洞等方式将其注销，以免漏付款

D. 只有被授权的人员才能接近未使用的空白支票

5. 在采购与付款交易阶段中，不属于不相容职务的有（   ）。

A. 请购与审批　　　　　　　　B. 询价与确定供应商

C. 采购合同的订立与审批　　　D. 采购与付款执行

6. 存量控制的目的在于（   ）。

A. 降低库存数量和短缺概率　　B. 及时采购

C. 实现采购目标　　　　　　　D. 生产经营需要

7. 下列用于采购与付款环节的单据，可以不连续编号的是（   ）。

A. 请购单　　　B. 订购单　　　C. 验收单　　　D. 入库单

8. 下列关于付款业务的控制活动中，存在设计缺陷的是（   ）。

A. 建立退货管理制度，对退货条件、退货手续、货物出库、退货货款收回等作出明确规定

B. 对已到期的应付款项，由会计主管负责办理付款的审批与支付

C. 财务部门在办理付款业务时，对供应商发票、结算凭证、验收单、订购单等相关凭证进行核对

D. 定期与供应商核对应付账款、应付票据、预付账款等往来款项

9. 下列不属于采购退货的内部控制的是（   ）。

A. 退货条件　　　B. 退货手续　　　C. 退货货款的收回　　D. 退货时间

10. 下列不属于付款控制的是（   ）。

A. 申请程序　　　B. 货款支付程序　　　C. 授权审批程序　　　D. 付款冲抵程序

二、多项选择题

1. 采购业务控制应围绕（   ）环节进行。

A. 采购申请　　　B. 合同签订　　　C. 验收入库　　　D. 货款结算

2. 下列属于请购与审批控制原则的有（   ）。

A. 计划控制　　　B. 预算控制　　　C. 政策控制　　　D. 审批控制

3. 企业应通过一定的选择标准确定最终供应商。对供应商的评价标准包括（   ）。

A. 能否满足企业采购标的的质量、数量、价格、服务等基本标准

B. 资信品质标准

C. 道德规范标准

D. 权重调整标准

4. 企业确定采购价格较常用的方法是结合使用（   ）等方式。

A. 询价　　　B. 比价　　　C. 议价　　　D. 招投标

5. 下列属于采购与付款业务流程的是( )。

A. 货款结算　　　　B. 采购作业　　　　C. 请购　　　　D. 采购决策

6. 采购业务应当关注的风险有( )。

A. 采购计划安排的风险　　　　　　B. 采购物资质量和价格的风险

C. 采购付款的风险　　　　　　　　D. 资金管控的风险

7. 采购可以采用( )方式完成。

A. 招标　　　　B. 询价　　　　C. 定价　　　　D. 直接购买

8. 下列关于采购与付款交易内部控制的说法,正确的有( )。

A. 验收商品的保管与采购属于不相容职务,应相互分离

B. 采购商品与验收商品属于不相容职务,应相互分离

C. 采购合同的谈判与签订可以由同一人完成

D. 验收商品与保管商品可以由同一人负责

9. 下列关于企业采购业务内部控制的说法,正确的有( )。

A. 应采取多头采购或分散采购的方式,避免采购业务集中

B. 应对办理采购业务的人员定期进行岗位轮换

C. 任何采购都不得安排同一机构办理采购业务的全过程

D. 重要的和技术性较强的采购业务,应组织相关专家进行论证,实行集体决策和审批

10. 下列属于采购与付款业务的内部控制涉及的内容有( )。

A. 岗位分工与授权批准　　　　　　B. 请购与审批控制

C. 付款控制　　　　　　　　　　　D. 采购与验收控制

三、判断题

1. 企业小额零星物品或劳务采购可以采取直接购买、事后审批的方式。 （　　）

2. 企业超过一定金额的采购需求,领用部门可以自行采购。 （　　）

3. 企业采购的付款审批人和付款执行人可以单独完成询价与确定供应商的工作。 （　　）

4. 企业所有的采购必须经企业管理层集体决定和审批后,再交由采购部门执行。 （　　）

5. 企业验收部门应使用顺序连续的验收报告来记录收货,不得签收无对应采购申请表的货物。 （　　）

6. 为了避免采购人员舞弊,应该对采购人员进行定期轮岗。 （　　）

7. 企业应建立供应商的评估、准入制度,并将其基本信息录入信息系统。 （　　）

8. 采购合同的谈判与签订可以由同一人完成。 （　　）

9. 采购商品与验收商品属于不相容职务,应相互分离。 （　　）

10. 预付账款支付的依据是采购人员和供应商签订的采购合同,所以付款之前不需要严格的授权审批程序。 （　　）

练习 6

一、单项选择题

1. 企业的( )负责开具销售发票。

A. 信用管理部门　　B. 销售部门　　　　C. 仓库部门　　　　D. 会计部门

2. 企业应以销售预测为基础，在全面预算总方针的指导下，由（　　）编制销售预算。

A. 销售部门　　　　B. 会计部门　　　　C. 仓库部门　　　　D. 信用管理部门

3. 企业应当建立逾期应收账款催收制度，（　　）负责应收账款的催收。

A. 会计部门　　　　B. 销售部门　　　　C. 仓库部门　　　　D. 信用管理部门

4. 赊销的批准由（　　）根据赊销政策和已授权给客户的信用额度来进行。

A. 会计部门　　　　B. 仓库部门　　　　C. 信用管理部门　　　　D. 销售部门

5. （　　）应定期编制并向客户寄送应收账款对账单，并与客户核对账面记录。

A. 会计部门　　　　B. 信用管理部门　　　　C. 销售部门　　　　D. 仓库部门

6. 赊销必然形成（　　）。

A. 银行存款　　　　B. 应收账款　　　　C. 应付账款　　　　D. 存货

7. 销售业务员与客户进行销售谈判时，根据实际需要，可对格式合同部分条款作出权限范围内的修改，但应报（　　）审批。

A. 财务部门经理　　　　B. 总经理　　　　C. 销售部门经理　　　　D. 采购部门经理

8. 企业销售的起点是（　　）。

A. 销售发票　　　　B. 发货单　　　　C. 销货清单　　　　D. 购货订单

9. 客户信用管理部门应定期编制应收账款账龄分析表，对账龄较长的客户采取措施。这项规定属于（　　）。

A. 销售价格政策控制制度　　　　　　　B. 销售发票控制制度

C. 销售收款业务控制制度　　　　　　　D. 退货业务控制制度

10. （　　）是企业财务部门确认营业收入和编制收款通知单的依据。

A. 销售发票　　　　B. 发货单　　　　C. 销货清单　　　　D. 购货订单

二、多项选择题

1. 下列属于销售与收款业务内容的有（　　）。

A. 批准赊销信用　　　　　　　　　　　B. 开具销售发票

C. 审批销售退回和折让　　　　　　　　D. 发送货物

2. 企业的信用政策包括（　　）。

A. 信用期间　　　　B. 信用标准　　　　C. 现金折扣　　　　D. 企业声誉

3. 应收账款日常管理控制包括（　　）。

A. 应收账款账龄分析　　　　　　　　　B. 应收账款催收制度

C. 应收账款追踪分析　　　　　　　　　D. 应收账款坏账准备制度

4. 销售业务的特点表现为（　　）。

A. 业务过程较为复杂　　　　　　　　　B. 存在较大的风险

C. 业务过程比较简单　　　　　　　　　D. 会计处理工作复杂

5. 销售业务控制应达到的目标有（　　）。

A. 合理确认、计量销售收入　　　　　　B. 制定合理的产品价格

C. 正确处理现金折扣、销售折让等　　　D. 及时收回货款

6. 销售业务内部控制的主要环节包括（　　）。

A. 销售预算的控制　　　　　　　　　　B. 接受订单的控制

C. 开单发货的控制　　　　　　　　　　D. 收款的控制

7. 有效的应收账款内部控制包括（　　）。

A. 销售前要审核客户的资信情况，保证赊销的货款可以收回

B. 销售后要确定应收账款账面的债权数是否真实

C. 核实是否存在收回货款被侵占、挪用的现象

D. 证实应收账款记录同销货业务实际发生额一致，防止记账错误或舞弊行为的发生

8. 企业的销售业务流程包括（　　）。

A. 销售计划管理

B. 客户开发与信用管理

C. 销售定价、订立销售合同、发货、收款

D. 售后服务和会计系统控制

9. 企业销售业务不相容职务包括（　　）。

A. 接受客户订单、签订合同的岗位应与最后付款条件核准岗位相分离

B. 发货凭证编制与发运货物、提取货物、包装货物或托运货物相分离

C. 应收账款记录与收款岗位相分离

D. 催收货款与结算货款相分离

10. 有效的授权审批制度应明确授权的责任并建立经济业务授权审批的程序。销售业务授权审批制度要求（　　）。

A. 明确审批人员对销售业务的授权批准方式、权限、程序、责任和相关控制措施

B. 规定经办人员办理销售业务的职责范围和工作要求

C. 对于金额较大或情况特殊的销售业务和特殊信用条件，应进行集体决策，经过有审批权限人员的审批后方可执行，防止决策失误造成严重损失

D. 应建立健全合同审批制度，审批人员对价格、信用条件、收款方式等内容进行审批

三、判断题

1. 退货验收的人员与退货记录的人员可以是同一个人。　　　　　　　（　　）

2. 客户要求退货或折让，应由负责收款和记录应收账款以外的人员，根据退回货物的验收报告和入库单批准退货。　　　　　　　　　　　　　　　　　（　　）

3. 企业应收票据的取得和贴现必须经保管票据的主管人员的书面批准。（　　）

4. 当应收账款无法收回时，经批准后方可作为坏账注销，会计部门不需要对已注销的应收账款备查登记。　　　　　　　　　　　　　　　　　　　　　　（　　）

5. 信用管理岗位与销售业务岗位应当分设。　　　　　　　　　　　（　　）

6. 销售业务的内部控制就是指企业对业务流程中各环节可能出现的风险进行分析，并结合内部环境和生产经营管理的实际情况，采取相应的措施进行控制。（　　）

7. 根据不相容岗位相分离原则，开具发票与发票审核、编制销售发票通知单与开具销售发票相分离。　　　　　　　　　　　　　　　　　　　　　　　　（　　）

8. 不能由同一部门或人员办理销售与收款业务的全过程。　　　　　（　　）

9. 发货部门应对销售发货单据进行审批，严格按销售通知单所列的发货品种和规格、发货数量、发货时间及发货方式组织发货，并建立货物出库、发运等环节的岗位责任制，确保货物安全发运。　　　　　　　　　　　　　　　　　　　　　（　　）

10. 销售预算是全面预算的起点。　　　　　　　　　　　　　　　（　　）

练习 7

一、单项选择题

1. 费用是指企业在日常活动中发生的、会导致（　　）减少的、与所有者分配利润无关的、除成本之外的其他经济利益的总流出。

A. 负债　　　　　B. 资产　　　　　C. 所有者权益　　　D. 净资产

2. （　　）是将企业的成本费用目标具体化，加强对成本费用的控制管理。

A. 预测　　　　　B. 预算　　　　　C. 决策　　　　　D. 分析

3. 建立成本费用支出审批制度属于（　　）。

A. 成本费用预测控制　　　　　　　B. 成本费用执行控制

C. 成本费用核算控制　　　　　　　D. 成本费用分析与考核

4. 产品成本的计算业务主要由企业的（　　）负责。

A. 技术部门　　　B. 生产部门　　　C. 财务部门　　　D. 物资部门

5. 成本费用分析属于成本费用业务控制的（　　）。

A. 事前控制　　　B. 事中控制　　　C. 事后控制　　　D. 预算控制

6. （　　）属于成本费用业务控制的事前控制。

A. 生产成本控制　　　　　　　　　B. 期间费用控制

C. 制定成本费用控制标准　　　　　D. 成本费用分析与考核

7. 生产成本控制的主要内容有（　　）。

A. 材料成本控制　B. 销售费用控制　C. 管理费用控制　D. 财务费用控制

8. 生产成本核算的第一步是（　　）。

A. 生产费用支出的审核　　　　　　B. 成本计算对象和成本项目的确定

C. 要素费用的分配　　　　　　　　D. 完工产品成本与在产品成本的划分

9. 生产费用的发生与（　　）相联系。

A. 一定品种和数量的产品　　　　　B. 一定的车间和部门

C. 一定的时期　　　　　　　　　　D. 一定的成本计算对象

10. （　　）是指以作业为核算对象，通过成本动因来确认和计算作业量，进而以作业量为基础分配间接费用的成本计算方法。

A. 标准成本控制法　　　　　　　　B. 预算控制法

C. 定额控制法　　　　　　　　　　D. 作业成本控制法

二、多项选择题

1. 下列属于成本费用事中控制内容的是（　　）。

A. 制定成本控制目标　　　　　　　B. 产品成本核算控制

C. 期间费用发生控制　　　　　　　D. 成本费用分析

2. 成本费用预测常用的定量分析法有（　　）。

A. 因素分析法　　B. 德尔菲法　　　C. 类推法　　　　D. 趋势分析法

3. 期间费用的内部控制方法主要有（　　）。

A. 预算控制法　　B. 定额控制法　　C. 归口分级管理法　D. 审批控制法

4. 成本控制标准主要包括（　　）。

A. 直接工资分配率标准　　　　　　　B. 制定费用开支限额

C. 直接人工消耗标准　　　　　　　　D. 材料价格标准

5. 产品成本包括（　　）。

A. 直接材料　　　　　　　　　　　　B. 直接人工

C. 其他直接费用　　　　　　　　　　D. 为第三方或客户垫付的款项

6. 成本费用内部控制的目标包括（　　）。

A. 保证各项成本费用的合法性　　　　B. 保证各项成本费用开支的合理性

C. 保证成本费用的正确核算　　　　　D. 加强成本费用的管理，提高经济效益

7. 责任中心是全面预算的执行主体，可以划分为（　　）责任单位。

A. 成本中心　　　　B. 利润中心　　　　C. 投资中心　　　　D. 项目中心

8. 目标成本控制的过程包括（　　）。

A. 目标成本设定　　B. 目标成本分解　　C. 目标成本分析　　D. 目标成本考核

9. 成本费用业务控制包括（　　）。

A. 事前预算控制　　B. 生产成本控制　　C. 期间费用控制　　D. 事后分析控制

10. 实行定额成本控制，计算单位产品的定额成本，必须先制定单位产品的（　　）。

A. 消耗定额　　　　B. 脱离定额差异　　C. 费用定额　　　　D. 工时定额

三、判断题

1. 产品成本与生产费用无实质上的区别。（　　）

2. 成本费用支出的执行与相关会计记录职务必须分离。（　　）

3. 成本费用内部控制是在企业的生产经营活动中，根据事后制定的成本费用目标，以不断降低成本和提高经济效益为目的，对影响成本的各种因素进行的财务控制。（　　）

4. 成本费用报告制度包括日常报告制度和期末报告制度。（　　）

5. 企业一般运用比较分析法、比率分析法、因素分析法、趋势分析法等分析方法开展成本费用分析。（　　）

6. 成本费用预算控制的核心是成本费用预测。（　　）

7. 企业在没有在产品的情况下，产品成本明细账所归集的生产费用为完工产品的单位成本。（　　）

8. 部门主管按照分级归口的费用审批规定，检查自己是否符合审批资格，对无权审批或越级申请行为不予受理。（　　）

9. 实际成本和控制目标成本不同，二者之间的差异可以反映出"完成得好不好"和"是谁的责任"。（　　）

10. 归口管理法是期间费用的一项基本方法，也就是管理费用由行政部门管理，销售费用归销售部门管理，财务费用归财务部门管理。（　　）

练习 8

一、单项选择题

1. 委托生产的存货，应根据生产请求编制计划书。委托生产计划应经过相关授权的人员进行审核，审核内容包括计划的有效性、（　　）等。

A. 成本收益性　　B. 可行性　　　　C. 符合性　　　D. 相关性

2. 销售退货增加的存货，（　　）根据验收情况编制退货接收报告。报告应包括所退货物的品种、名称、客户的名称等，并交相关的主管部门进行审核。

A. 财务部门　　　B. 销售部门　　　C. 接收部门　　D. 仓储部门

3. 仓储部门应当定期对存货进行检查，重视（　　）的材料、低值易耗品、半成品等物资的管理控制，防止浪费、被盗和丢失。

A. 仓库　　　　　B. 生产现场　　　C. 运输环节　　D. 销售环节

4. 根据《企业内部控制应用指引第8号——资产管理》的要求，下列关于存货内部控制的说法，不正确的是（　　）。

A. 外购存货的验收，应当重点关注合同、发票等原始单据与存货的数量、质量、规格等核对一致

B. 自制存货的验收，应当重点关注产品质量

C. 其他方式取得存货的验收，应当重点关注存货来源、质量状况、实际价值是否符合有关合同或协议的约定

D. 存货在不同仓库之间流动时，无须办理出入库手续

5. 下列各项中，不属于企业存储存货原因的是（　　）。

A. 保证生产的需要　　　　　　B. 价格方面的考虑

C. 降低存货成本　　　　　　　D. 保证销售的需要

6. 下列不属于存货内部控制的是（　　）。

A. 存货仓储与保管控制　　　　B. 工薪的内部控制

C. 存货的取得控制　　　　　　D. 存货的领用控制

7. （　　）决定存货的进货时间和进货批量。

A. 财务部门　　　B. 采购部门　　　C. 销售部门　　D. 生产部门

8. 采购的存货需要由（　　）清点数量并检验质量。

A. 财务部门　　　B. 采购部门　　　C. 销售部门　　　D. 生产部门

9. 生产单位将生产完成的产品移至待验区，由（　　）进行质量检验。

A. 财务部门　　　B. 采购部门　　　C. 销售部门　　D. 仓储部门

10. 存货数量控制的方法有很多，其中最常用的是（　　）。

A. 固定期间法　　B. 固定数量法　　C. 存货经济批量法　D. 物料需求计划法

二、多项选择题

1. 存货业务中的不相容岗位主要包括（　　）。

A. 请购与审批　　　　　　　　B. 采购与验收、付款

C. 保管与相关会计记录　　　　D. 发出的申请与审批

2. 企业应配备合格的人员办理存货与固定资产业务。办理存货与固定资产业务的人员应当具备良好的（　　）、遵纪守法、客观公正。

A. 业务知识　　　B. 职业道德　　　C. 会计知识　　　D. 理论知识

3. 企业可以根据业务特点及成本效益原则，选用计算机系统和网络技术，实现对存货的管理和控制，但应注意计算机系统的（　　），并制定防范意外事件的有效措施。

A. 有效性　　　　B. 相关性　　　　C. 可靠性　　　　D. 安全性

4. 存货处置的主要控制内容包括分析存货情况、（　　）等。

A. 填制存货处置审核表　　　　　　　B. 编制存货毁损丢失处置单

C. 审核存货毁损处置单　　　　　　　D. 处理财务信息

5. 关于存货保管内部控制，下列说法错误的是（　　）。

A. 存货在不同仓库直接流动时，可以不办理出入库手续

B. 按仓储物资所要求的储存条件贮存

C. 为了便于集中管理，代管、代销、受托加工的存货与本单位存货一同存放和记录

D. 对存货进行投保，保证存货的安全

6. 下列各项中，与存货的"存在"认定相关的有（　　）。

A. 将已验收商品的保管与采购的其他职责相分离

B. 应由被授权的财务部门的人员负责签署支票

C. 存放商品的仓储区应相对独立，限制无关人员进入

D. 确定供应商发票计算的正确性

7. 下列各项属于存货的有（　　）。

A. 协作件　　　　B. 商品　　　　C. 低值易耗品　　　　D. 产成品

8. 存货的会计控制范围包括（　　）。

A. 存货计划　　　　B. 存货保管　　　　C. 存货发放　　　　D. 存货验收

9. 存货退回包括（　　）。

A. 协议退回　　　　　　　　　　　B. 质量问题退货

C. 搬运途中损坏退货　　　　　　　D. 商品过期退回

10. 固定资产内部控制制度主要包括（　　）。

A. 固定资产维修保养制度　　　　　B. 固定资产取得和处置控制制度

C. 固定资产保密制度　　　　　　　D. 固定资产摊销控制制度

三、判断题

1. 无论是生产企业还是商品流通企业，其存货业务流程的主要环节是一致的。（　　）

2. 存货取得环节的控制目标有三个：一是存货取得合法合规，二是满足生产经营需要，三是保证存货处于最高储备状态。（　　）

3. 存货盘点清查，一方面是要核对实物的数量，核对是否与相关记录相符、账实相符；另一方面是要关注实物的质量，检查是否有明显的损坏。（　　）

4. 存货的领用必须经过适当的授权。（　　）

5. 存货的请购、审批、发放、保管与记账不能由同一人负责。（　　）

6. 企业自行生产的物品，不符合质量要求的，可以直接作废。（　　）

7. 企业要定期或不定期地安排专人对存货的库存情况进行清查盘点。（　　）

8. 存货的处置只是对损毁的存货进行处置。（　　）

9. 永续盘存法适用于自然损耗的数量不确定的鲜活商品。（　　）

10. 企业应对存货建立严格的授权批准制度。（　　）

练习 9

一、单项选择题

1. 会计师事务所对某股份有限公司的财务报表进行审计。审计报告的收件人应为(　　)。

A. 全体职工　　　B. 全体股东　　　C. 董事会　　　D. 董事长

2. 如果注册会计师认为有必要，可以在审计报告的(　　)增加强调事项段，对重大事项加以说明。

A. 引言段之后　　B. 意见段之后　　C. 意见段之前　　D. 附注中

3. 内部控制评价工作的最终表现为(　　)。

A. 财务报告　　　　　　　　　　B. 审计报告

C. 内部控制评价工作底稿　　　　D. 内部控制评价报告

4. 注册会计师在出具保留意见、否定意见或无法表示意见的审计报告时，应在意见段之前增加说明段，说明所持意见的全部理由，并在可能的情况下指出其对(　　)的影响程度。

A. 审计意见　　　B. 财务报表　　　C. 审计风险　　　D. 被审计单位现金流量

5. 在我国，注册会计师的审计报告的标题统一为(　　)。

A. 会计师事务所审计报告　　　　B. 查账报告

C. 审计报告　　　　　　　　　　D. 注册会计师审计报告

6. 企业内部控制评价的对象是(　　)。

A. 内部控制规章制度　　　　　　B. 内部控制的有效性

C. 财务报告的公允性　　　　　　D. 内部控制环境

7. 企业内部控制评价工作的起点是(　　)。

A. 明确内部控制目标　　　　　　B. 制定内部控制评价方案

C. 组成评价工作组　　　　　　　D. 确定评价方法

8. 企业年度内部控制评价报告报出的时限是基准日后(　　)内。

A. 1 个月　　　　B. 2 个月　　　　C. 3 个月　　　　D. 4 个月

9. 一般而言，如果一项内部控制缺陷单独或连同其他缺陷具备合理可能性，导致不能及时防止、发现并纠正财务报告中的重大错报，就应将该缺陷认定为(　　)。

A. 重大缺陷　　　B. 重要缺陷　　　C. 一般缺陷　　　D. 严重缺陷

10. 下列有关内部控制评价的说法，错误的是(　　)。

A. 内部控制评价应紧紧围绕内部环境、风险评估、控制活动、信息与沟通、内部监督五个要素进行

B. 内部控制的有效性是指企业建立与实施内部控制对实现控制目标提供合理保证的程度

C. 企业实施内部控制评价，仅包括对内部控制建设有效性的评价，不包括运行有效性的评价

D. 董事会可以通过审计委员会来承担对内部控制评价的组织、领导、监督职责

二、多项选择题

1. 审计报告的引言段主要说明(　　)。

A. 被审计单位的名称

B. 被审计单位财务报表已经过审计

C. 构成整套财务报表的每张报表的名称、日期和涵盖的期间

D. 财务报表附注包括重要会计政策概要和其他解释性信息

2. 审计意见的基本类型包括（　　　）。

A. 无保留意见　　　　B. 否定意见　　　　C. 保留意见　　　　D. 无法表示意见

3. 当出现下列（　　　）情形时，在不影响已发表的审计意见的情况下，注册会计师可能在意见段之后增加强调事项段。

A. 存在未决诉讼

B. 存在可能对财务报表产生重大影响的其他不确定事项

C. 提前应用（在允许的情况下）对财务报表有广泛影响的新会计准则

D. 存在已经或持续对被审计单位财务状况产生重大影响的特大灾难

4. 审计范围可能受到（　　　）。

A. 客观环境造成的限制　　　　　　　B. 审计成本过高造成的限制

C. 管理层造成的限制　　　　　　　　D. 审计抽样造成的限制

5. 导致保留意见的事项段可能包括（　　　）。

A. 说明注册会计师注意到的、将导致发表保留意见的所有事项

B. 在可能情况下，量化导致保留意见的事项的财务影响，如果无法量化财务影响，应当说明这一情况

C. 如果财务报表中存在与叙述性披露相关的重大错报，应在保留意见事项段中说明并量化该错报的财务影响

D. 如果因无法获取充分、适当的审计证据而导致发表保留意见，应说明无法获取审计证据的原因

6. 企业层面的内部控制评价方法包括（　　　）。

A. 个别访问法　　　B. 调查问卷法　　　C. 观察法　　　D. 抽样法

7. 个别访谈法具体的运用流程包括（　　　）。

A. 集合有关专业人员　　　　　　　　B. 形成访谈提纲

C. 撰写访问纪要　　　　　　　　　　D. 记录访问的内容

8. 内部控制评价的内容主要包括（　　　）。

A. 内部环境评价　　B. 风险评估评价　　C. 控制活动评价　　D. 信息与沟通评价

9. 内部控制缺陷按其成因不同，可以分为（　　　）。

A. 重大缺陷　　　B. 重要缺陷　　　C. 运行缺陷　　　D. 建设缺陷

10. 企业在内部控制评价报告中披露的内容包括（　　　）。

A. 董事会声明　　　　　　　　　　　B. 内部控制评价工作的总体情况

C. 内部控制评价的依据　　　　　　　D. 内部控制缺陷及其认定

三、判断题

1. 注册会计师明知应当出具否定意见的审计报告，但为了规避风险，可以用无法表示意见的审计报告代替。　　　　　　　　　　　　　　　　　　　　　　　　　　　（　　　）

2. 将财务报表与审计报告一同提交给财务报表使用者，可以减少被审计单位管理层

对财务报表的真实性、合法性所负的责任。 （　　）

3. 审计报告的签署日期为审计报告完稿日期。 （　　）

4. 因审计范围受到限制，未能取得充分、适当的审计证据，未发现的错报可能影响重大，但不广泛，则注册会计师应当发表保留意见的审计报告。 （　　）

5. 由于审计范围受到被审计单位管理层或客观环境的限制，不能获取必要的审计证据，未发现的错报可能影响重大且广泛，注册会计师应当出具否定意见的审计报告。
（　　）

6. 董事会可以聘请会计师事务所对其内部控制的有效性进行审计，但其承担的责任不能因此减轻或消除。 （　　）

7. 内部控制评价能为内部控制目标的实现提供绝对保证。 （　　）

8. 为了节省成本，为企业提供内部控制审计的会计师事务所，可以同时为同一家企业提供内部控制评价服务。 （　　）

9. 内部控制缺陷的严重程度并不取决于该控制不能及时防止或发现并纠正潜在缺陷的可能性，而是取决于是否实际发生了错报。 （　　）

10. 内部控制评价报告可分为对内报告和对外报告。对外报告一般采用定期的方式，对内报告一般采用不定期的方式。 （　　）

练习 10

一、单项选择题

1. （　　）是指为了实现控制目标所必需的内部控制要素都存在且设计恰当。

A. 内部控制设计的有效性　　　　　　B. 内部控制运行的有效性

C. 内部控制管理的有效性　　　　　　D. 内部控制计划的有效性

2. （　　）强调内部控制评价工作应当准确地揭示经营管理的风险状况，如实反映内部控制设计和运行的有效性。

A. 全面性原则　　B. 重要性原则　　C. 客观性原则　　D. 及时性原则

3. （　　）主要用于了解企业内部控制的现状，经常用于企业层面的评价及业务层面评价的了解阶段。

A. 个别访谈法　　B. 调查问卷法　　C. 专题讨论法　　D. 穿行测试法

4. 下列各项中，不属于销售与收款业务目标的是（　　）。

A. 经营目标　　　B. 管理目标　　　C. 财务目标　　　D. 合规目标

5. 不相容职务分离控制的核心是（　　）。

A. 各司其职　　　B. 各负其责　　　C. 协调合作　　　D. 内部牵制

6. 内部控制评价的有关文件资料、工作底稿和证明材料等应当妥善保管，年度报告的保存年限为（　　）。

A. 3 年　　　　　B. 5 年　　　　　C. 15 年　　　　　D. 永久

7. 在各种风险发生前，对风险的类型及其产生的根源进行分析判断，以便对风险进行估算和控制，这是（　　）。

A. 风险识别　　　B. 风险计量　　　C. 风险监测　　　D. 风险控制

8. 风险应对的类型不包括( )。

A. 规避 B. 消除 C. 分担 D. 承受

9. 内部控制结构阶段又称三要素阶段，不包括( )要素。

A. 内控环境 B. 风险评估 C. 会计制度 D. 控制程序

10. 下列关于对"内部控制只能为控制目标的实现提供合理保证，而不是绝对保证"的理解，错误的是( )。

A. 内部控制对控制目标没有作用

B. 企业目标的实现除了受制于企业自身限制外，还会受到外部环境的影响

C. 内部控制无法作用于外部环境

D. 内部控制本身也存在一定的局限性

二、多项选择题

1. 内部控制缺陷的划分标准由企业自行制定，下列通常会认定为重大缺陷的有( )。

A. 发现董事、监事或高级管理人员舞弊行为

B. 控制环境无效

C. 外部审计发现当期财务报告存在重大错报，而企业内部控制在运行过程中未能发现该错报

D. 已经发现并报告给管理层的内部控制缺陷在经过合理的时间后，并未加以改正

2. 内部控制的授权管理中，下列关于重大业务和事项的说法，正确的有( )。

A. 重大业务和事项应当采用集体决策审批或联签制度

B. 重大业务和事项可授权个人决策

C. 任何个人不得单独对重大业务和事项进行决策

D. 重大业务和事项经集体决策后，个人可以对集体决策进行修改

3. 授权审批控制中，授权的种类一般分为( )。

A. 长期授权 B. 短期授权 C. 常规授权 D. 特别授权

4. 下列属于货币资金授权批准制度的有( )。

A. 明确审批人员对货币资金业务授权批准的方式、权限、程序、责任和相关控制措施

B. 规定经办人员办理货币资金业务的职责范围和工作要求

C. 对于重要的货币资金支付业务应当实行集体审批与决策，并建立责任追究制度，防范贪污、侵占、挪用货币资金行为的发生

D. 严禁未经授权的部门和人员办理货币资金业务或直接接触货币资金

5. 企业应配备合格的人员办理存货与固定资产业务，办理存货与固定资产业务的人员应当具备良好的( )，遵纪守法，客观公正。

A. 业务知识 B. 职业道德 C. 会计知识 D. 理论知识

6. 内部控制的参与主体包括( )。

A. 董事会 B. 监事会 C. 经理层 D. 全体员工

7. 企业的信用政策包括( )。

A. 授信方式 B. 授信标准 C. 销售退回管理 D. 收账政策

8. 应收账款日常管理控制包括(　　)。

A. 应收账款账龄分析　　　　　　　　B. 应收账款催收制度

C. 应收账款追踪分析　　　　　　　　D. 应收账款坏账准备制度

9. 按内部控制要求，销售退回的货物应当由(　　)清点后方可入库。

A. 会计部门　　　　B. 仓储部门　　　　C. 销售部门　　　　D. 质检部门

10. 企业销售业务中的发票控制制度主要包括(　　)。

A. 指定专人负责发票的保管与使用

B. 领用发票时应注明所领用发票的起讫号码

C. 企业与税务部门定期核对发票

D. 发票必须以实际业务为依据如实填列

三、判断题

1. "三重一大"是指重大决策、重大事项、重大预算及大额资金使用。　　　(　　)

2. 内部控制被用来实现一个或多个彼此独立又相互交叉的类别的目标。内部控制目标包括经营目标、财务报告目标和合规目标，而财务报告的可靠性是内部控制唯一的目标。换言之，内部控制等于会计控制。　　　(　　)

3. 不相容职务分离控制的核心是内部牵制。内部牵制的基本思路是合并和牵制。

(　　)

4. 保证盈利性是银行存款内部控制的首要目标，所以银行存款控制的关键点都与盈利性相关。　　　(　　)

5. 对货币资金的安全性控制可通过库存现金限额控制。　　　(　　)

6. 货币资金支付业务程序一般有支付申请、支付审批、支付复核和办理支付。

(　　)

7. 事后控制是对实际采购过程中的部门、人员、资金、物料或劳务、业务程序等方面，按照内部控制的方法和原则开展的控制活动。采购活动的事中控制是采购业务循环的最主要内容，也是实现内部控制目标的关键。　　　(　　)

8. 事后控制的具体内容包括：对付款资料的审核和监督、对付款业务程序的监督、往来账户的管理、会计记录控制和建立退货退款管理制度。　　　(　　)

9. 对应收账款的控制是销售业务中内部控制的重点，其关键控制点有应收账款记录的控制、应收账款客户的分析控制、应收账款的收款控制、坏账的控制、计提坏账准备的控制和应收票据的控制。　　　(　　)

10. 企业内部控制制度的设计，在层次上应涵盖董事会、管理层和全体员工，在对象上应涉及各项经济业务和管理活动，在流程上应渗透到决策、执行、监督、反馈等各个环节。　　　(　　)

主观题练习

案例 1

W 上市公司 2024 年制定了内部控制制度，其要点如下。

(1)为了提高工作效率，公司重大资产处置、对外投资和资金调度等事宜统一由总经理审批。

(2)为了加快货款收回，允许公司销售部门及其销售人员直接收取货款。

(3)为了增强经营活力，允许下属分公司自行决定是否对外提供担保。

要求：根据上述资料，回答下列问题。

(1)W 公司的内部控制制度存在哪些缺陷？

(2)针对以上缺陷，提出整改措施。

案例 2

某市自来水服务公司经理林某，在任期间利用职务之便，以公司名义向某镇借出社会养老保险基金 300 多万元，之后私自将该款项用于个人营利性活动。后在纪检监察机关调查期间畏罪潜逃。

要求：根据上述资料，回答下列问题。

(1)在内部会计控制规范中如何规定单位领导人的职责权限？

(2)为了防止单位负责人在资金使用上独断专行，内部会计控制规范有何规定？

(3)单位领导人"一支笔"审批的做法，违背内部控制的哪些原则？

案例 3

根据下列资料，判断 H 公司是否符合内部会计控制的要求，并说明理由。

(1)H 公司领导规定当出纳因事不在班时，为了不影响工作，出纳业务由主管会计代理。

(2)公司财务科主管会计与出纳会计于 2024 年 3 月 1 日结婚。在结婚典礼上经理举杯祝贺说："祝你们夫妻在今后的会计和出纳工作中配合得更好，为公司财务工作作出更大的贡献。"

(3)采购员小张以现金 860 元购买办公用品返回后，凭发票直接到财会部门报销。

(4)该公司商品仓库有 4 名保管员，4 人经常轮班休息。为了商品出入库方便，领导决定配 4 套钥匙，每人 1 套。

(5)经理经常外出联系业务，回来后填制差旅费报销单，在"领导批示"栏直接自行签署同意后报销。

案例 4

2024 年 4 月，某市财政局派出检查组对市属某国有制造厂的会计工作进行检查。检查中了解到以下情况。

(1)2023 年 10 月，新厂长马某上任后，将其战友的女儿王某调入会计科任出纳，兼管会计档案保管工作，王某没有会计从业资格证书。

(2)2023 年 11 月，会计刘某申请调离该厂，人事部门在其没有办清会计工作交接手续的情况下，为其办理了调动手续。

(3)2023 年 12 月 10 日，该厂从现金收入中直接支取 5 万元用于职工开销。

(4)2024 年 1 月 6 日，该厂档案科会同会计科编制会计档案销毁清册。经厂长签字后，按规定程序进行了监销。经查实，销毁的会计档案中有一些是保管期满但未结清的债权债务原始凭证。

要求：请指出上述事项中不符合法律规定的行为，并说明理由。

案例 5

X 公司采用手工会计系统。在审核过程中，注册会计师 A 和 B 了解了 X 公司内部控制的设计，评价了内部控制设计的合理性，测试和评价了内部控制执行的有效性，并编制了相关审核工作底稿。审核工作底稿中记载的有关 X 公司内部控制设计和运行的部分内容摘录如下。

(1)为了加强货币支付管理，货币资金支付审批实行分级管理办法：单笔付款金额在 10 万元及以下的，由财务部门经理审批；单笔付款金额在 10 万元以上、50 万元及以下的，由财务总监审批；单笔付款金额在 50 万元以上的，由总经理审批。

(2)为了统一财务管理、提高会计核算水平，X 公司设置内部审计部门，与财务部门一并由财务总监分管。内部审计的主要职责是对公司内部控制的健全、有效，会计及相关信息的真实、合法、完整，资产的安全、完整，经营绩效及经营合规性进行检查、监督和评价。

(3)为了保证公司投资业务的不相容岗位相互分离、制约和监督，X 公司的投资业务由不同部门或不同职员负责。其中，投资部门的甲职员负责对外投资预算的编制，投资部门的乙职员负责对外投资项目的分析论证及评估，财务部门负责对外投资业务的相关会计记录。

(4)在发出原材料的过程中，仓库部门根据生产部门开出的领料单发出原材料。领料单必须列明所需原材料的数量、种类及领料部门的名称。领料单可以一料一单，也可以多料一单，通常为一式两联。仓库部门发出原材料后，其中一联连同原材料交还领料部门，另一联留存仓库部门据以登记原材料明细账。

(5)为了加强在建工程项目的管理，要求审批人员根据工程项目相关业务授权批准制度的规定，在授权范围内进行审批，不得超过审批权限。经办人在职责范围内，按照审批人的批准意见办理工程项目业务。对于审批人超越授权范围审批的工程项目业务，经办人虽无权拒绝办理，但在办理后，应及时向审批人的上级授权部门报告。

(6)丙职员在核对商品装运凭证和相应的经批准的销售单后，开具销售发票。具体程序为：根据已授权批准的商品价目表填写销售发票的金额，根据商品装运凭证上的数量填写销售发票的数量；销售发票的其中一联交财务部门丁职员据以登记与销售业务相关的总账和明细账。

要求：假定 X 公司的其他内部控制不存在缺陷，请指出 X 公司上述内部控制在设计与运行方面的缺陷，并简要说明理由。

案例 6

某公司属于国有控股公司，最高权力机构是股东大会，执行机构是董事会，还设有职工代表大会及各职能部门、分公司等。其内部控制制度及业务活动情况如下。

(1)会计、出纳分设。财务部门经理的妻子担任出纳，并兼任满足行政部门需要的日常业务，亲自办理取款、购买、报销等手续。支票等票据由会计保管，支取款项的印章都由总经理亲自保管。

(2)材料采购由供应部门经理审批、采购专员实施，各项费用由总经理签字报销。某日，采购专员在采购时发现当地主要媒体宣传另一公司 A 产品正在开展促销活动，可以替代本企业主要原料并能够节约 30％的成本，促销时间仅有 2 天。采购专员认为时间过于紧张，来不及请示供应部经理，因此直接通过电话告知了企业总经理。总经理决定采购 100 吨，价税合计 100 万元。采购专员当即采购并由仓库验收入库，经总经理签字后办理了货款支付手续。后来生产车间反映，该批材料不适应生产要求，只能折价处理，造成 30 万元的损失。总经理指示调整成本预算，将 30 万元损失记入正常材料耗费。

(3)办理销售、发货、收款三项业务的部门分别设立。同时考虑到销售部门比较熟悉客户情况，也便于销售部门进行业务谈判，确定授权销售部门兼任信用管理机构。对大额销售业务，销售部门可自主定价、签署销售合同。为了逃避银行对公司资金流动的监控，该公司在销售业务中尽可能利用各种机会由业务员向客户收取现金，然后交财务部门存放在专门的账户上。某月，销售业务员甲联系到一个大客户，完成了 300 万元的销售任务，并将款项交财务部门入账。次月，该业务员谎称对方要求退货，并自行从其他企业低价购入同类商品要求仓储部门验收入库。仓储部门发现商品商标都丢失，但未进行进一步查验，直接办理了各项手续(没有出具质检报告)。财务部门将退货款项转入业务员提供的银行账号。

(4)为了提高分公司的积极性，该公司决定授予分公司自主决定是否对外提供担保业务、是否对外投资的权力。

(5)年初，财务部门(没有专门的预算管理机构)制定年度预算方案以后，报股东大会批准后立即执行。发生采购失误事件后，财务部门根据总经理的意向决定调整成本费用预算，并认为当年圆满完成了企业预算目标。

要求：分析该公司内部会计控制方面存在的问题，并简要说明理由。

案例 7

2024 年 12 月，国有企业 A 发生了下列事项。

（1）基于企业经营管理和财产管理的需要，设置了专门的会计机构，由张某担任会计机构责任人。

（2）招聘出纳人员，因只有张某的女儿应聘，而企业又急需出纳人员，最终聘用张某女儿谢某担任出纳人员。

（3）在核算过程中，谢某发现 1 张发票上的会计科目有错，便让开出该发票的国有企业 B 予以更正，并盖上了国有企业 B 的印章，谢某据此入了账。

（4）因会计档案管理员出差，张某决定由谢某暂时兼任会计档案保管员。

（5）张某在一次查账的过程中，发现账面记载与实际收取的款项和收到的财物不相吻合，但按照内部规定她对此问题无权处理。

（6）年底清理会计档案，对于已经到期的会计档案进行销毁，其中包括其在建项目的一些会计档案。

要求：根据上述资料，回答下列问题。

（1）国有企业 A 聘用谢某担任出纳人员是否合法？

（2）谢某对记载错误的发票的处理是否正确？

（3）张某决定谢某兼任档案保管员的做法是否合规？

（4）张某对查账过程中查出的问题应当如何处理？

（5）该企业对会计档案的销毁做法是否合法？

案例 8

检查组在检查 B 公司的投资内部管理控制时发现以下问题。

在管理机构上，B 公司没有单独设置投资部门对投资进行管理，只是在财务部门下设置了一个岗位，负责保管证券投资资产及各种投资协议文件等。财务部门里面没有设置专门的岗位对各项投资进行可行性研究、评估、分析和评价，需要对投资项目从财务上进行分析评价时，则指派财务部门中工作较为清闲的人员去执行任务。因为不是专职人员，所以进行分析评价的人员也经常轮换，各个岗位上的人都有。

平时的投资项目管理，主要由总经理秘书负责，总经理则定期检查、询问。对于规模较大的投资，总经理亲自负责，并于董事会会议期间向董事会报告。

对于各种投资书面文件，没有制定统一的格式标准，由各项目负责人和实施人自行规定。每个投资项目的各种投资文件格式都多种多样，项目之间难以进行比较，文件难以管理。

大部分情况下，投资项目的具体情况（如增减变动情况）的管理，通过管理人员的口头报告进行，没有形成书面记录。

要求：分析 B 公司对外投资内部会计控制的弊端。

案例 9

2024 年 12 月，A 公司正式成立检查小组，对子公司销售与收款系统的内部会计控制进行检查。检查过程中，发现子公司有如下事项。

(1)在销售过程中，销售业务按照销售合同进行，当生产车间产品完工后，填制产成品入库单，验收合格后入库。销售部门根据销售合同编制发货通知单，分别通知仓库发货和运输部门办理托运手续。

(2)产品发出后，销售部门根据仓库签发后转来的发货通知单开具发票，并据以登记产成品明细账，运输部门将其与销售发票一并送交财务部门。财务部门将其与销售合同核对后，开具运杂费清单。

(3)通知出纳人员办理货款结算，并进行账务处理。

(4)未设独立的客户信用调查机构，在事务部门和销售部门也没有专人负责此项工作。

要求：分析子公司是否存在违规事项，并说明理由。

案例 10

2024 年年初，W 书店计划修建一座规模较大的图书城，工程总造价 423 万元，其中装饰工程 100 万元。同年 6 月，该书店与建筑公司签订了关于修建书城的基建工程合同，合同及其附件写明只将土建部分分包给建筑公司，装饰工程剥离出来另行发包。

在例行的审计中，审计人员发现该合同中工程造价未将装饰工程部分的 100 万元剥离出来，仍然按 423 万元的总额包给建筑公司，这样工程总造价就高达 523 万元。这意味着建筑公司未完成装饰工程的工作却可以拿到装饰工程 100 万元的造价款。该书店白白送给了建筑公司 100 万元。

要求：分析工程承包合同是否符合内部控制要求，并简要说明理由。

案例 11

X 公司是一家在新加坡上市的外商独资企业，其治理结构和内部控制在近几年的发展中不断完善，具有一整套的内部控制流程和操作规范。X 公司采购时按照"填制请购单—评审订购单合同—填制验收单—取得卖方发票—填制付款凭单—编制付款凭证—向卖方发出对账单"等内部控制流程进行。

(1)审计人员从 X 公司"请购单→询比价→选择供应商→合同评审→合同签订"过程中，发现以下问题。

①当初在询比价的过程中，采购员要求各供应商报价的产品规格、型号不一致，从而使得公司询比价的作用不能有效发挥，由该采购员最终确定的供应商的产品价格最高；通过运用电话和网上询价，此采购员所选供应商价格比同类厂家价格高出近 10 万元。

②该采购员在合同报告中没有说明该供应商提供增值税票的要求，从而使得该供应商以偷逃税款的方式降低报价，没有全面、真实地反映实际情况。但采购员告知领导是最低价采购，造成主管审核、批准失误。

③签订合同时原合同报告中的供应商名称又变成了没有法人资质的二级代理商。该二级代理商不具有一般纳税人资质，为 X 公司以后对卖方发票的抵扣不足留下隐患。

④抽查该采购员所签合同，没有要求供应方提供增值税票(X 公司是外企，对购买国内设备享有退税政策)。

(2)生产部门的使用情况和反馈意见显示，此采购员所购 8 台该供应商的设备经常出现跑、冒、滴、漏现象，其中 5 台已返还供应商检修，有 2 台在仓库，现在使用的只有1 台。

(3)在编制付款凭证和取得卖方发票的过程中，经过查看验收单、卖方发票、付款凭单、付款凭证及卖方对账单，发现以下问题。

①在采购入库的过程中，此采购员违反公司物品验收管理制度的规定，没有通过仓库保管员验收，就分 3 次在 3 个星期日把原材料直接送到生产使用部门。

②由于 X 公司供应商对账工作一直未开展，同时卖方的付款由采购处负责，使得该采购员一直未将 2024 年客户开具的增值税票到公司财务部门入账，有近 1 万元的进项税额超过抵扣时效，造成税款损失。

要求：分析 X 公司在合同协议内部控制中存在哪些缺陷，并提出改进措施。

案例 12

某企业存货内部控制情况如下。

(1)仓库保管员负责登记存货明细账,以便对仓库中的所有存货项目的验收、发、存进行永续记录。

(2)当收到验收部门送交的存货和验收单后,根据验收单登记存货领料单。

(3)平时,各车间或其他部门如果需要领取原材料,都可以填写领料单,仓库保管员根据领料发出原材料。

(4)公司辅助材料的用量很少,因此领取辅助材料时,没有要求使用领料单。

(5)各车间经常有辅助材料剩余,这些材料由车间自行保管,没有通知仓库。

(6)如果仓库保管员有时间,偶尔也会对存货进行实地盘点。

要求:根据上述资料,回答下列问题。

(1)该企业的内部控制有哪些缺陷?简要说明缺陷可能导致的错弊。

(2)针对该企业存货循环上的缺陷,提出改进建议。

案例 13

2024 年 2 月，某审计组对甲公司 2023 年度财务收支进行了审计。有关情况和资料如下。

(1)内部控制人员对甲公司的电子数据进行清理、转换和验证后，进一步进行投影、连接等操作，以创建适合内部控制人员进行数据分析的中间表。

(2)内部控制人员发现，甲公司财务人员赵某根据收到的支票填写银行进账单，他还同时担任以下职责：①将填写的银行进账单送存银行；②在银行进账单上加盖印鉴；③登记银行存款总账；④核对汇款通知书。

(3)内部控制人员在对甲公司的银行存款业务进行审计时，对于支出金额在 10 万元以上的逐项审查；对于支出金额在 5 万元至 10 万元的，随机抽取 20%的业务进行审查；对于支出金额在 5 万元以下的，随机抽取 1%的业务进行审查。

(4)甲公司在向其供货商支付货款之前，由采购人员填制付款凭单，经采购部门经理审批后提交会计部门，会计人员对采购部门填制的付款凭单及所附的采购订单、验收报告、入库单据及采购发票等进行核对。

(5)甲公司在收到客户订货的要求后，销售人员会先检查有无相关记录，确定有无缺货情况，并将客户的订货要求提交信用审批部门。在确认不存在缺货情况并得到信用审批部门的批准后，销售人员编制销售单，并发送发运部门准备发货。

要求：根据上述资料，从备选答案中选出正确的选项。

1. 内部控制人员在创建中间表时执行了下列操作，正确的是( )。

A. 对历史数据进行了适当的增加和修改

B. 对数据字段的含义及数据表间的关系进行了分析

C. 将不同流程和不同时间段的业务数据整合起来形成中间表

D. 对基础性中间表按照审计分析模型进行字段选择得到了分析性中间表

2. 不能由赵某承担的职责有( )。

A. 将填写的银行进账单送存银行　　　　B. 在银行进账单上加盖印鉴

C. 登记银行存款总账　　　　　　　　　D. 核对汇款通知书

3. 内部控制人员可以采用的样本选取方法有( )。

A. 系统选样法　　　B. 分层选样法　　　C. 整群选样法　　　D. 随机选样法

4. 甲公司的内部控制活动中未涉及的控制活动为( )。

A. 实物控制　　　　B. 职责分工控制　　　C. 业务授权控制　　　D. 凭证与记录控制

5. 为了确定甲公司是否在发货之前对客户的信用状况进行了审查，内部控制人员应当实施的控制测试为( )。

A. 追踪一笔发货业务的处理流程

B. 检查销售单上信用审批部门的审批签字

C. 要求甲公司填写发货环节的内部控制调查表

D. 重新编制应收账款账龄分析表

案例 14

2024 年 4 月，某审计组对甲公司 2023 年度财务收支情况进行了审计。有关情况和资料如下。

(1)每月月末，由日常负责到银行取送单据的出纳员编制银行存款余额调节表。

(2)内部控制人员提前一天将有关监盘要求告知出纳员，监盘时间安排在当日营业终了后，监盘时要求会计主管、出纳员在场，由内部控制人员亲自清点现金和相关票据，并填制库存现金盘点表。

(3)2024 年 5 月至 7 月，由于会计人员休假，存货明细账由仓库保管员代记。

(4)2024 年 12 月 31 日，应收账款余额为 4 000 万元，由 60 笔赊销业务形成。内部控制人员按照时间顺序将这 60 笔赊销业务连续编号为 001 至 060，并随机抽取 15 笔进行审查。这 15 笔赊销业务账面余额为 625 万元，经审定实际应为 600 万元。

要求：根据上述资料，从备选答案中选出正确的选项。

1. 甲公司违反了货币资金内部控制的要求，具体为(　　)。

A. 实物控制　　　　B. 业务授权控制　　C. 职责分工控制　　D. 凭证与记录控制

2. 内部控制人员在对库存现金实施监盘时，正确的安排为(　　)。

A. 监盘时间安排在当日营业终了后

B. 监盘时要求会计主管、出纳员在场

C. 提前一天告知出纳员有关监盘要求

D. 内部控制人员亲自清点现金和相关票据，并填制库存现金盘点表

3. 甲公司违反了存货内部控制的要求，具体为(　　)。

A. 业务批准与执行相分离　　　　　　B. 资产保管与账实核对相分离

C. 各种会计责任之间相分离　　　　　D. 资产保管与会计记录相分离

4. 内部控制人员随机抽取 15 笔赊销业务时，可以采用的方法有(　　)。

A. 系统选样法　　B. 属性抽样法　　C. 随机数表选样法　　D. 发现抽样法

5. 若采用差异估计法推断，在不考虑精确区间的情况下，该公司应收账款的账面余额为(　　)。

A. 2 500 万元　　　　B. 2 400 万元　　　　C. 4 100 万元　　　　D. 3 900 万元

案例 15

已知 B 公司销售与收款内部控制有关业务流程如下。

(1)销售部门收到客户的订单后，销售经理甲对品种、规格、数量、价格、付款条件、结算方式等详细审核后签章，交仓库办理发货手续。

(2)仓库在发运商品出库时，均必须由管理员乙根据经批准的订单，填制一式四联的销售单。在各联上签章后，第一联作为发运单，工作人员配货并随货交给客户；第二联送会计部门；第三联送应收账款管理员丙；第四联乙按编号顺序连同订单一并归档保存，作为盘存的依据。

(3)会计部门收到销货单后，根据单中所列资料，开具统一的销售发票，将客户联寄送客户；将销售联交应收账款管理员丙，作为记账和收款的凭证。

(4)应收账款管理员丙收到发票后，将发票与销货单核对，如无错误，据以登记应收账款明细账，并将发票和销货单按客户顺序归档保存。

要求：指出 B 公司在销售与收款内部控制中存在的缺陷。

期末测试

期末测试（A卷）

一、判断题（每小题 1 分，共 10 分）

1. 企业在签订销售合同前，指定 2 名以上专门人员与购货方谈判，并由他们中的首席谈判代表负责签订销售合同。　　（　　）

得分	阅卷人

2. 内部审计人员应当具备所在岗位的从业资格，拥有与工作职责相匹配的道德操守和专业胜任能力。　　　　　　　　　（　　）

3. 内部会计控制应随着外部环境的变化、单位业务职能的调整和管理要求的提高不断修订和完善。　　　　　　　　　（　　）

4. 企业内部的各级管理层必须在授权范围内行使相应职权，经办人员也必须在授权范围内办理经济业务。　　　　　　（　　）

5. 企业为了管理方便，将关联企业库存现金合并在一起存放，符合内部会计控制规范。　　　　　　　　　　　　　　（　　）

6. 企业为了工作方便，将所收到的工程款存入个人账户作为日常结算账户使用，这不违反相关规定。　　　　　　　　（　　）

7. 销货业务订单控制制度中，应当实行顺序编号法。为了加强管理，企业应当对所有的订单，包括已经执行和尚未执行的订单一起进行管理和控制，以免疏漏。（　　）

8. 董事长和总经理的交叉任职并没有违背内部控制的基本原则。　（　　）

9. 内部会计控制应当保证企业内部涉及会计工作的机构、岗位的合理设置及其职责权限的合理划分，坚持不相容职务相互分离，确保不同机构和岗位之间的权责分明、相互制约、相互监督。　　　　　　　　　　　　　　　　（　　）

10. 风险应对是指分析和辨认实现有关目标可能发生的风险，以了解企业所面临的来自内部和外部的各种不同风险。　　　　　　　　　　　　（　　）

二、单项选择题（每小题 1 分，共 10 分）

1. 企业为提高会计信息质量，保证财产的安全、完整，确保有关法律法规和规章制度的贯彻执行等，制定和实施的一系列控制方法、措施和程序的总和称为（　　）。

得分	阅卷人

　A. 内部资金控制　　　　　　　　B. 内部信息控制

　C. 内部监审工作　　　　　　　　D. 内部会计控制

2. 下列各项中，不属于不相容职责的有（　　）。

　A. 银行出纳与编制银行存款余额调节表　B. 接受订单与批准赊销

　C. 现金出纳与登记现金日记账　　　D. 现金出纳与编制记账凭证

3. 下列关于内部会计控制制度的修订和完善原则，表述正确的是（　　）。

　A. 随着外部环境的变化、职能的调整和管理要求的提高，应不断修订和完善内部控制制度

B. 未接到企业上级指示，不得修改内部会计控制制度

C. 未经企业最高行政领导准许，不得变更内部会计控制制度

D. 未经业务主管同意，不得修订内部会计控制制度

4. 为了明确审批人的授权批准方式、权限、程序、责任及相关控制措施，规定经办人的职责范围和工作要求，企业应当对相关业务建立严格的（　　　）。

A. 授权批准制度 　　　　　　　　B. 业务流程制度

C. 信息传递制度 　　　　　　　　D. 经济责任制度

5. 下列关于内部审计的说法中，不正确的是（　　　）。

A. 对内部控制进行监控是内部审计的工作职责

B. 相对于政府审计、注册会计师审计而言，内部审计的独立性最弱

C. 是被审单位内部控制的一个重要组成部分

D. 与注册会计师审计的公正性相同

6. 企业内部控制监督检查，针对业务相关岗位及人员的设置情况，应重点检查（　　　）。

A. 是否存在岗位设置不合理现象

B. 是否存在从业人员专业技能不合格现象

C. 是否存在在岗人员业务素质不过关现象

D. 是否存在不相容职务混岗的现象

7. （　　　）是指未加控制就容易产生错弊的环节。

A. 内部审计　　　　B. 内部牵制　　　　C. 实质性测试　　　　D. 关键控制点

8. 下列要素中，不属于内部控制程序的是（　　　）。

A. 交易授权　　　　B. 会计控制　　　　C. 独立稽核　　　　D. 内部审计

9. 下列各项中，预防员工贪污、挪用销货款的最有效的方法是（　　　）。

A. 记录应收账款明细账的人员不得兼任出纳

B. 由不同人员负责收取客户支票与收取客户现金

C. 请客户将货款直接汇入企业所指定的银行账户

D. 企业收到客户支票后立即寄送收据给客户

10. 下列关于内部会计控制原则的表述，正确的是（　　　）。

A. 企业高管是制度的制定者，有权掌控内部会计控制

B. 财务会计主管是财会工作的领导者，应当有权操纵内部会计控制

C. 企业内部涉及财会工作的所有人员均不拥有超越内部会计控制的权力

D. 监察、审计是企业专司监督的部门，可修改和掌控内部会计控制

三、多项选择题（每小题 2 分，共 10 分）

得分	阅卷人

1. 对外投资业务的不相容职务包括（　　　）。

A. 对外投资预算的编制与审批

B. 对外投资项目的分析论证与评估

C. 对外投资处置的审批与执行

D. 对外投资的决策与执行

2. 内部控制评价主要集中在（　　　）方面。

A. 健全性　　　　B. 有效性　　　　C. 符合性　　　　D. 合理性

3. 内部控制缺陷是指监督检查过程中发现的( )情形。

A. 内部控制的设计存在漏洞　　　　　B. 不能有效防范错误与舞弊

C. 内部控制运行存在弱点与偏差　　　D. 不能及时发现并纠正错误与舞弊

4. 对外投资授权批准控制要求( )。

A. 明确审批人员的授权批准方式、权限、程序、责任及相关控制措施

B. 严禁未经授权的部门或人员办理对外投资业务

C. 制定对外投资业务流程

D. 明确投资决策、资产投出、投资持有、对外投资处置等环节的内部控制要求

5. 竣工决算控制要求( )。

A. 建立竣工清理制度　　　　　　　　B. 及时编制和审核竣工决算

C. 建立竣工决算审计制度　　　　　　D. 及时组织工程项目竣工验收

四、案例解析题(每小题 10 分，共 50 分)

1. 某公司财会部门有 3 名会计人员，他们要完成以下 10 项工作：①登记总账，处理账务管理日常工作；②登记应收账款明细账；③登记现金日记账；④登记银行存款日记账；⑤开具退货拒付通知书；⑥调节银行对账单；⑦处理并送存所收入的现金；⑧登记应付账款明细账；⑨登记库存商品明细账；⑩编制会计报表。

得分	阅卷人

要求：已知 3 人均有相当的会计工作能力，请将以上几项工作进行合理分配，使会计工作起到较好的内部控制作用，并使 3 人的工作量基本相等。

2. 2024 年 4 月，某市财政局派出检查组对市属某国有制造厂的会计工作进行检查。检查中了解到以下情况。

(1) 2023 年 10 月，新厂长马某上任后，将其战友的女儿王某调入会计科任出纳，兼管会计档案保管工作，王某没有会计从业资格证书。

(2) 2023 年 11 月，会计刘某申请调离该厂，人事部门在其没有办清会计工作交接手续的情况下，为其办理了调动手续。

(3) 2023 年 12 月 10 日，该厂从现金收入中直接支取 5 万元用于职工开销。

(4) 2024 年 1 月 6 日，该厂档案科会同会计科编制会计档案销毁清册。经厂长签字后，按规定程序进行了监销。经查实，销毁的会计档案中有一些是保管期满但未结清的债权债务原始凭证。

要求：请指出上述事项中不符合法律规定的行为，并说明理由。

3. W上市公司2024年制定了内部控制制度，其要点如下。

(1)为了提高工作效率，公司重大资产处置、对外投资和资金调度等事宜统一由总经理审批。

(2)为了加快货款收回，允许公司销售部门及其销售人员直接收取货款。

(3)为了增强经营活力，允许下属分公司自行决定是否对外提供担保。

要求：根据上述资料，回答下列问题。

(1)W公司的内部控制制度存在哪些缺陷？

(2)针对以上缺陷，提出整改措施。

4. 某市自来水服务公司经理林某，在任期间利用职务之便，以公司名义向某镇借出社会养老保险基金300多万元，之后私自将该款项用于个人营利性活动。后在纪检监察机关调查期间畏罪潜逃。

要求：根据上述资料，回答下列问题。

(1)在内部会计控制规范中如何规定单位领导人的职责权限？

(2)为了防止单位负责人在资金使用上独断专行，内部会计控制规范有何规定？

(3)单位领导人"一支笔"审批的做法，违背内部控制的哪些原则？

5.X公司采用手工会计系统。在审核过程中，注册会计师A和B了解了X公司内部控制的设计，评价了内部控制设计的合理性，测试和评价了内部控制执行的有效性，并编制了相关审核工作底稿。审核工作底稿中记载的有关X公司内部控制设计和运行的部分内容摘录如下。

(1)为了加强货币支付管理，货币资金支付审批实行分级管理办法：单笔付款金额在10万元及以下的，由财务部门经理审批；单笔付款金额在10万元以上、50万元及以下的，由财务总监审批；单笔付款金额在50万元以上的，由总经理审批。

(2)为了统一财务管理、提高会计核算水平，X公司设置内部审计部门，与财务部门一并由财务总监分管。内部审计的主要职责是对公司内部控制的健全、有效，会计及相关信息的真实、合法、完整，资产的安全、完整，经营绩效及经营合规性进行检查、监督和评价。

(3)为了保证公司投资业务的不相容岗位相互分离、制约和监督，X公司的投资业务由不同部门或不同职员负责。其中，投资部门的甲职员负责对外投资预算的编制，投资部门的乙职员负责对外投资项目的分析论证及评估，财务部门负责对外投资业务的相关会计记录。

(4)在发出原材料的过程中，仓库部门根据生产部门开出的领料单发出原材料。领料单必须列明所需原材料的数量、种类及领料部门的名称。领料单可以一料一单，也可以多料一单，通常为一式两联。仓库部门发出原材料后，其中一联连同原材料交还领料部门，另一联留存仓库部门据以登记原材料明细账。

(5)为了加强在建工程项目的管理，要求审批人员根据工程项目相关业务授权批准制度的规定，在授权范围内进行审批，不得超过审批权限。经办人在职责范围内，按照审批人的批准意见办理工程项目业务。对于审批人超越授权范围审批的工程项目业务，经办人虽无权拒绝办理，但在办理后，应及时向审批人的上级授权部门报告。

(6)丙职员在核对商品装运凭证和相应的经批准的销售单后，开具销售发票。具体程序为：根据已授权批准的商品价目表填写销售发票的金额，根据商品装运凭证上的数量填写销售发票的数量；销售发票的其中一联交财务部门丁职员据以登记与销售业务相关的总账和明细账。

要求：假定X公司的其他内部控制不存在缺陷，请指出X公司上述内部控制在设计与运行方面的缺陷，并简要说明理由。

某鲜肉处理公司购买家畜经处理后，售给超级市场。以下是该公司存货内部控制各项要点。

得分	阅卷人

(1)每位牲畜采购员向厂长提交采购日报，报告内容有购买日期、预定交货日期、供应商姓名及编号、所购牲畜的种类和重量。货送达时，由当日在厂人员将所收每类家畜点收，并在采购日报中的数量旁加注核对记号"√"。日报中所列牲畜全数收齐后，即将报告退交采购员。

(2)鲜肉处理公司人员将核对无误的供应商发票交给相关的采购员核准并送至会计部门。会计部门编制支出传票并按核准的金额开立支票。支票送交出纳签章后，直接交给采购员转付供应商。

(3)牲畜按批处理，每批均编定号码。每日终了，销售部门将各批处理清单送至会计部门，清单内列示每批牲畜的号码、名称、鲜肉重量。会计部门设有存货盘存记录，记载处理后的鲜肉名称和重量。

(4)处理后的鲜肉储存于员工停车场附近的小型冷冻库内。工厂停工时冷冻库上锁。上下班时间，另有守卫看守。超级市场提货人员提货时，因冷冻库内无人，需要与工厂职员接洽。

(5)厂房或冷冻库内另有大量肉类副产品。副产品于出售时入账。销货经理签发二联式发货单，一联作为客户提货凭证，另一联为开立账单的依据。

要求：分别指出上述存货处理程序上的缺陷，并提出整改建议。

期末测试(B卷)

一、判断题(每小题1分,共10分)

1. 内部审计既是内部控制的一个组成部分,又是内部控制的一种特殊形式。 ( )

2. 内部审计机构原则上不得置于财会机构的领导之下或者与财会机构合并办公。 ( )

3. 内部审计机构对审计过程中发现的重大问题,可以直接向审计委员会或董事会报告。 ( )

4. 销货业务订单控制应当实行顺序编号法。为了加强管理,企业应当对所有的订单,包括已经执行和尚未执行的订单一起进行管理和控制,以免疏漏。 ( )

5. 根据会计人员回避制度的规定,国有企业会计机构负责人的直系亲属不得担任本单位的任何会计职务。 ( )

6. 董事长和总经理的交叉任职并没有违背内部控制的基本原则。 ( )

7. 企业应建立专门信用管理部门,并将信用管理岗位与销售业务岗位设置在一起。 ( )

8. 企业应加强对应收票据的管理,应收票据的取得和贴现必须获得保管票据的主管人员的书面批准。 ( )

9. 单位生产能力(或效益)是建设投资总额与新增生产能力(效益)数量之比。 ( )

10. 参与评估工作的人员不得参与担保项目的审批。 ( )

二、单项选择题(每小题1分,共10分)

1. 若企业的银行存款收付业务较少,则企业与银行对账的频率至少是( )。

A. 每日1次   B. 每月1次

C. 每季度1次   D. 每年1次

2. 在一个设计适当的内部控制结构中,同一员工可以负责( )。

A. 接受和保管支票,并批准注销客户应收账款

B. 审核付款凭证,同时签发支票

C. 保管现金,编制银行存款余额调节表

D. 签发支票,同时保管原始凭证

3. 下列关于内部会计控制的原则,表述错误的是( )。

A. 内部会计控制应涵盖企业内部涉及会计工作业务的所有人员

B. 内部会计控制仅涵盖企业内部财会部门的所有工作岗位和人员

C. 针对业务处理过程的关键点落实决策,执行、监督、反馈等各个环节

D. 企业内部会计控制涉及会计工作的机构、岗位的合理设置,职责、权限应合理划分

4. 下列情形中,不违背货币资金业务的不相容岗位相互分离、制约和监督的是( )。

A. 由出纳人员兼任会计档案保管工作

B. 由出纳人员保管签发支票所需全部印章

43

C. 由出纳人员兼任收入总账和明细账的登记工作

D. 由出纳人员兼任固定资产明细账及总账的登记工作

5. 下列各项中，不属于不相容职务的是（　　）。

A. 授权业务与执行业务　　　　　　B. 记录业务与审核业务

C. 记录资产与保管资产　　　　　　D. 授权业务与审核业务

6. 在 2022 年的邯郸农行盗窃案中，犯罪嫌疑人张某在 2022 年 3 月 20 日已经不是管库员，但当天查库登记簿"管库员"一栏有张某的签章。同年 3 月 29 日的查库登记簿"管库员"栏没有任何人签章。这一内部控制缺失与内部控制中（　　）要素最相关。

A. 控制环境　　B. 控制活动　　C. 风险评估　　D. 监督

7. 一天夜里，某企业的铁路专用车辆运进一批原料，但因无人通知卸货，第二天货物又被原封运走。这一内部控制缺失与内部控制中（　　）要素最相关。

A. 控制环境　　　　B. 控制活动　　　　C. 风险评估　　　　D. 监督

8. A 公司计划修建一栋办公楼，工程预算总造价 300 万元，其中，装饰工程 100 万元。该公司与建筑公司签订基建工程合同，在合同及其附件中注明"只将土建工程分包给建筑公司，装饰公司另行发包"。而工程造价却未将装饰工程部分剥离出来，仍按 300 万元总额分包给建筑公司。该案例说明 A 公司在（　　）环节中未建立内部控制，或设计了内部控制但未有效执行。

A. 合同的签订与审批　　　　　　B. 对固定资产购建进行验收控制

C. 对固定资产支出进行预算制度控制　　D. 对固定资产购建进行记录和入账控制

9. 下列各项中，符合货币资金内部控制制度规定的是（　　）。

A. 出纳人员负责应收账款的记账工作　　B. 出纳人员负责总账的登记和保管工作

C. 货币资金审批人员负责记账工作　　　D. 货币资金审批人员兼任出纳

10. 内部控制的内容不包括（　　）。

A. 不相容业务分开　　B. 不相容职务分离　　C. 界定职权范围　　D. 授权批准

三、多项选择题(每小题 2 分，共 10 分)

1. 下列行为中，不符合内部控制要求的是（　　）。

得分	阅卷人

A. 信用管理岗位与销售业务岗位重合

B. 销售谈判少于 2 人，谈判与订立合同人员未分离

C. 编制销售发票通知单与开票岗位重合，或者销售人员开票与接触现款

D. 赊销未经批准或越权批准

2. 担保业务的不相容岗位包括（　　）。

A. 担保业务的评估与审批　　　　　　B. 担保业务的审批与执行

C. 担保业务的执行与监督　　　　　　D. 担保财产的保管与担保业务的记录

3. 内部控制评价报告一般应当包括（　　）。

A. 评价范围和程序的说明

B. 发现的内部控制缺陷及原因分析

C. 对重大缺陷的说明及其不利影响的分析

D. 针对内部控制缺陷提出的补救措施

4. 下列各项中，违背货币资金内部控制要求的有（   ）。

A. 采购人员超过授权限额采购原材料

B. 未经授权的机构或人员直接接触企业资金

C. 出纳人员长期保管办理付款业务所使用的全部印章

D. 出纳人员兼任会计档案保管工作和债权债务登记工作

5. 会计记录控制的内容包括（   ）。

A. 凭证必须连续编号，并按编号顺序使用

B. 记账凭证的内容必须与原始凭证的内容保持一致

C. 建立定期的复核制度

D. 建立内部审计制度

四、案例解析题（每小题 10 分，共 50 分）

1. 某企业存货内部控制情况如下。

得分	阅卷人

（1）仓库保管员负责登记存货明细账，以便对仓库中的所有存货项目的验收、发、存进行永续记录。

（2）当收到验收部门送交的存货和验收单后，根据验收单登记存货领料单。

（3）平时，各车间或其他部门如果需要领取原材料，都可以填写领料单，仓库保管员根据领料发出原材料。

（4）公司辅助材料的用量很少，因此领取辅助材料时，没有要求使用领料单。

（5）各车间经常有辅助材料剩余，这些材料由车间自行保管，没有通知仓库。

（6）如果仓库保管员有时间，偶尔也会对存货进行实地盘点。

要求：根据上述资料，回答下列问题。

（1）该企业的内部控制有哪些缺陷？简要说明缺陷可能导致的错弊。

（2）针对该企业存货循环上的缺陷，提出改进建议。

2. W 公司材料采购业务内部控制制度表述如下。

（1）先由仓库根据库存和生产需要提出材料采购业务申请，填写 1 份请购单，交供销部门批复。

（2）供销部门根据前期制订的采购计划，对请购单进行审批。如符合计划，便组织采购；否则请示公司总经理批准。

（3）决定采购的材料，由供销部门填写一式二联的订购单，其中一联供销部门留存，另一联由采购员交供货单位。采购员凭订购单与供货单位签订供货合同。

（4）供货合同的正本留供销部门，并与订购单进行核对；供货合同的副本分别转交仓

库和财务部门备查。

（5）采购来的材料运抵仓库，由仓库保管员验收入库。验收时，将运抵的材料与采购合同副本、供货单位发来的发运单相互核对。填写一式三联的验收单，一联仓库留存，作为登记材料明细账的依据；一联转送供销部门；一联转送财务部门。

（6）供销部门收到验收单后，将验收单与采购合同的副本、供货单位发来的发票，其他银行结算凭证相核对，以确定此采购业务的完成情况。

（7）财务部门接到验收单后，由主管材料核算的会计将验收单与采购合同副本、供货单位发来的发票、其他银行结算凭证相核对，作为是否支付货款的依据。

（8）应支付款的，由财务部门开出付款凭证，交出纳员办理付款手续。

（9）出纳员付款后，在进货发票盖章"付讫"章，再转交会计记账。

（10）定期核对财务部门的材料明细账与仓库的材料明细账。

要求：针对该公司材料采购业务的内部控制制度进行评价，指出缺陷，并提出改进意见。

3. 根据下列资料，判断 H 公司是否符合内部会计控制的要求，并说明理由。

（1）H 公司领导规定当出纳会计因事不在班时，为了不影响工作，出纳业务由主管会计代理。

（2）公司财务科主管会计与出纳会计于 2024 年 3 月 1 日结婚。在结婚典礼上经理举杯祝贺说："祝你们夫妻在今后的会计和出纳工作中配合得更好，为公司财务工作作出更大的贡献。"

（3）采购员小张以现金 860 元购买办公用品返回后，凭发票直接到财会部门报销。

（4）该公司商品仓库有 4 名保管员，4 人经常轮班休息。为了商品出入库方便，领导决定配 4 套钥匙，每人 1 套。

（5）经理经常外出联系业务，回来后填制差旅费报销单，在"领导批示"栏直接自行签署同意后报销。

4. 根据内部控制的控制原理，指出下列不相容职务。

(1)授权进行某项经济业务；　　　　　　(2)审查某项经济业务；

(3)保管某项财物；　　　　　　　　　　(4)记录明细账；

(5)登记日记账；　　　　　　　　　　　(6)登记总账；

(7)进行账实核对；　　　　　　　　　　(8)执行某项经济业务；

(9)记录某项经济业务；　　　　　　　　(10)记录某项财物。

5. 某公司属于国有控股公司，最高权力机构是股东大会，执行机构是董事会，还设有职工代表大会及各职能部门、分公司等。其内部控制制度及业务活动情况如下。

(1)会计、出纳分设。财务部门经理的妻子担任出纳，并兼任满足行政部门需要的日常业务，亲自办理取款、购买、报销等手续。支票等票据由会计保管，支取款项的印章都由总经理亲自保管。

(2)材料采购由供应部门经理审批、采购专员实施，各项费用由总经理签字报销。某日，采购专员在采购时发现当地主要媒体宣传另一公司 A 产品正在开展促销活动，可以替代本企业主要原料并能够节约 30％的成本，促销时间仅有 2 天。采购专员认为时间过于紧张，来不及请示供应部经理，因此直接通过电话告知了企业总经理。总经理决定采购 100 吨，价税合计 100 万元。采购专员当即采购并由仓库验收入库，经总经理签字后办理了货款支付手续。后来生产车间反映，该批材料不适应生产要求，只能折价处理，造成 30 万元的损失。总经理指示调整成本预算，将 30 万元损失记入正常材料耗费。

(3)办理销售、发货、收款三项业务的部门分别设立。同时考虑到销售部门比较熟悉客户情况，也便于销售部门进行业务谈判，确定授权销售部门兼任信用管理机构。对大额销售业务，销售部门可自主定价、签署销售合同。为了逃避银行对公司资金流动的监控，该公司在销售业务中尽可能利用各种机会由业务员向客户收取现金，然后交财务部门存放在专门的账户上。某月，销售业务员甲联系到一个大客户，完成了 300 万元的销售任务，并将款项交财务部门入账。次月，该业务员谎称对方要求退货，并自行从其他企业低价购入同类商品要求仓储部门验收入库。仓储部门发现商品商标都丢失，但未进行进一步查验，直接办理了各项手续(没有出具质检报告)。财务部门将退货款项转入业务员提供的银行账号。

(4)为了提高分公司的积极性，该公司决定授予分公司自主决定是否对外提供担保业务、是否对外投资的权力。

(5)年初，财务部门(没有专门的预算管理机构)制定年度预算方案以后，报股东大会批准后立即执行。发生采购失误事件后，财务部门根据总经理的意向决定调整成本费用预算，并认为当年圆满完成了企业预算目标。

要求：分析该公司内部会计控制方面存在的问题，并简要说明理由。

五、综合题(20分)

某国际信托投资公司总经理张某因涉嫌玩忽职守，违法向多家企业发放贷款，造成损失300多万元。

得分	阅卷人

2022年下半年，某厂商法定代表人刘某伪造与台商合资经营的事实，虚假出资注册成立SY有限公司，为套取国外银行贷款以购买进口设备，刘某通过该市市长等向张某推荐，要求为其提供对外融资担保。刘某多次去张某家中游说，许诺事成之后，将SY公司的部分业务交给张某的儿子。此后，张某在对刘某经营业绩及公司资本金不了解的情况下，以转贷协议和支持市重点工程为由，决定向SY公司放贷1 000万美元。由于张某的违规行为，该国际信托投资公司受到有关部门的处罚。

直到2024年2月23日，该国际信托投资公司才与SY公司签订了一份1 000万美元的借款合同，担保方为刘某的另一家皮包公司。

此外，张某因徇私情，在对某酒店资信状况未作深入了解的情况下，违法向该酒店发放贷款200万元。

要求：分析该国际信托投资公司有关内部控制存在的缺陷。

期末测试(C卷)

一、判断题(每小题 2 分, 共 10 分)

1. 内部控制设计得越严格越好, 越细致越好, 这样才能充分发挥内部控制的作用。 (   )

得分	阅卷人

2. 企业设计内部控制制度的目的是查错防弊。 (   )

3. 有外币存款的企业可不必按币种单独设置银行存款日记账, 与人民币合记在一本账中即可。 (   )

4. 可以由非出纳人员逐笔核对银行存款日记账和银行对账单, 并编制银行存款余额调节表, 调整未达账项。 (   )

5. 企业不得跳号开具票据, 不得随意开具空白支票。 (   )

二、单项选择题(每小题 2 分, 共 20 分)

得分	阅卷人

1. 不相容职务相互分离的核心是(   ), 要求每项经济业务都要经过 2 个或 2 个以上的部门或人员处理, 使个人或部门的工作必须与其他人或部门的工作相一致或相联系, 并相互监督和制约。

A. 职责分工　　　　　　　　B. 内部牵制

C. 作业程序　　　　　　　　D. 授权批准

2. (   )是内部控制的一种重要方法, 其内容可以涵盖单位经营活动的全过程, 包括筹资、融资、采购、生产、销售、投资、管理等诸多方面。

A. 授权审批控制　　B. 会计统计控制　　C. 预算控制　　D. 内部报告控制

3. 现金内部控制的控制点不包括(   )。

A. 审批　　　　B. 余额调节表　　　　C. 对账　　　　D. 清查

4. 按照内部控制的要求, 应由(   )核对银行存款日记账和银行对账单, 编制银行存款余额调节表。

A. 记账人员　　　B. 非出纳人员　　　C. 会计人员　　　D. 审核人员

5. (   )应根据审核无误的现金收款凭证或付款凭证进行收款或付款。收付完毕, 在现金收款凭证或付款凭证及所附原始凭证上加盖"收讫"或"付讫"戳记, 并签字盖章, 以示收付。

A. 出纳人员　　　B. 记账人员　　　C. 会计人员　　　D. 稽核人员

6. 下列各项中, 不属于存货业务内部控制要求的是(   )。

A. 对存货进行正确计价并保持账实相符, 合理揭示存货方面的财务状况

B. 保证恰当的存货储备量, 促进企业资源优化配置

C. 保证存货的安全

D. 落实保管责任制度

7. 企业按成本与可变现净值孰低法对存货进行计价的目的是(   )。

A. 保证存货账实相符　　　　　　B. 防范可能出现的风险

C. 保证成本计算更加真实　　　　D. 有利于提高存货的流动性

8. 固定资产使用控制不包括(   )。

A. 期末计价控制　　B. 记录控制　　　C. 增加方式控制　　D. 验收控制

9. 企业资金周转的第一个重要环节是( )。

A. 采购业务　　　　B. 存货业务　　　　C. 生产业务　　　　D. 销售业务

10. 在采购业务的内部控制制度中，要求企业先发出询价单，然后进行谈判并签订合同及订货单的制度是( )。

A. 存货采购的请购单控制制度　　　　B. 订货控制制度

C. 货物验收控制制度　　　　D. 入账付款或应付账款控制制度

三、多项选择题(每小题 3 分，共 15 分)

得分	阅卷人

1. 下列各项中，违背了不相容职务分离控制原则的有( )。

A. 材料保管员兼材料核算会计

B. 保管员同时负责采购业务

C. 出纳员在登记现金和银行存款日记账的同时登记相关总账

D. 出纳员在负责货币资金收付的同时登记现金、银行存款日记账

2. 内部控制应遵循的原则包括( )。

A. 全方位控制和重点控制相结合原则　　　B. 制衡性原则

C. 成本效益原则　　　　D. 合法性与实用性相结合原则

3. 建立健全和有效实施内部控制是( )的责任。

A. 高级管理层　　　B. 董事会　　　　C. 注册会计师　　　D. 内审部门

4. 建立货币资金会计处理复核与对账制度，包括( )。

A. 货币资金收支凭证与原始凭证核对

B. 库存现金日记账与银行存款日记账与其总账核对

C. 企业银行存款与开户银行定期核对

D. 库存现金日记账的每日余额与实存现金核对

5. 按照货币资金不相容岗位相互分离的要求，出纳人员不得兼任( )工作。

A. 总账登记和收入、支出、费用、债权债务账目的登记

B. 货币资金的稽核

C. 会计档案的保管

D. 现金的清查盘点

四、简答题(每小题 10 分，共 20 分)

得分	阅卷人

1. 简述内部控制的含义和基本要素。

2. 简述货币资金内部控制建设目标。

五、案例分析题（第1题15分，第2题20分，共35分）

1.2024年12月，大华会计师事务所对M公司的财务进行审计，在货币资金业务审计时发现了下列情况。

得分	阅卷人

(1)M公司的现金收付业务，收款、付款原始凭证的复核和收款、付款凭证的编制由出纳员王某负责。

(2)王某由于生病住院，休假2个月。在此期间，公司指定由会计员李某兼任出纳。

(3)M公司的支票、印章都由王某一人保管，签收手续也由王某一人执行。

分析：指出M公司的现金管理中内部控制制度存在的问题，并对存在的问题提出改进建议。

2.2024年12月，A公司正式成立检查小组，对子公司销售与收款系统的内部会计控制进行检查。检查过程中，发现子公司有如下事项。

(1)在销售过程中，销售业务按照销售合同进行，当生产车间产品完工后，填制产成品入库单，验收合格后入库。销售部门根据销售合同编制发货通知单，分别通知仓库发货和运输部门办理托运手续。

(2)产品发出后，销售部门根据仓库签发后转来的发货通知单开具发票，并据以登记产成品明细账，运输部门将其与销售发票一并送交财务部门。财务部门将其与销售合同核对后，开具运杂费清单。

(3)通知出纳人员办理货款结算，并进行账务处理。

(4)未设独立的客户信用调查机构，在事务部门和销售部门也没有专人负责此项工作。

要求：分析子公司是否存在违规事项，并说明理由。

期末测试(D卷)

一、判断题(每小题 2 分，共 10 分)

1. 工商企业销售业务活动仅指销售商品。　　　　　　　　　(　　)

2. 保证足额、安全地收取款项是收款业务控制制度的根本目标。
　　　　　　　　　　　　　　　　　　　　　　　　　　(　　)

得分	阅卷人

3. 委托独立的机构代为保管有价证券是限制性接触控制最为有效的方法。　　　　　　　　　　　　　　　　　　　　　　　(　　)

4. 为减小发放股利时发生欺诈舞弊或错误的可能性，公司股利的支付可以委托代理机构办理。　　　　　　　　　　　　　　　(　　)

5. 企业应当加强对外投资有关权益证书的管理，由财会部门保管权益证书，建立详细的记录。　　　　　　　　　　　　　　　(　　)

二、单项选择题(每小题 2 分，共 20 分)

得分	阅卷人

1. 企业以销售预测为基础，在全面预算总方针的指导下，由(　　)编制销售预算。

　　A. 销售部门　　　　　　　　　　B. 会计部门

　　C. 仓库部门　　　　　　　　　　D. 信用管理部门

2. 赊销的批准由(　　)根据赊销政策和已授权给客户的信用额度来进行。

　　A. 会计部门　　B. 仓库部门　　C. 信用管理部门　　D. 销售部门

3. 在有价证券的业务处理过程中，出纳部门编制收款凭证并登记银行存款日记账的依据是银行转来的收账通知和会计部门转来的(　　)。

　　A. 证券投资目录　　　　　　　　B. 证券购入通知单

　　C. 证券出售通知单　　　　　　　D. 银行存款日记账

4. 下列各项中，可以保证现金收支业务按照授权进行，增强经办人员和责任人员的责任感的控制措施为(　　)。

　　A. 授权批准　　B. 分工记账　　C. 清点　　　　D. 清查

5. 对外投资(　　)一般应包括项目的必要性和依据、投资条件的初步分析、投资估算和资金筹措设想、经济效益和社会效益初步估算等内容。

　　A. 可行性研究报告　　　　　　　B. 计划书

　　C. 评估报告　　　　　　　　　　D. 决策建议书

6. 成本费用核算业务主要由企业的(　　)负责。

　　A. 综合部门　　B. 生产部门　　C. 财务部门　　D. 销售部门

7. 对外投资应由(　　)决策，决策过程应有完整的书面记录。

　　A. 小组　　　　B. 主要领导　　C. 主管部门　　D. 集体

8. 成本费用分析属于成本费用的(　　)。

　　A. 事前控制　　B. 事中控制　　C. 事后控制　　D. 预算控制

9. 现销的收款控制由(　　)负责。

　　A. 财务部门　　B. 仓储部门　　C. 信用部门　　D. 销售部门

10. 在采购业务的内部控制制度中，要求企业先发出询问价单，然后进行谈判并签订合同及订货单的制度是（   ）。

    A. 存货采购的请购单控制制度   B. 订货控制制度

    C. 货物验收控制制度   D. 入账付款或应付账款控制制度

三、多项选择题（每小题 3 分，共 15 分）

得分	阅卷人

1. 银行存款收支业务记账前，应由稽核人员审核银行存款收付凭证及所附原始凭证、结算凭证基本内容的完整性、处理手续的完备性，以及所反映的经济业务的（   ）。

    A. 合规性   B. 合法性   C. 真实性   D. 有效性

2. 存货风险管理目标包括（   ）。

    A. 提供存货的各种真实、完整和有用的信息

    B. 保证存货的安全

    C. 控制存货的流动

    D. 监督、落实存货的经营责任

3. 存货业务风险管理制度的基本内容包括（   ）。

    A. 建立严格的存货收发和计量制度   B. 落实保管责任制度

    C. 保证存货的安全   D. 健全存货明细账设置

4. 企业应通过一定的选择标准确定最终供应商。对供应商的评价标准包括（   ）。

    A. 能否满足企业采购标准的质量、数量、价格、服务等基本标准

    B. 资信品质标准

    C. 道德规范标准

    D. 权重调整标准

5. 应收账款日常管理控制包括（   ）。

    A. 应收账款账龄分析   B. 应收账款催收制度

    C. 应收账款追踪分析   D. 应收账款坏账准备制度

四、简答题（每小题 10 分，共 20 分）

得分	阅卷人

1. 简述内部控制制度的基本原则。

2. 简述成本费用控制的基本内容。

1.D 公司是一家生产运动服的服装公司，其前总经理、财务总监和财务部门主管被起诉利用财务报表进行欺诈。这些管理者编制错误的分录来记录虚假的销售，并隐瞒仓库中的存货量，造成存货已经销售的假象。同时，将实际销售订单的时间前移，提前确认销售收入。这些行为使得 D 公司在一个季度 4 000 万美元的销售收入中，有 2 500 万美元是虚假的。

得分	阅卷人

分析：指出该公司的内部控制存在的缺陷，并提出改进建议。

2.A 公司是一家工业企业。前些年，由于销售政策、销售方式不合理，导致产品销售不景气。管理层选拔了新的销售经理，改组了销售部门。为了提高工作效率，管理层还规定，对客户的信用管理和所采取的信用政策由销售业务人员根据具体情况确定。

新的销售经理新官上任三把火，布置了销售任务，与各个销售部门签订了承包合同，承诺超过销售任务的部分有提成，完不成不发奖金。新的销售奖励政策确实取得了明显的成效，销售额直线上升，利润也上去了，销售经理很高兴。

然而，财务经理却高兴不起来。一方面，销售收入中的一大部分并没有形成现实的现金流入，而是形成了应收账款；另一方面，销售的增长导致了生产的增长，从而导致了原材料的增加，进而导致了现金支付压力。

董事会对这一情况进行了调查，发现了以下问题。

(1)某客户欠货款 150 万元，因其财务状况不佳，应收账款催收无效而一拖再拖，现正准备协商债务重组的事宜。

(2)销售部门的销售业务员张某具体接洽的某项销售业务，已发去商品 30 万元，客户支付了货款 2 万元，现在该客户已无法找到，有诈骗嫌疑。

(3)销售部门的销售业务员王某具体接洽的某项销售业务，已发去商品 40 万元，客户交来 1 张面值为 40 万元的商业承兑汇票。经查发现，现在该客户财务拮据，很可能会造成无力支付的情况。

(4)通过银行办理委托收款的货款 100 万元，遭到了购货方无理拒付，协商未果。

由于巨额款项被客户拖欠，A 公司在销售繁荣的情况下陷入了财务困境。

分析：A 公司在销售繁荣的情况下陷入了财务困境，从销售内部控制的角度分析，这带给我们哪些启示?

期末测试(E卷)

一、判断题(每小题 2 分,共 20 分)

1. 有条件的企业,可以实行收支两条线和集中收付制度,加强对货币资金的集中统一管理。 (　　)

2. 存货的请领、审批、发放、保管与记账不能由同一人负责。 (　　)

3. 当存货可变现净值低于成本时,在实务中一般采用备抵法。 (　　)

4. 盘亏的固定资产经批准处理后,最后记入"固定资产清理"账户。 (　　)

5. 企业小额零星物品或劳务采购可以采用直接购买、事后审批的方式。 (　　)

6. 企业所有的采购必须由企业管理层集体决定审批,再交予采购部门执行。 (　　)

7. 合同发货制销售业务处理中,销售部门根据客户要求和产品价格目录编制销货发票。 (　　)

8. 董事会对筹资计划和实施细则进行审核,可以口头方式进行。 (　　)

9. 筹资业务的执行与相关会计记录职务必须分离。 (　　)

10. 平行结转分步法适用于大量多步骤装配式生产企业。 (　　)

二、单项选择题(每小题 2 分,共 20 分)

1. 根据生产计划编制日常采购计划的部门是(　　)。
   A. 计划部门　　　B. 财会部门　　　C. 生产部门　　　D. 供应部门

2. 企业开具销售发票由(　　)负责。
   A. 信用管理部门　　B. 销售部门　　　C. 仓库部门　　　D. 会计部门

3. 赊销的批准由(　　)根据赊销政策和已授权给客户的信用额度来进行。
   A. 会计部门　　　B. 仓库部门　　　C. 信用管理部门　　D. 销售部门

4. 客户信用管理部门应定期编制应收账款账龄分析表,对账龄较长的客户重点采取措施。这项规定属于(　　)。
   A. 销售价格政策控制制度　　　　　B. 销售发票控制制度
   C. 销售收款业务控制制度　　　　　D. 退货业务控制制度

5. 下列属于存货购入前控制的是(　　)。
   A. 验收环节控制　B. 结算环节控制　C. 预算环节控制　D. 使用环节控制

6. 如果筹资是用于(　　),适宜选择短期筹资方式。
   A. 购置存货　　　B. 购置固定资产　C. 购置无形资产　D. 长期投资

7. 担保期限在 2 年以上的担保项目,担保经办人员至少每(　　)进行 1 次监督检查。
   A. 年　　　　　　B. 季度　　　　　C. 月　　　　　　D. 周

8. 投资业务操作人员与会计人员相分离是为了保证(　　)。
   A. 会计账簿对有价证券的安全进行有效监控
   B. 业务运行和会计记录的相互核对与控制
   C. 防范投资决策风险
   D. 审批人员客观地分析投资的可行性、合理性

9. 适用于大批量的多步骤生产的成本计算方法是（　　）。

A. 品种法　　　　　B. 种类法　　　　　C. 分批法　　　　　D. 分步法

10. 审批人应在授权范围内审批，不得越权；经办人应在职责范围内按审批意见办理工程项目业务。对于审批人超越授权范围审批的工程项目业务，经办人有权（　　）。

A. 暂缓办理，并向审批人建议纠正

B. 先按审批人意见办理，并向上级部门报告

C. 先按审批人意见办理，并向审批人的上级授权部门报告

D. 拒绝办理，并及时向审批人的上级授权部门报告

三、多项选择题（每小题 3 分，共 30 分）

1. 内部控制制度的设计程序包括（　　）。

A. 设计前调研分析　　　　　　　　B. 设计控制流程

C. 拟定内部控制制度　　　　　　　D. 内部控制制度的试行和修改

2. 采购业务处理程序设计包括（　　）。

A. 日常采购计划编制程序　　　　　B. 采购合同签订程序

C. 材料验货付款程序　　　　　　　D. 临时采购申请程序

3. 属于合同制销售业务处理程序的内容有（　　）。

A. 销售部门根据销售合同编制销售通知单

B. 销售部门根据客户要求和产品价格目录编制销货发票

C. 货物发出后，销售部门登记产成品明细账

D. 货物发出后，财会部门登记产成品明细账

4. 下列关于长期借款费用处理方法的描述，不正确的是（　　）。

A. 对购建固定资产而专门借入的款项所发生的利息，在固定资产达到预定可使用状态前发生的，应当予以资本化

B. 对购建固定资产而专门借入的款项所发生的利息，在固定资产达到预定可使用状态前发生的，于发生当期直接计入当期财务费用

C. 对因专门借款而发生的辅助费用，如果金额较小，可于发生当期确认为费用

D. 除专门借款以外安排其他借款所发生的借款利息，属于企业正常经营过程中发生的，计入长期待摊费用

5. 企业持有的长期股权投资在（　　）情况下应采用成本法核算。

A. 投资企业对被投资企业无控制、无共同控制且无重大影响

B. 不准备长期持有被投资单位的股份

C. 准备长期持有被投资单位的股份

D. 被投资单位在严格的限制条件下经营，其向投资企业转移资金的能力受到限制

6. 成本费用预算是会计核算与控制的依据，包括（　　）。

A. 确定成本费用标准　　　　　　　B. 制定成本费用预算

C. 确定生产计划　　　　　　　　　D. 制定内部计划价格制度

7. 工程项目业务流程应明确（　　）等环节的控制要求。

A. 项目决策　　　　B. 预算编制　　　　C. 价款支付　　　　D. 竣工决算

8. 担保业务与企业购销等业务比较，担保业务具有(　　)等特点。

A. 风险性　　　　　B. 被动性　　　　　C. 主动性　　　　　D. 合法性

9. 委托加工材料完工、验收、付款的程序包括(　　)。

A. 根据加工单位转来加工费发票，供应部门编制委托加工验收单

B. 仓库收料后登记收料卡，并将收料单交供应部门

C. 供应部门核对收料单，确认无误后通知会计部门付款

D. 会计部门审核付款凭证，确认无误后，授权出纳员办理付款结算手续

10. 成本控制标准主要包括(　　)。

A. 直接工资的分配率标准　　　　　　B. 制定费用开支限额

C. 直接人工消耗标准　　　　　　　　D. 材料价格标准

四、案例分析题(每小题 15 分，共 30 分)

1. 欺诈行为在历史上曾造成最大的损失发生在巴林银行(一家英国银行)新加坡办事处的证券交易行为上。该办事处的交易员建立了一个完全自控的账户，隐藏了 14 亿美元的亏损。当巴林银行的内部审计师意识到交易员一方面控制着交易行为，另一方面又控制着交易记录后，管理层仍然没有采取任何行动。结果是一个交易员在一个遥远的办公室内把一家国际性著名银行搞垮了。

分析：巴林银行的内部控制存在哪些缺陷？

2. 海力公司是一家办公设备生产公司。公司的采购部门在接到其他部门经理授权的服务请求后负责预订劳务(如修理打印机、清扫办公室等)。但由于劳务服务并不形成有形的实物，公司不要求编制收货单。会计部门收到接受劳务的发票，只需向授权部门经理核实即付款。

宋丽是该公司资产管理部门经理。她授权采购部门请她叔叔的公司为海力公司提供劳务服务，但隐瞒了他们的亲戚关系。

宋丽多次要求她叔叔的公司提供劳务服务，而这些劳务并没有必要，有些甚至没有真正提供。宋丽叔叔的公司给海力公司开具提供劳务的发票，骗取现金。海力公司员工无意中发现了该行为，并向总经理汇报，最终欺骗行为被揭露。

分析：为了防止类似事件再次发生，海力公司应该在订货和付款的程序上做哪些改进？

高等职业教育新商科系列教材 财务会计类专业系列

中小企业
内部控制与风险防范

主　编◎宋　森　吴煜丽
副主编◎马志超　程国丽

ZHONGXIAOQIYE NEIBU KONGZHI YU FENGXIAN FANGFAN

北京师范大学出版集团
BEIJING NORMAL UNIVERSITY PUBLISHING GROUP
北京师范大学出版社

图书在版编目(CIP)数据

中小企业内部控制与风险防范/宋森，吴煜丽主编. --北京：
北京师范大学出版社，2024.12(2025.4重印). --(高等职业教育
新商科系列教材). -- ISBN 978-7-303-30490-5

Ⅰ. F279.243

中国国家版本馆 CIP 数据核字第 2024BZ1084 号

出版发行：北京师范大学出版社 https://www.bnupg.com
　　　　　北京市西城区新街口外大街 12-3 号
　　　　　邮政编码：100088
印　　刷：北京虎彩文化传播有限公司
经　　销：全国新华书店
开　　本：787mm×1092mm　1/16
印　　张：12.75
字　　数：324 千字
版　　次：2024 年 12 月第 1 版
印　　次：2025 年 4 月第 2 次印刷
定　　价：56.80 元

策划编辑：包　彤　　　　　　　责任编辑：包　彤
美术编辑：焦　丽　　　　　　　装帧设计：焦　丽
责任校对：陈　民　　　　　　　责任印制：赵　龙

前　言

"内部控制与风险管理""企业内部控制与风险管理""企业内部控制"是高等职业教育大数据与财务管理、大数据与审计、大数据与会计、会计信息管理等专业的核心课程。本书按照新修订的高等职业学校财务会计类专业教学标准的课程体系，以《企业内部控制基本规范》和企业内部控制配套指引为依据，将企业内部控制的基本知识、内部控制制度设计的基本原理，以及企业在货币资金、采购、销售等业务的控制内容与会计系统控制紧密结合起来，融教、学、做、用于一体，以培养具备内部控制应用知识能力的创新型人才。

本书在编写上体现了以下几个特点。

1. 课程思政，立德树人

本教材贯彻落实党的二十大精神，融入课程思政元素，在书中设置"素养园地"模块，深化育人功能，提升学生的思想道德素养，理解内部控制与风险防范同社会责任、经济发展的关系。

2. 定位实用，能学、辅教

本教材的定位是"能学、辅教"。"能学"指凡有学习意愿并具备基本学习条件的高等职业院校学生、教师和社会学习者，均能够通过自主使用本书实现不同起点的系统化、个性化学习，并达到一定的学习目标。"辅教"指教师可以针对不同的教授对象和课程要求，利用本书灵活组织教学内容、辅助教学实施，实现教学目标；学生可以在课堂教学以外，通过使用本书巩固所学知识。

3. 校企合作，双元开发

本书以企业需求为导向，加强学校、教师与企业的合作，追求教学内容的先进性和实用性。本书编写团队有会计师事务所的执业注册会计师，集团公司财务经理。本书通过与立信会计师事务所浙江分所、杭州良致会计师事务所、浙江耀厦控股集团有限公司合作，引进企业的真实案例资源，并融入教学体系中，培养学习者内部控制与风险防范的能力，帮助企业解决实际问题。

4. 配套全面，方便教学

在保障科学性和有效性的前提下，本书尽可能将复杂的知识内容进行分解，便于学生学习和教师授课。同时，本书配有教学课件、教学视频、微课视频、教学资源库，以及练习题、期末测试卷，供教师教学和学习者使用。

本书由浙江长征职业技术学院宋森、浙江耀厦控股集团有限公司吴煜丽担任主编，杭州科技职业技术学院马志超、浙江长征职业技术学院程国丽担任副主编，浙江长征职业技术学院张秋莉、韩艳萍参与编写。其中，第一章、第四章、第九章由宋森编写，第二章、

第三章、第八章由吴煜丽、马志超、韩艳萍共同编写，第五章、第六章、第七章由宋森、程国丽、张秋莉共同编写，最后由宋森、吴煜丽负责全书的统稿和定稿。

本书在编写过程中得到立信会计事务所浙江分所注册会计师胡斌、杭州良致会计师事务所注册会计师赵爱丽的帮助与指导，特此感谢！

由于编写者水平有限，书中难免存在不当之处，恳请读者批评指正。

作　者
2024 年 8 月

目 录

第一章　认识内部控制

⚡ 总体目标

（1）认知目标：掌握内部控制的基本理论知识，了解内部控制发展的动态趋势、应用的最新进展和研究范式。

（2）技能目标：能在生活中应用内部控制知识分析问题，建立探究内部控制现象本质的批判性思维。

🔗 具体目标

（1）通过内部控制相关知识的学习，提高规避风险的能力，提高会计职业能力。

（2）通过内部控制基本要素的学习，强化社会责任意识。

（3）通过内部控制风险水平的学习，树立风险意识，加深对相关法律法规的理解。

🔍 案例导入

BH 银行出现内部控制问题

J 公司旗下两家公司此前存入 BH 银行南京分行的 28 亿元存款，在公司不知情的情况下被用作第三方企业 H 有限公司质押担保。BH 银行南京分行储户 28 亿元存款被挪用质押担保一事持续发酵。储户方不知情，融资方疑点重重，该案所暴露的个别银行风控隐患，成为市场热议焦点。

监管部门再三强调存款安全的重要性，各家银行也加强了印章数字化管理和内部控制合规的力度。但这一事件的出现，说明个别银行仍存在管控不到位的问题。该事件给银行业敲响了警钟，行业需进一步加强风控执行的薄弱环节，提高内部风险控制的能力。

从正常逻辑看，J 公司为 H 公司提供担保，至少银行、J 公司旗下两家公司、第三方企业都应该知情，但出现了 J 公司并不知情的情况。办理质押需要企业的决议、授权、公章等，还需要面签等程序，流程较为严格，银行在储户不知情的情况下如何办理的质押担保，着实让人匪夷所思。

思考： 内部控制监管风险管理的特点有哪些？作为银行应如何规避风险？

第一节　内部控制制度

一、内部控制的定义

根据《企业内部控制基本规范》中的解释，内部控制是由企业董事会、监事会、经理层和全体员工实施的、旨在实现控制目标的过程。

拓展资源：《企业内部控制基本规范》

（一）内部控制是一种全员控制

内部控制强调全员参与、人人有责。内部控制的"全员控制"与董事会、监事会和经理层在内部控制的建设与实施过程中的领导作用并不矛盾，领导者与普通员工仅仅是分工不同、承担的权责大小不同，但都是内部控制的参与主体。

（二）内部控制是一种全面控制

内部控制的覆盖范围要足够广，涵盖企业所有的业务和事项，不仅包含每个层级和环节，而且要体现多重控制目标的要求。

应当注意的是，内部控制只能为控制目标的实现提供"合理保证"，而不是"绝对保证"。这是因为企业目标的实现除了受制于企业自身外，还会受到外部环境的影响，而内部控制无法作用于外部环境。

（三）内部控制是一种全程控制

内部控制是一个完整的内部控制体系。从时间顺序上看，可分为事前控制、事中控制、事后控制；从内容上看，可分为制度设计、制度执行、监督评价。

二、内部控制的目标

内部控制的目标是合理保证企业经营管理合法合规、资产安全、财务报告及相关信息真实完整，提高经营效率和结果，促进企业实现发展战略。

建立健全内部控制是被审计单位的会计责任。相关内部控制一般应当实现以下目标：①保证业务活动按照适当的授权进行；②保证所有交易和事项以正确的金额在恰当的会计期间及时记录于适当的账户，使会计报表的编制符合企业会计准则的相关要求；③保证对资产和记录的接触、处理均经过适当的授权；④保证账面资产与实存资产定期核对并相符。

三、内部控制的发展

内部控制是组织运营和管理活动发展到一定阶段的产物，是科学管理的必然要求。

内部控制理论与实践的发展大体上经历了内部牵制(internal check)、内部控制系统(internal control system)、内部控制结构(internal control structure)、内部控制整体框架(integrated framework)四个不同的阶段，并已初步呈现向企业风险管理整体框架演变的趋势。

（一）内部牵制

"控制"一词最早产生于17世纪，其原始含义是"由登记者之外的人对账册进行的核对和检查"。20世纪以前盛行的审计观念和实务都处于内部牵制阶段。这一阶段的社会生产力还相对落后，大规模商品生产尚不发达，内部牵制是适应这一阶段的时代背景而产生的。内部牵制是内部控制的最初形式，其主要目的是保护财产的安全与完整。

审计学家蒙哥马利认为，内部牵制是指一个人不能完全支配账户，另一个人也不能独立地加以控制的制度。即一名员工与另一名员工必须相互控制。这一理论是建立在两个基本假设之上的：一个假设是两个或两个以上的人或部门无意识地犯同

样错误的可能性很小，另一个假设是两个或两个以上的人或部门有意识地串通舞弊的可能性大大低于单个的人或部门舞弊的可能性。

这一阶段的主要特点是以任何个人或部门不能单独控制任何一项或一部分业务权力的方式进行组织上的责任分工，每项业务通过正常发挥其他个人或部门的作用进行交叉检查或交叉控制。这一阶段的不足之处在于人们还没有意识到内部控制的整体性，过分强调内部牵制机能的运用，不够系统和完善。

（二）内部控制系统

20 世纪 40 年代至 70 年代，企业规模越来越大、业务越来越复杂，尤其是跨国公司、企业集团的出现，审计理论与实务工作者及职业团体把注意力转移到了内部控制系统。1953 年，美国注册会计师协会所属的审计程序委员会颁布《审计程序公告第 19 号》，对内部控制定义进行了正式修正，并将内部控制分为会计控制（accounting control）和管理控制（administration control）两种。会计控制是由组织计划和所有保护资产、保护会计记录可靠性或与此有关的方法与程序构成，包括授权与批准制度，记账、编制会计报表与保管资产等职务分离，财产的实物控制及内部审计。管理控制是由组织计划和所有提高经营效率、保证管理部门所制定的各项政策得到贯彻执行或与此有关的方法和程序构成，包括统计分析、时间和动作研究、经营报告、雇员培训计划和质量控制等。

（三）内部控制结构

1988 年，美国注册会计师协会发布了《审计准则公告第 55 号》，提出了内部控制结构的概念，并将内部控制定义为"为合理保证公司实现具体目标而设立的一系列政策和程序"。内部控制由三个要素构成：一是控制环境（control environment），是指对企业控制的建立与实施有重大影响的一组因素的统称，包括管理理念和经营方式、组织结构、董事会、授权和分配责任的方式、管理控制方法、内部审计、人事政策与实务等；二是会计系统（accounting system），是指企业为了记录、分类、报告、分析业务处理的各种方法和记录，包括文件预先编号、业务复核、定期调节等，这是内部控制结构的关键因素，也是内部审计师要直接利用的因素；三是控制程序（control procedure），是指为合理保证公司目标实现而建立的政策和程序，包括适当授权、恰当的职责分离、充分的凭证和记录、实物控制、业务的独立检查等。

（四）内部控制整体框架

1992 年 9 月，美国内部审计师协会、国际内部审计师协会、财务经理协会、美国会计协会、管理会计协会共同组成的专门委员会——COSO 委员会（The Committee of Sponsoring Organization of the Treadway Commission），即美国反虚假财务报告委员会下属的发起人委员会。该委员会的研究报告——《内部控制——整体框架》的发表，使内部控制理论迈向成熟。该报告指出，内部控制是企业董事会、经理阶层和其他员工实施的，为营运的效率性、财务报告的可靠性、相关法律的遵循性等目标的达成而提供合理保证的过程。报告认为内部控制只能为其目标的实现提供一个合理保证，但不能杜绝错误与舞弊的发生，信息风险客观存在。

🔍 **拓展阅读**

COSO 委员会的成立

1985 年，美国管理会计师协会、美国注册会计师协会、美国会计学会、财务经理人协会、美国内部审计师协会（国际内部审计师协会的前身）联合创建了反虚假财务报告委员会，旨在探讨财务报告中舞弊产生的原因，并寻找解决之道。两年后，基于该委员会的建议，其赞助机构成立 COSO 委员会，专门研究内部控制问题。1992 年 9 月，COSO 委员会发布《内部控制整合框架》，简称 COSO 报告，1994 年对报告进行了增补。这些成果得到了美国审计署的认可。美国注册会计师协会也全面接受其内容并于 1995 年发布了《审计准则公告第 78 号》。由于 COSO 报告提出的内部控制理论和体系结合了内部控制理论和实践发展，成为现代内部控制最具有权威性的框架，因此在业内备受推崇，得到广泛推广和应用。

关于内部控制，需要注意以下几个方面：①内部控制是一个过程，是实现目标的手段，而不是目标本身；②内部控制是由人员来实施的，并不仅仅是政策手册和表格，还涉及组织中各个层级人员的活动；③内部控制只能为主体目标的实现提供合理保证，而不是绝对保证；④内部控制被用来实现一个或多个彼此独立又相互交叉的类别的目标，内部控制目标包括经营目标、财务报告目标和合规目标，而财务报告的可靠性并不是内部控制唯一的目标，换言之，内部控制不等于会计控制。

知识练习：选择题

内部控制制度是（   ）的必然产物。

A. 现代审计   B. 制度基础审计   C. 内部审计   D. 管理现代化

四、内部控制的限制

内部控制的限制主要表现在以下几个方面：①内部控制的设计和运行受制于成本效益原则；②内部控制一般仅针对常规业务活动而设计；③即使是设计完整的内部控制，也可能因执行人员的粗心大意、精力分散、判断失误及对指令的误解而失效；④内部控制可能因有关人员相互勾结、内外串通而失效；⑤内部控制可能因执行人员滥用职权或迫于外部压力而失效；⑥内部控制可能因经营环境、业务性质的改变而削弱或失效。

知识练习：判断题

1. 被审计单位管理层就内部控制的有效性提供书面认定，其作用类似于财务报表，用于明确被审计单位管理层建立健全内部控制。   （   ）

2. 内部控制作为企业各项管理的基础，是衡量现代企业管理水平的重要标志，也是企业持续健康发展的可靠保证。   （   ）

🔍 **拓展阅读**

我国企业内部控制规范的框架体系

2008 年 5 月 22 日，财政部会同证监会、审计署、银监会（现已撤销）、保监会

（现已撤销）出台了《企业内部控制基本规范》。2010 年 4 月 15 日，《企业内部控制应用指引第 1 号——组织架构》等 18 项应用指引、《企业内部控制评价指引》和《企业内部控制审计指引》发布。内部控制基本规范和配套指引的发布，标志着我国内部控制规范体系的形成，是我国内部控制制度发展的里程碑。

《企业内部控制基本规范》是内部控制体系的最高层次，起统御作用；应用指引是对企业按照内部控制原则和内部控制五要素建立、健全本企业内部控制所提供的指引，在配套指引乃至整个内部控制规范体系中占主体地位；《企业内部控制评价指引》是为企业管理层对本企业内部控制有效性进行自我评价提供的指引；《企业内部控制审计指引》是注册会计师和会计师事务所执行内部控制审计业务的执业准则。

《企业内部控制基本规范》是制定应用指引、评价指引、审计指引和企业内部控制制度的基本依据，主要明确了内部控制的目标、原则和要素。《企业内部控制基本规范》第四条规定了企业建立与实施内部控制的五项原则——全面性原则、重要性原则、制衡性原则、适应性原则和成本效益原则。《企业内部控制基本规范》第五条规定了内部控制的五要素，即内部环境、风险评估、控制活动、信息与沟通和内部监督。

《企业内部控制应用指引》由内部环境类指引、控制业务类指引和控制手段类指引三大类组成。内部环境类指引包括组织架构、发展战略、人力资源、社会责任和企业文化等。控制业务类指引是对各项具体业务活动实施的控制，包括资金活动、采购业务、资产管理、销售业务、研究与开发、工程项目、担保业务、业务外包、财务报告等。控制手段类指引包括全面预算、合同管理、内部信息传递和信息系统等。

内部控制评价是指企业董事会或类似权力机构对内部控制有效性进行全面评价、形成评价结论、出具评价报告的过程。《企业内部控制评价指引》的主要内容包括实施内部控制评价应遵循的原则、内部控制评价的内容、内部控制评价的程序、内部控制缺陷的认定及内部控制评价报告。

内部控制审计是指会计师事务所接受委托，对特定基准日内部控制设计与运行的有效性进行审计。《企业内部控制审计指引》主要内容包括审计责任划分、审计范围、整合审计、计划审计工作、实施审计工作、评价控制缺陷、出具审计报告及记录审计工作。

五、内部控制制度的特征

内部控制制度作为企业极其重要的管理制度，主要有以下三个特征。

一是内部控制制度是以一个独立核算的经济单位为主体建立的。例如，以一个工业企业为主体建立的内部控制制度，这个企业所属的各职能部门，以及车间、班组、个人，都属于它的控制系统。再如，以一个企业集团为主体建立的内部控制制度，这个企业集团的各个职能部门，以及所属的成员企业、分公司等，都属于它的内部控制系统。

二是内部控制制度是以经济单位的经济活动为控制对象的。任何一项具体的管理措施都是针对特定的对象建立的，否则不可能有效，甚至还会出现相反的结果。就每一个经济单位来说，建立的内部控制制度不仅必须符合本单位的经济活动情况和业务特点，还要考虑管理上的需要，以使内部经济活动的各个环节、经营管理的各个方面，保持相互衔接、协调和制约。

三是内部控制制度是一种综合性的管理制度。内部控制制度不是单一的管理制度，而是根据不同的控制目标进行的多种控制方式和控制手段的不同组合。

拓展阅读

内部控制与审计的关系

内部控制既是被审计单位对其经济活动进行组织、制约、考核和调节的重要工具，也是内部控制人员用以确定审计程序的重要依据。在审计的发展过程中，对内部控制的重视与信赖，加速了现代审计方法的变革，节约了审计时间和审计费用，同时也扩大了审计范围，完善了审计职能。

在确定内部控制与审计的关系时，应当明确以下三点。

一是内部控制人员在执行审计业务时，不论被审计单位规模大小，都应当对相关的内部控制进行充分了解。

二是内部控制人员应根据其对被审计单位内部控制的了解，确定是否进行符合性测试，以及将要执行的符合性测试的性质、时间和范围。

三是对被审计单位内部控制的了解和符合性测试，并非审计工作的全部。内部控制良好的单位，内部控制人员可能评估其控制风险较低而减少实质性测试程序，但绝不能完全取消实质性测试程序。

第二节　评价内部控制制度

在编制内部控制计划时，内部控制人员应当对企业内部控制制度进行评审，也就是对内部控制制度是否健全、是否有效进行审查和评价。其方法一般可分为三个步骤，即了解内部控制制度（事先）、描述内部控制制度（事中）和评价内部控制制度（事后）。

一、事先——了解内部控制制度

企业的内部控制体现在企业的各项规章制度中，如成本管理制度、资金管理制度、设备管理制度、质量管理制度等。因此，对企业内部控制的了解应先从查阅企业的规章制度入手，然后调查其执行情况。通过查阅企业有关的规章制度是否符合内部控制的原则要求，了解每一个控制要素的政策和程序的设计；通过各种调查方法，掌握内部控制的执行情况，了解企业有关政策和程序的运行。

(一)在编制内部控制计划、确定程序时，了解企业的内部控制

在编制内部控制计划时，内部控制人员应当了解企业内部控制的设计和运行情况。需要指出的是，此时无须确定企业内部控制的有效性，也无须寻找内部控制在运行中的缺陷。

根据独立审计具体准则的规定，内部控制人员在确定了解内部控制所应实施程序的性质、时间和范围前，应当考虑的因素主要包括：①企业的经营规模及业务复杂程度；②企业的数据处理系统类型及复杂程度；③内部控制的重要性；④相关内部控制的类型；⑤相关内部控制的记录方式；⑥固有风险的评估结果等。

（二）利用以往的工作经验，了解企业的内部控制

内部控制人员在了解内部控制时，应当合理利用以往的工作经验进行专业判断。在实际工作中，影响内部控制人员判断的因素很多，主要包括对企业所属行业的了解、企业经营和会计制度的复杂性等。需要指出的是，过去有效的内部控制，现在可能不再适用。因此，对于内部控制的了解，内部控制人员除了利用以往的工作经验外，还应实施其他的内部控制程序。

二、事中——描述内部控制制度

描述内部控制制度是指内部控制人员按照一定的方法，把对企业内部控制制度的调查了解结果以书面的形式描绘出来。通过内部控制制度的描述，可以全面反映企业内部控制制度的状况，便于内部控制人员判断企业业务处理过程是否安全、合理，并进行符合性测试。

描述内部控制制度的方法通常有调查表法、文字表述法和流程图法。

（一）调查表法

调查表也称调查问卷表，是内部控制人员根据企业的业务类别、业务循环和内部控制等，将内部控制的必要事项，特别是与确保会计记录的准确性和可靠性，以及资产的安全、完整有关的主要事项作为调查项目，并系统地加以罗列的表格。调查表法就是利用表格形式，通过征询来了解企业内部控制制度的强弱情况。

内部控制调查表中的"问题"，是针对内部控制是否严格、有效，综合考虑各方面的因素提出的。问题的拟定应针对各项业务或业务循环的特点，既要抓住要害，又要便于回答。对表中提出的问题，要求被审计单位有关人员据实作出"是""否"或"不适用"的回答，借以查明被审计单位的实际情况。

调查表法的实施步骤包括：①编制调查表，将企业应建立的各项内容控制制度预先编制一套标准格式的调查表，设有"调查项目""调查结果""内部控制人员分析意见""备注"四个栏次；②调查询问，内部控制人员根据调查表所列项目，询问被审计单位有关人员，做好调查记录；③填写调查表，将调查询问的结果整理汇总后，填入调查表内；④计算百分比。

调查表法的优点：①简便易行，即使没有较高的专业知识和专业技能水平的人员也能操作；②对所调查的对象提供一个简括的说明，有利于内部控制人员作出分析评价；③编制调查表省时省力，在表上便可以直接判断企业内部控制是否健全，很容易发现被审计单位内部控制制度中的缺点和弱点。

调查表的缺点：①由于被审计单位的内部控制只能按项目分别考察，因此往往不能提供一个完整的评价，一旦有疏漏，便难以正确地了解内部控制情况；②提出的问题过于固定，缺乏弹性；③对于不同行业的企业或小规模企业，该方法常常不太适用。

(二)文字描述法

文字描述法是指内部控制人员对被审计单位内部控制健全程度和执行情况的书面叙述。在对内部控制进行书面表述时，内部控制人员应按照不同的业务循环编写，阐明各项工作的负责人员、经办人员，以及由他们编写和记录的文件等。

描述时应注意把握以下关键内容：①内部控制制度及其相关经济业务执行的全部过程；②内部控制制度及其相关经济业务执行过程中的每项凭证、资料的来源；③内部控制制度及其相关经济业务执行过程中各项资料所处的位置和去向；④与控制风险评价有关的控制手续和方法；⑤各关键控制点的构成，以及有可能产生的潜在错弊。

文字描述法几乎适用于任何类型、任何规模的企业，特别适用于内部控制程序比较简单、比较容易描述的小企业。其优点是可以对调查对象作出比较深入和具体的描述，也可以描述内部控制制度的任何特殊情况；其缺点是文字叙述较为冗长，对业务流程及其控制的反映不够直观，特别是对于比较复杂的业务，有时不能表述清楚，从而在一定程度上影响了内部控制人员从总体上对被审计单位的内部控制制度进行分析评价。

(三)流程图法

流程图法是指内部控制人员用符号和图形来表示被审计单位业务和文件在组织机构内部的流动，从而直观地描述内部控制系统现状的一种方法。绘制流程图一般有纵向流程图和横向流程图两种方法。

流程图法的优点是能从整体的角度，直观地反映内部控制系统的实际情况，便于内部控制人员了解企业的控制程序和检查控制点的设置，而且便于根据控制程序的变化随时作出修改；其缺点是由于缺少文字说明，较复杂的业务不易被理解，需要一定的绘制技术，尤其是较复杂的业务，绘制难度较大，也不能将内部控制系统中的控制弱点明显地标明出来，在评价时往往需要与其他两种方法相结合。

知识练习：选择题

1. 在内部控制评审中应用的方法有(　　)。

A. 流程图法　　　B. 调查表法　　　C. 文字表述法　　　D. 系统分析法

2. 注册会计师没有义务实施的程序是(　　)。

A. 查找 A 公司内部控制运行中的所有重大缺陷

B. 了解 B 公司情况及其环境

C. 实施审计程序，以了解 C 公司内部控制的设计

D. 实施穿行测试，以确定 D 公司相关控制活动是否得到执行

三、事后——评价内部控制制度

内部控制人员评审内部控制的最终目的是确定被审计单位内部控制制度的健全性、有效性和内部控制制度的风险水平，从而决定对它的信赖程度，确定采用抽查还是评查，并确定抽取样本的规模和数量。

(一)评价内部控制制度的健全性

内部控制制度的健全性是指企业每项内部控制是否健全、手续是否严谨、设计

的措施和方法能否起到事先控制的作用。一般来说，健全的内部控制制度能有效预防错误和舞弊的发生，即便发生了，也容易发觉和纠正。

评审内部控制制度是否健全的标志：①各项内部控制制度是否符合内部控制的基本原则；②关键控制点是否进行了控制；③所有的控制目标是否已达到。所谓关键控制点，是指未加控制就容易产生错弊的业务环节。

一般来说，对企业内部控制制度健全性的评价，主要包括以下内容：①生产、经营、管理部门是否健全，责、权、利是否明确，不相容职务是否分离，分工能否起到应有的相互制约作用；②会计信息及有关经济信息的报告制度是否健全，会计信息及相关经济信息的记录、传递程序是否有明确的规定；③用来证明经济业务的凭证制度是否健全，凭证的填制、传递和保管是否有严格的程序，凭证是否做到了按顺序编号；④企业的员工是否具备了必备的知识和业务技能、是否经常接受必要的培训，企业有无定期的职务轮换制度；⑤对财产物资是否建立了定期盘点制度，对重要的业务活动是否建立了事后核对制度，是否将盘点和核对后的信息及时反馈给有关部门；⑥企业是否建立了严格的经济责任制和岗位责任制，责任是否落实，是否严格执行了奖惩制度；⑦企业是否对各项业务活动的程序作出明确规定，是否有清晰的流程图交由有关人员严格执行；⑧企业各个业务循环中的各关键控制点是否都设有控制措施，各项控制措施是否经济、切实可行；⑨企业是否建立了内部审计制度，是否对差错防弊、改进管理、提高效益发挥了作用；⑩与上年度的内部控制制度评价相比，是否有了较大的改进。

(二)评价内部控制制度的有效性

内部控制人员根据对被审计单位内部控制健全性的评审结果，如果决定全部或部分地信赖，就必须对有关的内部控制的执行情况进行详细检查，确定每项具体控制程序的执行是否有效。

对内部控制制度有效性的评价可以通过符合性测试和实质性测试来进行。

1. 符合性测试

对被审计单位内部控制制度进行符合性测试，先是从执行内部控制制度所规定的业务中抽查一部分凭证或记录，然后对抽查的结果进行分析评审，以确定抽查中的错误是偶然的，还是控制制度的薄弱环节。通过这种测试，主要是评价被审计单位内部控制的各项制度中规定的关键控制点，在实际经济活动中能否贯彻执行。如果执行有效，那么会计信息的可靠程度就高，因而也可相应地减少审计程序，减少审计工作量。相反，若执行无效，则会计信息的可靠程度就低，必须相应地增加审计程序，增加审计工作量。因此，通过对内部控制制度的符合性测试，可以确定进一步开展审计工作的范围和规模，以便进一步修改审计工作计划。

2. 实质性测试

在对被审计单位的内部控制进行符合性测试的基础上，应进一步对其内部控制制度进行实质性测试。内部控制的实质性测试主要是对被审计单位的会计信息及其有关的经济信息的真实性、正确性作出进一步审核，将审核的结果作为审计证据，并据以作出有关的审计结论。

对内部控制制度进行的实质性测试主要包括：①实物盘点；②向第三方询证；

③复核；④仔细检查有关业务记录及账户余额；⑤账证核对、账账核对、账表核对；⑥分析账簿中的余额和内容；⑦审阅购货合同、会计记录等；⑧比较重要的比率和指标。

内部控制人员应根据内部控制制度实质性测试的结果，判断被审计单位内部控制的作用和存在的问题，并提出改进意见和建议。

(三)评价内部控制的风险水平

内部控制的风险水平是指由于内部控制可信赖程度的不确定性，内部控制人员由此决定的审计程序、进行的审计事项和作出的审计结论偏离被审计单位客观事实的可能性。与内部控制风险水平高低相对的是内部控制的可信赖程度。一般来说，风险水平越高，可信赖程度越低；风险水平越低，可信赖程度越高。

对于内部控制的评价结果，可以根据不同情况，分为高信赖程度、中信赖程度和低信赖程度三个层次。

1. 高信赖程度(低度控制风险)

高信赖程度的标志是企业内部控制制度健全、合理，并且在测试检查有关业务活动时，未发现差错或仅发现极少的差错。在这种情况下，内部控制人员可以较多地信赖、利用被审计单位的内部控制制度。在实施审计时，可相应减少实质性测试的样本数量和范围，节约审计资源，提高审计效率。

2. 中信赖程度(中度控制风险)

中信赖程度的标志一般是内部控制制度不是十分健全、合理，还存在一定的缺陷或薄弱环节，或内部控制比较健全、合理，但实际执行不力，并且在测试检查有关业务活动时，发现有部分差错。在这种情况下，内部控制人员应降低信赖程度，减少对于内部控制制度的利用，扩大实质性测试的深度和广度，增加实质性测试的样本数量和范围。

3. 低信赖程度(高度风险控制)

低信赖程度的标志是内部控制制度不健全、不合理，或虽设置了良好、健全的内部控制制度，但并没有执行，在测试有关业务活动时，差错的发生非常频繁，大部分交易事项和会计记录处于失控状态，从而导致内部控制难以信赖和利用。在这种情况下，符合性测试已失去意义，内部控制人员应大幅度扩大实质性测试的样本数量和范围，以获取足够的、有充分证明力的审计证据，支持其提出的审计意见和作出的审计结论。在被审计单位的内部控制制度可信赖程度很低的情况下，内部控制人员可以考虑取消审计业务约定书，拒绝接受被审计单位的委托。

知识练习：选择题

在识别和了解被审计单位的内部控制制度后，注册会计师对控制的评价结论可能是(　　)。

A. 所设计的控制单独或连同其他控制能够防止或发现并纠正重大错报，得到执行

B. 控制本身的设计不合理，但得到了执行

C. 控制本身的设计合理，但没得到执行

D. 控制本身的设计就是无效的或缺乏必要的控制

知识练习：案例分析题

B公司是一家集团公司，有多个子公司，主要从事药品生产，同时也投资房地产、服装、酒店、软件等产业。2024年，该公司存在以下问题。

（1）由于日益激烈的竞争和我国对药品市场的严格管制，该公司的变现能力和盈利能力减弱。

（2）管理层最大限度地"挤压利润"，使报告的收入和每股收益最大化。在2024年度，收入被会计师事务所的注册会计师调减了1 200万元，占原报告收入的30%。

（3）董事会中缺少审计委员会，致使审计人员的工作开展得比较困难。

（4）大多数交易采用计算管理系统进行核算，核算系统内部控制政策和程序是比较健全的，但对存货的控制很差；电算化系统中的永续盘存记录并不是很准确。没有内部审计人员，银行账户也没有定期进行调整。

（5）2024年财务报表附注中提到了一起由该公司药物使用者所提起的诉讼，该药物被检查发现有可能致癌。

（6）2022年、2023年和2024年的收入水平持续下降，但2024年度未经审计的收入比2023年有大幅上升。

要求：

（1）评估B公司的财务报表层次风险水平（高、中、低），并说明理由。

（2）指出B公司财务报表可能存在的错报。

重点知识

内部控制制度 ——定义、目标、发展、限制、特征

评价内部控制制度 ——事先控制、事中控制、事后控制

课后思考

1. 企业内部控制的目标有哪些？如何理解内部控制的限制？
2. 简述内部控制的发展阶段及各阶段的主要特征。
3. 简述内部控制制度评价的步骤。

素养园地

担社会责任，办良心企业

产品质量、安全生产、环境保护、资源节约、员工权益、公益慈善等企业社会责任问题事关民生和社会稳定。企业应当义利兼顾，自觉履行社会责任。危及食品安全、破坏环境、浪费资源的事件，对社会、企业和公众造成严重损害。企业可能因社会责任问题导致经济损失，面临法律风险，使企业难以持续发展。

三鹿集团事件，反映了一个企业如果没有充分实行内部控制，必然会导致内

部管理的失效和内部权力的失衡。三鹿事件对我国企业的内部控制起到了警示作用，在实施内部控制时应该加强公司管理权力的制衡、信息的交流和沟通、风险机制的构建。

　　三鹿集团在利益的驱使下，丢弃道德底线，越过法律红线，造成了严重的食品安全事故，在逐利的过程中完全忘却了企业应担当的社会责任。

知识运用

　　尽管某肉类加工企业宣称"十八道检验、十八个放心"，但按照该公司的规定，"十八道检验"中并不包括"瘦肉精"检测，尿检等检测程序也形同虚设。

　　随着央视对"瘦肉精"事件的曝光，该公司被推到风口浪尖。作为曾经国内规模最大的肉制品企业，"瘦肉精"事件令该公司声誉大受影响。继三鹿之后，又一国内重量级公司面临着空前的危机。

　　操作要求：在网上查找"瘦肉精"事件的始末。结合该事件，分析内部控制对企业的重要性，并阐释内部控制的现实意义。

第二章　内部控制的目标

总体目标

(1)认知目标：掌握内部控制目标、内部控制类型的基础理论知识，通过相关案例了解内部控制目标理论的发展、我国内部控制目标的分类情况。

(2)技能目标：能够结合企业所处的经营环境和经济环境，运用企业内部控制目标，对企业内部控制进行分析。

具体目标

(1)通过内部控制目标的学习，提高分析问题、规避风险的能力，提高会计职业素养。

(2)通过内部控制类型的学习，提升内部控制设计水平。

案例导入

安然公司的衰败

2001年10月16日，安然公司公布其第三季度亏损6.38亿美元；11月该公司向美国证券交易委员会承认，自1997年以来，共虚报利润5.86亿美元；11月29日，该公司股价一天之内跌幅超过75%，创下纽约股票交易所和纳斯达克市场有史以来的单日下跌之最；11月30日，该公司股票暴跌至每股0.26美元，成为名副其实的"垃圾股"，其股价缩水近360倍；12月2日，该公司向纽约破产法院申请破产保护，其申请文件中开列的资产总额达468亿美元。

经调查，安然公司为了粉饰业绩采取了以下不正当手段：一是在财务报表上隐瞒并粉饰真实财务状况；二是利用错综复杂的关联方交易虚构利润，利用现行财务规则漏洞隐藏债务，以回避法律和规则对其提出的信息披露要求；三是夸大公司业绩并通过向投资者隐瞒公司业务等违法手段来误导投资者。著名的会计师事务所又为安然公司提供了不实的审计报告，从而使"安然"神话披上了"皇帝的新衣"。

"安然"事件其实是现代企业制度、公司治理制度、现代会计制度、证券及金融市场制度、社会审计制度等存在问题，内部人员滥用职权而没有有效的监督和约束机制所导致的结果。

思考：结合案例内容，分析企业内部控制目标的作用。

第一节　内部控制目标的定义与内容

一、内部控制目标的定义

目标是主体在一定时间内期望达到的成果。彼得·德鲁克认为，不是有了工作才有目标，而是有了目标才能确定每个人的工作。对于企业而言，进行目标管理可以帮助管理者有效地控制企业的业绩，并推动管理者更好地完成工作目标。当企业确定目标之后，须对目标进行有效分解，成为各个部门的子目标，企业管理者根据设置好的子目标对员工进行考核。每个子目标的顺利完成能够保障企业的总目标的有效实现。

就内部控制而言，确立目标并逐层分解目标是控制的开始。内部控制的所有方法、程序和措施无一不是围绕着目标展开，如果没有目标，内部控制就会失去方向。从某种意义上讲，目标也是一种控制手段。

我国《企业内部控制基本规范》将内部控制定义为："由企业董事会、监事会、经理层和全体职工实施的、旨在实现控制目标的过程。"从内部控制理论的发展过程来看，在现代组织中，内部控制的目标已经不是传统意义上的查错和纠弊，而是涉及组织管理的方方面面，呈现出多元化、纵深化的趋势。

内部控制的目标是合理保证企业经营管理合法合规、资产安全、财务报告及相关信息的真实完整、提高经营的效率和效果、促进企业实现发展战略。上述目标是一个完整的内部控制目标体系中不可或缺的组成部分，由于所处的控制层级有所差异，各子目标在整个目标体系中的地位和作用也存在差异。

二、企业内部控制的基本目标

内部控制的目标即企业希望通过内部控制的建设和实施来达到企业某一方面的改善，主要表现为业绩的提高、财务报告信息质量的提高、违规行为发生率的降低等。

企业内部控制的基本目标一般包括以下五个方面。

(一)经营管理合法合规目标

经营管理合法合规目标是指内部控制要合理保证企业在国家法律和法规允许的范围内开展经营活动，严禁违法经营。企业的初级目标是生存，中级目标是发展，最终目标是获利。但是，如果企业盲目追求利润、无视国家法律法规，必将为其违法行为付出巨大的代价。

经营管理合法合规是企业生存和发展的客观前提，是内部控制的基础性目标，是实现其他内部控制目标的保证。

(二)资产安全目标

资产安全目标主要是为了防止资产流失。保护资产的安全与完整是企业开展经营活动的物质前提。

资产安全目标分为两个层次。一是确保资产在使用价值上的完整性，主要是防止货币资金和实物资产被挪用、转移、侵占、盗窃，以及对无形资产控制权的有效管理；二是确保资产在价值量上的完整性，防止资产被低价出售而损害企业利益，同时充分提高资产使用率，提升资产管理水平。

为了保障内部控制、实现资产安全目标，企业必须建立资产的记录、保管和盘点制度，确保记录、保管与盘点岗位的相互分离，并明确职责和权限范围。

（三）财务报告及相关信息的真实完整目标

财务报告提供对当前的、潜在的投资者和债权人及其他使用者，作出合理的投资、信贷及类似决策有用的信息。财务报告反映了企业的过去和现状，并可预测企业的未来发展，是投资者作出投资决策、债权人作出信贷决策、管理者作出管理决策和宏观经济调控部门作出政策决策的重要依据。因此，财务报告目标是经营目标的成果反映。

财务报告及相关信息的真实完整目标是指内部控制要合理保证企业提供了真实可靠的财务信息及其他信息。财务报表及相关信息的真实披露可以将企业诚信、负责的形象公之于众，有利于企业市场地位的稳定与提升，以及未来市场价值的提升。

为了确保财务报告及相关信息真实、完整，企业应做到：①按照企业会计准则的有关规定，如实核算经济业务、编制财务报告，满足会计信息的一般质量要求；②通过内部控制制度的设计，包括不相容职务分离控制制度、授权审批控制制度、日常信息核对制度、惩罚制度等，防止提供虚假会计信息，有效防止虚假交易的发生。

（四）提高经营的效率和效果目标

提高经营的效率和效果是内部控制要达到的最直接也是最根本的目标。企业存在的根本目的在于获利，而企业能否获利，往往直接取决于经营的效率和效果。企业所有的管理理念、制度和方法都应该围绕提高经营的效率和效果来建设、运行并进行适时的调整，内部控制也不例外。

一个良好的内部控制可以从以下几个方面来提高企业的经营效率和效果：①组织精简、权责划分明确，各部门之间、各工作环节之间要密切配合，协调一致，充分发挥资源潜力，充分、有效地使用资源，提高经营效率；②优化与整合内部控制业务流程，既要避免出现控制点的交叉和冗余，也要防止出现内部控制盲点，要设计最优的内部控制流程并严格执行，最大限度地提高执行效率；③建立良好的信息化沟通体系，使会计信息及其他方面的重要经济管理信息快速地在企业内部各个管理层次和业务系统之间有效地流动，提高管理层的经营决策效率；④建立有效的内部考核机制，对经济效率的优劣进行准确的考核，可以实行企业对部门考核、部门对员工考核的二级考核机制，并将考核结果落实到奖惩机制中，对部门和员工起到激励和促进的作用，以提高工作效率和效果。

知识练习：选择题

（　　）是内部控制要达到的最直接也是最根本的目标。

A. 提高经营的效率和效果
B. 财务报告及相关信息真实完整目标
C. 经营管理合法合规目标
D. 促进企业实现发展战略目标

（五）促进企业实现发展战略目标

促进企业实现发展战略是内部控制的最高目标，也是终极目标。战略是与企业目标相关联且支持其实现的基础，是管理者为实现企业价值最大化的根本目标而针

拓展资源：《企业内部控制应用指引第14号——财务报告》

对环境作出的一种反应和选择。如果说提高经营的效率和效果是从短期利益的角度定位内部控制目标，那么促进企业实现发展战略则是从长远利益出发的内部控制目标。因此，战略目标是总括性的长远目标，而经营目标则是战略目标的短期化与具体化。内部控制要促进企业实现发展战略，必须立足于经营目标，着力于经营效率和效果的提高。

要实现这一目标，应注意几个方面：①由公司董事会或总经理办公会议制定总体战略目标，并经股东代表大会表决通过，战略目标的制定要充分考虑外部环境和内部条件的变化，根据相应的变化进行适时的调整，确保战略目标与风险容忍度保持一致；②将战略目标按阶段和内容划分为具体的经营目标，确保各项经营活动围绕战略目标开展；③依据既定的目标实施资源分配，使组织、人员、流程与基础结构相协调，以便促成战略的成功实施；④将目标作为主体从事活动的可计量的基准，围绕目标的实现程度和实现水平实行绩效考核。

内部控制的五个目标不是彼此孤立的，而是相互联系的，共同构成了一个完整的内部控制目标体系。其中，促进企业实现发展战略目标是最高目标，是与企业使命相联系的终极目标；经营管理合法合规目标是战略目标的细化、分解与落实，是促进企业实现发展战略目标的短期化与具体化，是内部控制的核心目标；资产安全目标是实现经营管理合法合规目标的物质前提；财务报告及相关信息的真实完整目标是经营管理合法合规目标的成果体现与反映。

> **知识练习：判断题**
>
> 资产安全目标是战略目标的细化、分解与落实，是战略目标的短期化与具体化，是内部控制的核心目标。（　　　）

三、内部控制目标的具体内容

（一）促进企业实现发展战略

促进企业实现战略发展的目标要求企业将近期利益与长远利益结合起来，在企业经营管理中努力作出符合战略要求、有利于提升企业可持续发展能力和创造长久价值的策略选择。企业战略是与企业目标相关联且支持其实现的重要基础，是管理者为实现企业价值最大化的根本目标而针对环境作出的一种反应和选择。

一个企业为了实现其战略目标，首要任务是在分析内外部环境的基础上制定并明确战略目标；然后是在对风险进行识别、评估并制定相应风险应对措施的基础上形成战略规划；最后需要将该战略目标分解成相应的子目标，再将子目标层层分解到各个业务部门、行政部门和生产部门。鉴于企业战略目标实现的重要性和复杂性，所有内部控制行为应围绕促进企业实现发展战略这一目标展开。

在企业战略的制定和实施的过程中，企业内部控制体系需确保完成的任务包括：①由董事、监事和高级管理人员制定整体战略，经股东代表大会表决通过，同时根据外部环境和内部结构的变化不断调整战略目标，确保企业战略目标在企业风险可控范围之内；②将企业战略目标按照阶段、内容及部门分解为各个子目标，确保企业生产经营活动都是围绕总体目标展开；③按照制定完成的战略目标进行资源的调配和优化；④为企业各级子目标提供考核标准，并根据相应的考核标准对企业相应部门的指标实现水平和完成比例进行考核，确保完成进度在可控范围内。

(二)确保组织目标的有效实现，提高经营效率

任何组织都有其特定的目标。要有效地实现组织的目标，就必须及时对那些构成组织的资源(财产、人力、知识、信息等)进行合理的组织、整合与利用。如果一个组织未能实现其特定的目标，那么该组织在从事自身活动时，一定是忽视了资源的整合作用，忽视了经济和效率的重要性。例如，一家医院有优秀的医生和先进的设备，但如果这些条件没有充分用于医疗，这家医院就是没有效率的。因为内部控制系统的目标就是直接促进组织目标的实现。所以，组织活动和控制行为必须以提高企业经营活动的盈利能力和管理效率为目标。

现代企业的根本目标应该是实现资本保值增值、维护股东利益。这一目标决定了着眼于企业营运效率的经营目标在企业内部控制目标体系中占有支配地位并发挥主导作用。经营目标是企业实现战略目标的核心和关键，而战略目标是与企业命运有关的终极目标，战略目标的实现需要通过分解和细化为经营目标。可以说，经营目标的逐一实现是最终实现战略目标的必经之路，没有经营目标，企业制定的战略目标只是纸上谈兵。

在企业分解战略目标为细化的经营目标时，需要考虑企业自身特点和经济环境，全面考虑产品质量的竞争压力、产品的生产周期，以及技术变化、消费者市场需求和心理预期等多方面因素。因此，管理层在划分经营目标时，要确保企业经营目标反映了现实与市场的需求，并且具有明确的绩效衡量指标。准确的经营目标，是企业赢利的基本前提。经营目标不明确或者不成熟，会导致企业人力资源、财力、物力的多重浪费，甚至会使企业错失发展良机。

(三)确保企业财务报告及相关信息的真实、完整

管理者除了建立组织的目标并沟通政策、计划和方法外，还需要利用相关、可靠和及时的信息来控制组织的行为，即内部控制要合理保证企业提供的财务报告和信息的真实、可靠和完整。这是内部控制目标体系的基础目标。企业的报告可以分为内部报告和外部报告。可靠的信息报告能够为企业管理层提供适合其既定目的的、准确而完整的信息，支持管理层的决策和对营运活动及业绩的监控。同时，企业的报告目标也是基于企业外部的使用者需求设定的，真实可靠的财务信息能够客观地反映企业的财务状况和经营成果，帮助外部信息使用者作出更准确的决策。因此，保证对外披露的信息报告的真实、完整，有利于提升企业的诚信度和公信力，维护企业的良好声誉和形象。

相关案例

瑞幸咖啡财务造假事件

瑞幸咖啡自2017年10月第一家门店开业之后，仅花了7个月的时间就布局

525家门店。2018年7月，瑞幸咖啡迅速完成首轮融资，投入超10亿元人民币。同年，瑞幸咖啡宣布进军轻食市场并推出优惠活动，采取线上线下购买方式，下发大量优惠券，App的下载量成为软件商店中餐饮业下载量第一名，使其销售额一路飙升。瑞幸咖啡于2018年年底前先后完成了AB轮融资。2019年4月22日，经过多方考量决定，该公司向美国证券交易所递交招股文件，在美国成功上市。然而，本应该一路向前的瑞幸咖啡，却于2020年4月2日自曝财务造假。

2019年4月至12月，瑞幸北京公司在多家第三方公司的帮助下，采用"个人及企业刷单造假""API企业客户交易造假"等方式，虚增收入，通过开展虚假交易、伪造银行流水、建立虚假数据库、伪造卡券消费记录等手段，累计制作虚假咖啡卡券订单1.23亿单。同时，瑞幸北京公司与多家第三方公司开展虚假交易，通过虚构原材料采购、外卖配送业务、虚增劳务外包业务、虚构广告业务等方式虚增成本支出，平衡业绩利润数据。通过资金不断循环，实现营业收入大幅虚增，最终形成极具吸引力的虚假业绩，欺骗、误导消费者和公众。经过一系列的调查，此次财务造假事件也因2020年9月20日的罚款处罚基本宣告结束。但是，其造成的恶劣影响却一直存在，被各行业讨论，也引起了相关监管部门的重视。

瑞幸咖啡财务造假事件暴露出的问题主要集中在企业商业模式、内部审计制度、监管部门、人员专业素质等方面。企业要遵守市场竞争规则，要对市场及同行业有敬畏之心，坚持诚信原则、不可触碰"红线"，脚踏实地提升企业形象，为企业赢得口碑。

(四)遵守法律法规、政策、程序和规则

为了协调组织的资源和行为以实现组织的目标，管理者将制定政策、计划和程序，以此来监督组织的运行并适时作出必要的调整。组织必须遵守政府制定的法律法规，即企业的经营活动要合法。内部控制如果不能充分考虑这些外部限制因素，就会威胁组织的生存。因此，内部控制系统必须保证组织遵循各项相关的法律法规和规则，不得违法经营。一个违反法律法规、丧失道德底线的企业，终将为自己的高风险行为付出巨大代价。遵守法律法规和相关制度是企业一切活动的基本前提。

(五)经济、有效地利用组织资源，合理保证企业资产的安全

所有的组织都是在一个资源有限的环境中运作，一个组织实现其目标的能力取决于该组织能否充分地利用现有的资源。资源的稀缺性在客观上要求组织通过有效的内部控制系统确保其安全和完整。如果资源不可靠、损坏或丢失，组织实现其目标的能力就会受到影响。保护各种有形与无形的资源，一是要确保这些资源不被损害或者流失，二是要确保对资产的合理使用和进行必要的维护。制定和设计内部控制制度必须根据能否保证以最低的成本取得高质量的资源(经济性)和防止不必要的或多余的工作和浪费(效率)。因此，管理者必须建立政策和程序来提高运作的经济性和效率，并设定运作标准来对行动进行监督。

在现代社会，信息作为一种特殊的资源，其遗失、损坏也会影响组织的竞争力和运作能力。因此，必须防止未授权的人员(部门)接触和使用组织的资源。同时，人力资源是组织获得竞争力的根本性财富，高素质的员工队伍是一个组织行动能力

的"放大器"。一个组织的员工队伍代表了组织在培训、技能和知识上的大量投资，其作用是难以替代的。因此，工作环境尤其是内部控制环境，不仅要有助于员工的身心健康，而且要有助于培养其对组织的忠诚。

第二节 内部控制目标的分类与实现途径

一、内部控制目标的分类

（一）按照控制的层次分类

1. 战略控制

战略控制是由企业管理层实施的，为了确保组织目标的实现而设置战略目标、形成战略规划并监督战略实施的过程。战略控制处于控制的最高等级。

2. 管理控制

管理控制是与企业高层和中层相联系的内部控制。其目的是将战略目标进一步分解和落实为部门目标与日常任务，确保企业内部的经营方针、政策贯彻执行，最终实现组织目标。

3. 作业控制

作业控制是与操作管理层和员工相联系的，为确保作业和任务的可靠执行，主要针对的是具体业务的操作和具体事项的实施。

（二）按照控制的方式分类

1. 预防性控制

预防性控制是指为了防止发生错误和舞弊，以及经营及财务风险所采取的控制措施。预防性控制旨在从问题的源头予以监管，从根源上预防相关风险的发生。只要事先针对可能出现问题或发生舞弊现象的地方采取预防性的控制措施或提前制定相关政策，就属于预防性控制的范畴。

2. 检查性控制

检查性控制是指为了查明并纠正已经发生的错误和舞弊而实施的控制措施。检查性控制虽然不是从源头上对可能发生的风险进行预防，但对于企业的纠错和及时整改仍然至关重要。例如，企业进行账账核对、账实核对、财产清查，以及实行轮岗制度、针对关键岗位的定期休假等政策均属于检查性控制。

3. 补救性控制

补救性控制是针对某些环节漏洞和缺陷而采取的补救措施，目的是尽可能地降低相应风险带来的损失。

> **知识练习：选择题**
> （ ）是指为防止发生错误和舞弊，以及防止经营及财务风险所采取的控制措施。
> A. 预防性控制 B. 检查性控制 C. 作业控制 D. 补救性控制

知识练习：判断题

1. 按照控制方式分类，企业内部控制分为战略控制、管理控制和作业控制。

（   ）

2. 预防性控制是指为了查明并纠正已经发生的错误和舞弊而实施的控制措施。

（   ）

二、内部控制目标的实现途径

内部控制目标的实现要以目标的定位为准。从内部控制理论的发展过程来看，现代组织中的内部控制目标已不是传统意义上的查错纠弊，而是涉及组织管理的各个方面，呈现出多元化、纵深化的趋势。

内部控制目标的实现途径具体包括以下几种。

(一)适应外部控制环境，改善内部控制环境

控制环境包括企业外部控制环境和内部控制环境。为了实现企业的最高目标，内部控制环境必须谨慎建设，以适应外部控制环境。

外部控制环境应从以下几个方面提出改进措施：①遵守社会法律法规、符合职业道德规范，只有合法才会长久，以诚信理念贯穿企业活动的始终，这是企业生存的最基本要求；②了解外部市场环境的现状对于企业投资者来说至关重要，当前外部市场环境呈现出经济复苏、政策调整、行业竞争加剧、消费者行为变化等多重特征，企业和投资者需要密切关注这些变化，并制定切实可行的内部控制目标；③树立公平竞争的理念，尽管现代企业面临的压力很大，竞争非常激烈，但仍需采取正当的手段实现企业的利润，提高产品质量，赢得消费者信赖。

组织的内部控制环境是指那些可以由管理者自身主观努力而设计和决定的影响因素，如组织形式、组织结构、组织形象、员工行为、资源规模与结构等。这些因素又影响和决定组织文化。

知识练习：选择题

组织的内部控制环境是指那些可以由管理者自身主观努力而设计和决定的影响因素。以下属于内部环境的有（   ）

A. 组织形式   B. 组织结构   C. 组织文化   D. 组织资源

(二)提高员工的积极性

企业内部控制的目标就像企业对未来的一个愿景。为了目标的实现，只有计划是不够的，还需要把计划落实到每一环节中。员工是计划的实施者，企业应充分重视和尊重员工在内部控制中的作用，调动员工的积极性。

员工与管理者之间建立一种平等的关系，有利于两者的相互理解，也有利于经营活动的顺利开展，为完成内部控制目标打下良好的基础。所以，一个健康的内部控制系统应当既能推动对实现组织目标有贡献的积极行为，同时也能防止危害行为和事件的发生。

(三)建立有效的会计信息管理系统

会计信息的质量直接关系信息使用者的经济决策是否合理有效。失真的信息使

管理层不能了解企业的真实情况，也就不能制定出正确的经营规划和作出合理的经济布局。

提高会计信息的质量，可以从以下几个方面入手。

一是加强企业的诚信教育宣传，树立诚信发展的理念。这是从思想上提高会计信息质量的根本保证。会计人员提供的会计信息应真实、客观、准确、全面地反映企业的经营成果和财务状况，为企业的发展提供依据。

二是加强会计队伍的建设，提高会计人员的综合素质。会计应该坚持"诚信为本，操守为重，遵循准则，不做假账"的宗旨，对自己负责、对单位负责。同时，会计人员应通过业务培训等多种途径，提高专业技能，掌握企业的整个会计业务流程，从而加强各个环节的财务预算，减少因会计技术失误、业务不熟悉而产生会计信息质量问题。

三是高度重视会计管理和成本核算工作。控制成本是衡量控制效益的关键因素。控制只有在经济上可行才能得以实施。任何控制行为均会产生成本。控制成本包括控制自身的有形成本，由于实施控制而造成的机会与时间的丧失，以及员工对控制的反感和不满所造成的损失等。在内部控制的设计和运行中，一定要将这些成本与不实施控制而产生的错误、低效率和舞弊等损失风险一起进行权衡。

（四）建立有效的监督机制

建立有效的监督机制，实行有效的制约和监督，是确保企业安全经营的根本途径。建立有效的监督制约机制，切实担负起监督职责，要抓好以下三个重点环节。

1. 建立以"防"为主的监控防线

在企业一线供产销全过程中融入相互牵制、相互制约的制度，建立以"防"为主的监控防线。有关人员在处理业务时，必须明确业务处理的权限和应承担的责任。对一般业务或直接接触客户的业务，均要经过复核，重要业务最好实行双签制。

2. 建立以"堵"为主的监控防线

设立事后监督，即在会计部门常规性的会计核算的基础上，对其各个岗位、各项业务进行日常性和周期性的核查，建立以"堵"为主的监控防线。这对于及时发现问题、防范和化解企业经营风险与会计风险具有重要的作用。

3. 加强外部监督

通过外部监督对企业施加压力，并将这种压力转化为动力，督促企业实施内部控制制度。

外部监督包括社会审计监督和政府监督。在建立健全单位内部控制的基础上，规定单位外部监督层次，将专业监督和群众监督结合起来，使外部监督和内部监督协调一致，为企业和员工创造良好的工作环境，为确保内部控制目标的实现奠定基础。

📘 重点知识

内部控制目标的定义与内容
- 由企业董事会、监事会、经理层和全体员工实施的、旨在实现控制目标的过程
- 经营管理合法合规、资产安全、财务报告及相关信息的真实完整、提高经营的效率和效果、促进企业实现发展战略

内部控制目标的分类
- 战略目标、管理目标、作业目标
- 预防性控制、检查性控制、补救性控制

⚙️ 课后思考

1. 内部控制的目标分为几个层次？各个目标之间有什么关系？
2. 企业内部控制的基本目标有哪些？
3. 内部控制目标的分类标准有哪些？具体包括哪些内容？
4. 简述建立有效的会计信息系统对企业内部控制的影响。

⚙️ 素养园地

吾日三省吾身

曾子曰："吾日三省吾身：为人谋而不忠乎？与朋友交而不信乎？传不习乎？"

"吾日三省吾身"的精神是自我评价与自我改进的精神。这种精神体现在谦虚谨慎、戒骄戒躁的态度，自我检视、自我反省的习惯，发现问题、改正问题、持续进步的过程。

内部控制评价工作是企业董事会或类似权力机构对内部控制有效性进行自我评价的工作，旨在提高企业内部控制成效，更好地实现企业内部控制目标。

企业内部控制工作的参与者与内部控制评价工作的执行者，都应具有"吾日三省吾身"的精神，不断检视企业内部控制工作中的不足，不断修正、不断进步。

📖 知识运用

2024 年 6 月，A 上市公司召开董事会，研究贯彻执行基本规范事宜。会议责成公司经理层根据基本规范中关于建立与实施内部控制的五项原则，抓紧拟订本公司实施基本规范的工作方案，报董事会批准后执行。

2024 年 8 月，A 公司经理层提交了基本规范实施方案，与内部控制目标相关要点如下："明确控制目标，本公司实施内部控制的目标是保证经营管理合法合规、资产安全完整、财务报告真实可靠，确保聘请会计师事务所进行内部控制审计后获得无保留审计意见。"

操作要求：分析 A 公司内部控制目标是否恰当，并说明理由。

第三章 风险管理与内部控制的要素

总体目标

(1)认知目标：掌握内部控制要素的基本理论知识，了解内部控制要素发展的历史、动态趋势、应用的最新进展和研究范式。

(2)技能目标：结合企业内部控制的基本情况，运用内部控制各要素相关知识，分析内部控制监督的方法，解释风险评估的主要内容，以实现内部控制的整体目标。

具体目标

(1)通过内部控制环境的学习，了解企业文化对企业内部控制的宏观影响，树立大局观。

(2)通过风险评估的学习，树立风险意识，提高对企业风险的敏感度，提升风险辨别能力。

(3)通过内部控制活动的学习，提高会计内部控制职业技能。

(4)通过信息与沟通的学习，树立信息沟通意识、提升财务分析水平。

(5)通过内部监督的学习，加深对监督机制的认知，提升对法律法规的理解。

案例导入

内部控制要素新二元论

最早在理论上对内部控制构成要素进行划分的是美国1958年发布的《审计程序公告》，它将内部控制划分为管理控制与会计控制。其中，管理控制着重于经营上的控制，主要是与贯彻管理方针和提高经营效率有关的方法、程序，而与会计记录没有直接的联系；会计控制则是与财产安全和会计记录的准确性、可靠性有直接联系的方法、程序。这种内部控制的两分法不仅存在界限模糊不清的弊端，而且容易误导企业内部控制的构建和实施，误导人们分别建立管理控制和会计控制体系。有效的内部控制应该是将二者有机地融为一体。

2008年，财政部会同多部门共同印发了《企业内部控制基本规范》，该规范借鉴COSO报告，将内部控制划分为五个要素，即内部环境、风险评估、控制活动、信息与沟通、内部监督。与COSO报告相比，该规范将控制环境和监督两个要素进一步限定为内部环境和内部监督，突出了内部控制的"内部"特征。但是，将内部审计作为内部环境的组成部分，又规定内部监督是企业对内部控制建立和实施情况进行监督检查，这显然离不开内部审计。同一个内容出现在两个不同的要素之中，说明要素的划分不够清晰。与此类似，治理结构、机构设置和权责分配、人力资源政策同时具有内部环境和控制活动的特征。

思考：内部控制的要素对于企业发展有哪些作用？

第一节　风险管理

一、风险管理的含义

风险管理又称危机管理，是指在一个肯定有风险的环境里把风险降至最低的管理过程。风险管理是社会组织或个人通过风险识别、风险预测和风险评价三个基本环节，运用各种风险管理技术，对风险实施有效控制或者妥善处理风险所致后果，从而以最小的成本收获最大的安全保障。

二、风险管理的特征

（一）战略性

尽管风险管理渗透于企业各项活动中，存在于企业管理者对企业的日常管理当中，但它主要运用于企业战略管理层面。站在战略层面把握风险是全面风险管理的价值所在。

（二）全员性

企业全面风险管理是一个由企业治理层、管理层和所有员工参与，旨在把风险控制在风险容量以内，增进企业价值的过程。企业风险管理本身并不是一个结果，而是实现结果的一种方式。在这个过程中，只有将风险意识转化为全体员工的共同认识和自觉行动，才能确保风险管理目标的实现。

（三）专业性

风险管理专业人员需要根据评估结果制定相应的风险应对策略。这些策略包括风险规避、风险降低、风险转移和风险接受等。

（四）二重性

全面风险管理既要管理纯粹的风险，也要管理机会风险，这使风险管理具有二重性。其具体表现为：①损失最小化管理，当风险损失不能避免时，尽量减少损失至最低；②不确定性管理，当风险损失可能发生或可能不发生时，设法降低风险发生的可能；③绩效最优化管理，当风险预示着机会时，化风险为增进企业价值的机会。

（五）系统性

全面风险管理必须拥有一套系统的、规范的方法，建立健全全面风险管理体系，包括风险管理策略、风险理财措施、风险管理的组织职能体系、风险管理信息系统和内部控制系统，从而为实现风险管理的总体目标提供合理保证。

知识练习：选择题

永泽公司是一家餐饮公司。2023年，一场传染病的流行使餐饮业进入"寒冬"。该公司在进行风险评估后认为，这场传染病的流行将使消费者的健康饮食意识极大增强，于是组织员工迅速开发并推出系列健康菜品，使公司的营业额逆势上升。永泽公司的上述做法体现的风险管理特征是（　　　）。

A. 专业性　　　　　B. 战略性　　　　　C. 系统性　　　　　D. 二重性

三、风险管理的要素

风险管理的要素包括内部环境、目标制定、风险识别、风险评估、风险反应、控制活动、信息与沟通、监控，共八个相互关联的要素，各要素贯穿企业管理的全过程。风险管理的要素与内部控制的要素具有一致性，但风险管理是一个过程，因此，风险管理各个要素之间必然存在联系。风险管理的要素及其相互联系，如表3-1所示。

表 3-1　风险管理的要素及其相互关系

风险管理的要素	各要素的相互关系
内部环境	治理结构－机构设置与权责分配－管理理念与企业文化－内部审计机制－反舞弊机制等
目标制定	战略目标－其他相关目标－选择目标－风险偏好－风险容忍度
风险识别	事项－影响战略及目标实现的因素－方法和技术－事项的相互依存－事项类别－风险和机遇
风险评估	固有风险和残存风险－可能性和影响－方法和技术－相关性
风险反应	确认风险反应方案－对可能的风险反应方案进行评估－选择风险反应方案－风险组合
控制活动	与风险反应相结合－控制活动的类型——般控制－应用控制－特定主体
信息与沟通	信息－战略和整合系统－沟通
监　控	个别评估－持续评估

纵观内部控制的历史演进过程可以发现，内部控制的发展历史实际上也是内部控制要素不断充实丰富的历史，即从最早的内部控制"一要素"阶段（内部牵制）、"二要素"阶段（内部控制制度阶段）、"三要素"阶段（内部控制结构阶段）、"五要素"阶段（内部控制整合框架阶段），发展到当今的"八要素"阶段（风险管理整合框架阶段）。在借鉴内部控制要素发展的理论成果并结合我国国情的基础上，《企业内部控制基本规范》提出，企业建立与实施有效的内部控制，应当包括内部环境、风险评估、控制活动、信息与沟通、内部监督五大要素。

知识练习：选择题

1. 风险管理的要素包括（　　）。

A. 风险评估　　　　　　　　　B. 风险反应

C. 风险识别　　　　　　　　　D. 以上都是

2. 以下属于风险管理框架要素的有（　　）。

A. 内部监督　　　　　　　　　B. 目标制定

C. 风险识别　　　　　　　　　D. 风险评估

第二节　内部控制的要素

一、内部环境

内部环境一般包括企业治理结构、企业发展战略、企业人力资源政策、企业社会责任和企业文化等。内部环境影响和制约内部控制的建立与执行，是实施内部控制的基础，是企业自上至下的内部控制整体观念。

(一)企业治理结构(组织架构)

企业治理结构即组织架构，是指按照国家有关法律法规、股东(大)会决议和企业章程，明确董事会、监事会、管理层和企业内部各层级机构设置、人员编制、职责权限、工作程序和相关要求的制度安排。其核心是完善企业治理结构、管理体制和运行机制。无论企业处于新建、重组改制或是存续状态，要实现发展战略，必须把建立和完善组织架构放在首位，这样才能防范和化解各种舞弊风险，并在内部控制制度的建设中起到支撑作用。企业的内部机构设置及权责分配，尽管没有统一模式，但所采用的组织结构应当有利于提升管理效率，并保证信息畅通。

(二)企业发展战略

企业发展战略是指企业在对现实状况和未来趋势进行综合分析与科学预测的基础上，制定并实施的长远发展目标与战略规划。明确企业的发展战略，可以为企业找准自己的行业和市场定位。作为管理层的执行指南，企业发展战略为内部控制设定了长期目标。

企业发展战略与内部控制之间存在着密切的关系。企业发展战略是企业根据自身的资源和市场环境确定的长期发展目标与行动方案，而内部控制则是企业为实现这些目标而建立的一套制度和措施。

🔍 拓展阅读

企业发展战略与内部控制

1. 企业发展战略对内部控制的制定和执行起到了指导作用

企业发展战略明确了企业的长期目标和发展方向，为内部控制的制定和执行提供了明确的指导。内部控制要确保企业的资源合理配置、风险可控、业务流程规范、财务信息可靠等，而这些都是为了实现企业发展战略所需要的。企业发展战略的制定可以使内部控制更加有针对性和有效地发挥作用。

2. 内部控制对企业发展战略的实施起到了保障作用

企业发展战略的实施需要企业内部各个环节的有效运行和协调配合。内部控制的建立可以使企业在实施战略过程中更好地控制风险，防范各种潜在的问题，确保战略的顺利实施。内部控制可以通过制定规章制度、建立审核和监督机制等方式，确保企业的资源得到合理配置，避免战略实施过程中的资源浪费和风险暴露。

3．内部控制可以为企业发展战略的调整和优化提供依据

企业发展战略在实施过程中，会面临外部环境的变化和内部控制的调整。内部控制可以通过监测和评估企业各个环节的运行情况，及时发现问题和风险，并提供相应的反馈和建议。这些反馈和建议可以为企业调整和优化战略提供有效依据，使企业能够更好地应对外部变化和内部控制。

4．企业发展战略与内部控制之间存在着相互促进的关系

企业发展战略的实施需要内部控制的支持和配合，而内部控制的建立和改进也可以促进企业发展战略的顺利实施。内部控制可以提高企业的运营效率和风险管理能力，降低企业的经营风险，为战略的实施提供有力支持。企业发展战略的目标和需求也可以促使企业改进和完善内部控制，使其更加适应企业的发展需求。

知识练习：案例分析题

F银行是1996年以来国务院批准设立的首批股份制商业银行之一，目前已在全国设立了十余家一级分行和数十家支行，银行资产总额超过两千亿元。公司风险管理系统下设内控合规部、风险管理部、信贷监控部等，从组织形态上已经构筑了包括内控合规部门、审计部门、业务条线和分支机构四位一体的内控防线，并且建立了配套的制度与流程体系。然而，近年来F银行却相继发生多起风险事故。

2020年年底，F银行数十名储户出现账户资金被盗用，内部人士估计资金高达上千万元。经查证，该案件是F银行内部员工监守自盗，通过内外勾结，高息揽储，然后以客户名义私开网银，再利用网银盗取客户存款，最后将存款放贷出去。

2021年8月底，南京A集团董事长卷走巨款后失踪，许多银行都被卷入其留下的债务危机，涉案金额不少于3亿元，其中以F银行贷款额最大。F银行向南京A集团开具的2张银行承兑汇票，分别为9 000万元和5 960万元，合计逾亿元。而南京A集团与之对应的贷款担保，则为同一集团内成员企业的相互担保，属于"左手倒右手"的情况，致使银行面临上亿元的风险敞口。

分析：F银行的内部控制存在哪些问题？如何建立健全的内部控制体系？

（三）企业人力资源政策

人力资源是指企业组织生产经营活动而任用的各种人员，包括董事、监事、高级管理人员和全体员工，其本质是企业各类人员的脑力和体力的总和。企业需要设置科学的绩效考核指标体系，制定与考核相挂钩的薪酬制度，科学地设置岗位。比如，对关键岗位员工实行强制休假制度和定期岗位轮换制度，对掌握企业秘密或者重要商业秘密的员工离岗的限制性规定等。

（四）企业社会责任

企业在经营发展过程中应当履行的社会责任和义务，主要包括安全生产、产品质量（含服务）、环境保护、资源节约、促进就业、员工权益的保护等。企业通过价值的创造，不断以税收、红利、工资和产品等形式，为国家、股东、员工及消费者提供财富或效用，其本质就是在履行社会责任。除此之外，企业还需要以其他方式

学习笔记

拓展资源：《企业内部控制应用指引第5号——企业文化》

履行对员工、消费者、社区、环境的社会责任，如安全生产、职业健康、节约资源、慈善和公益等。从长远看，履行社会责任有利于提高企业的声誉、吸引更多客户、增强企业竞争力，从而间接提高企业未来的经济效益，实现企业的可持续发展。

(五)企业文化

企业文化包括企业整体的风险意识和风险管理理念，董事会、经理层的诚信和价值观，企业全体员工的法治观念等。《企业内部控制基本规范》第十八条规定："企业应当加强文化建设，培育积极向上的价值观和社会责任感，倡导诚实守信、爱岗敬业、开拓创新和团队协作精神，树立现代管理理念，强化风险意识。"企业文化决定企业成员的思维方式和行为方式，在公司治理方面起到重要作用。

知识练习：判断题
企业管理层的风险意识和风险管理水平对企业的内部控制环境有较大影响。
（　　）

二、风险评估

风险是指一个潜在事项的发生对目标实现产生的影响。企业风险是指未来的不确定性对企业实现其经营目标的影响。这种不确定性既包括正面效应也包括负面效应，既有收益也有损失。

风险通常具有客观性、普遍性、不确定性、动态可变性和可测性的特征。

风险评估是指企业及时识别、科学分析在经营活动中与实现控制目标相关的风险，合理确定风险应对策略。风险评估是实施内部控制的重要环节。

风险评估主要包括目标设定、风险识别、风险分析和风险应对四个环节。

(一)目标设定

企业必须识别和分析目标风险，并在采取行动管理风险之前，采取恰当的程序来制定与生产、销售、财务等业务相关的目标，确保所选定目标支持和契合企业的发展使命，并且与企业的风险承受能力相一致。目标设定作为企业风险评估的起点，是风险识别、风险分析和风险应对的前提。

(二)风险识别

企业要建立风险管理机制，对当前或未来所面临的和潜在的风险加以判断、归类，并对风险性质进行鉴定，以了解企业所面临的来自内部和外部的各种不同风险。

风险识别需解决"企业存在哪些风险""哪些风险应予以考虑""引发风险的原因""引发风险的后果及其严重程度"等问题。风险识别要在企业层面和业务活动层面加以确认，对企业主要业务单元和职能部门的各种不确定事件进行预测、分析和确认之后，企业的经营战略和职能战略实施才能有更可靠的保证。

(三)风险分析

企业要进行风险分析，在充分识别各种风险因素之后，具体应采用定性和定量相结合的方法，按风险发生的可能性及严重程度，对可识别风险进行排序和分析：①对固有风险，即不采取任何防范措施可能造成的损失程度进行评估；②对剩余风险，即采取了应对措施之后，仍可能造成的损失程度进行评估，确定处理风险的优先等级和重要程度。

企业在进行风险分析的过程中必须有由专业人员组成的分析团队，以此为基础进行规范、缜密的分析，确保风险分析的准确性。

(四)风险应对

企业要针对已识别的风险及其紧迫程度，结合自身风险的承受程度，权衡风险与收益，确定相应的解决策略。企业管理层在评估相关风险的成本效益之后，要选择一系列措施、采取相应的策略，使剩余风险处于期望的风险可承受范围以内。具体的应对措施包括但不限于风险规避、风险降低、风险分担和风险承受等，从而对风险进行有效的规避和控制。

> **知识练习：判断题**
> 风险评估主要包括目标设定、风险管理、风险分析和风险应对四个环节。
>
> （　　）

三、控制活动

微课视频：
控制活动

控制活动是指企业根据风险评估结果，通过手工控制和自动控制、预防性控制与发现性控制相结合的方法，运用相应的控制措施，将风险控制在可承受范围之内。控制活动是企业实施内部控制的具体方式。

常见的控制措施有不相容职务分离控制、授权审批控制、会计信息系统控制、财产保护控制、预算控制、运营分析控制、绩效考评控制等。

企业应当根据内部的控制目标，结合风险应对策略，综合运用控制措施，对各种业务和事项实施有效控制。同时，企业应当建立重大风险预警机制和突发事件应急处理机制，明确风险预警的标准，对可能发生的重大风险或突发事件，制定应急预案、明确责任人员、规范处置程序，确保突发事件得到及时、妥善的处理。

四、信息与沟通

拓展资源：
《企业内部
控制应用
指引第17
号——内
部信息传
递》

企业的正常经营运转离不开资金流、物流和信息流的畅通与配合。其中，信息流负责识别有效信息、准确快速地传递信息，从而帮助决策者采取有效措施。信息流不畅，会导致企业盲目判断，身处风险之中而毫不知情。因此，有效的信息与沟通是内部控制目标实现的重要保障。《企业内部控制基本规范》第三十八条指出："企业应当建立信息与沟通制度，明确内部控制相关信息的收集、处理和传递程序，确保信息及时沟通，促进内部控制的有效运行。"

信息与沟通的主要环节包括：①确认、计量、记录有效的经济业务；②在财务报告中恰当地披露财务状况、经营成果和现金流量；③保证管理层与企业内部、外部的通畅沟通，包括与股东、债权人、监管部门、注册会计师、供应商等的沟通。

信息与沟通的方式是灵活多样的，但无论采用哪种方式，都应当保证信息的真实性、及时性和有用性。

> **知识练习：判断题**
> 企业信息流畅通是决策者快速作出正确决策的重要保障。　　　（　　）

学习笔记

五、内部监督

内部监督是指企业对内部控制的建立与实施情况进行监督检查，评价内部控制的有效性，对于发现的内部控制缺陷及时加以改进。内部监督是实施内部控制的重要保证。《企业内部控制基本规范》第四十四条第一款指出："企业应当根据本规范及其配套办法，制定内部控制监督制度，明确内部审计机构（或经授权的其他监督机构）和其他内部机构在内部监督中的职责权限，规范内部监督的程序、方法和要求。"

内部监督包括日常监督和专项监督。监督情况应当形成书面报告，并在报告中揭示内部控制的重要缺陷。内部监督形成的报告应当有畅通的报告渠道，确保发现的重要问题能及时送达治理层和管理层；同时，应当建立内部控制缺陷纠正、改进机制，充分发挥内部监督的效力。

🔍 拓展阅读

内部控制要素之间的关系

内部控制的五个要素之间具有相互支持、紧密联系的逻辑关系。企业所设定的战略目标是一个企业在某一阶段努力的方向，而内部控制组成要素则是实现该目标所必需的条件，两者之间存在直接的关系。内部环境、风险评估、控制活动、信息与沟通和内部监督这五个要素在帮助企业管理者实现战略目标的过程中各自发挥着重要的作用。

内部环境是内部控制的基础，对其他要素产生影响。内部环境的好坏决定内部控制其他要素能否有效运行。

内部监督是针对内部控制其他要素的，是自上而下的单项检查，是对内部控制的质量进行评价的过程。

由于在实施过程中会受到内外部环境的影响，企业需要通过一定的技术手段找出那些影响战略目标实现的有利因素和不利因素，并对其存在的风险隐患进行定量和定性分析，从而确定相应的风险应对策略，即风险评估。这是采取控制活动的根据。

根据明确的风险应对策略，企业需要及时采取控制措施，有效控制风险，尽量避免风险的发生、降低企业的损失，这就是控制活动要素。信息与沟通在这五个要素中发挥承上启下、确保内外部信息沟通的关键作用。

控制环境和其他组成要素之间的相互作用需要通过信息与沟通这一桥梁发挥作用。

风险评估、控制活动和内部监督的实施需要以信息与沟通结果为依据，它们的结果也需要通过信息与沟通渠道来反映。缺少了信息传递与内外部沟通，内部控制的其他要素可能就无法保持紧密的联系，整体框架也就不再是一个有机的整体。

本章小结

风险管理
- 含义：在一个肯定有风险的环境里把风险降至最低的管理过程
- 特征：战略性、全员性、专业性、二重性、系统性
- 要素：内部环境、目标制定、风险识别、风险评估、风险反应、控制活动、信息与沟通、监控

内部控制的要素 内部环境、风险评估、控制活动、信息与沟通、内部监督

课后思考

1. 风险管理的特征有哪些？如何理解风险管理的全员化？
2. 内部环境包含哪些要素？企业发展战略与内部控制之间有哪些关联？
3. 控制活动包括哪些内容？如何综合运用控制措施？
4. 什么是内部监督？如何制定内部监督制度？

素养园地

树责任担当意识，做对社会有益的人

《企业内部控制应用指引第4号——社会责任》中指出："企业应当重视履行社会责任，切实做到经济效益与社会效益、短期利益与长远利益、自身发展与社会发展相互协调，实现企业与员工、企业与社会、企业与环境的健康和谐发展。"

企业履行社会责任，是打造和提升企业形象的重要举措。例如，2021年鸿星尔克实业有限公司宣布为河南水灾捐赠5 000万元物资，广大民众纷纷以抢购其产品的实际行动表达对该企业的支持和拥护。

反之，企业如果单纯为了追求利润或财富而不履行社会责任，就难以实现发展战略。例如，长春长生生物科技有限公司因疫苗生产记录造假被责令退市，高层管理人员被严惩。

办企业要讲良心，有责任担当，做人亦如此。"天下兴亡，匹夫有责"强调的是热爱祖国的责任。无论是企业家个人还是普通员工，只有每个人都认真承担起自己应该承担的责任，社会才能和谐运转，持续发展。

知识运用

X公司是一家从事商品零售业的大型上市公司。该公司董事会起草并制定了非常全面的内部控制规章制度。董事长认为，每个员工都是好员工，大家都会自觉地遵守企业制定的规章制度。因此，该公司的内部审计部门人手很少，在遇到大型的审计项目时，临时从被审计的部门调拨熟悉审计业务的人员。

该公司财务部门人手也较为紧张，一人长时间在同一岗位或者同时兼任多个岗位的现象普遍存在。

X公司另外设有风险管理部门，负责识别和分析影响目标实现的风险。对于识

别出的风险，不论付出多大的代价，一律采取风险规避策略予以应对。

　　该公司倡导员工信息传递的真实性，严格规定有关信息必须逐层传达。

　　操作要求：根据内部控制五个要素，指出 X 公司存在的问题，并简要说明整改办法。

第四章 货币资金的内部控制与风险管理

⚡ 总体目标

(1)认知目标：熟悉货币资金业务内部控制的内容和业务流程，理解货币资金控制的风险控制点，了解货币资金的特点，理解货币资金管控面临的风险。

(2)技能目标：提高在生活中应用货币资金内部控制知识分析问题的能力和探究货币资金内部控制及管控风险的批判性思维能力。

🔗 具体目标

(1)通过内部牵制控制的学习，提高规避风险的能力，提升会计职业能力。

(2)通过货币资金内部控制与风险管理的学习，提高专业技能与职业素养。

(3)通过货币资金账户核算的舞弊行为处理，强化社会责任意识。

(4)通过货币资金内部控制风险水平的学习，树立风险意识。

🔍 案例导入

助理模仿董事长签字侵占公款

邵某原为科思项目管理(中国)有限公司(以下简称"科思公司")的董事长助理兼出纳，她用发票报销平账等方式侵占公司 8 000 余万元。

2021 年 5 月，科思公司财务总监赵某拿着一张 34 万余元的发票询问公司董事长林某是否买了一只手表，并称是邵某拿来报销的。林某找邵某核实，邵某才承认是她买的。

邵某自 2017 年 9 月起任董事长助理兼出纳，负责董事长文件收发、财务部现金报收及支付、银行转账等业务，公司的网银也在其手里。自 2018 年 3 月到 2020 年 10 月，邵某先后拿走现金总计 900 余万元。2019 年 10 月到 2021 年 6 月，邵某通过网银转账，将公司账户的钱转入其个人账户 7 000 余万元。2021 年 7 月，科思公司报案。2021 年 8 月 16 日，邵某被抓获。

邵某交代，她和董事长走得比较近，有些隐性权力。她模仿董事长的签字，先后拿走了 7 000 余万元用于个人奢侈品消费、购买房产和股票等。事发后，她退还了 5 000 余万元。

经人民法院审理，以犯职务侵占罪判处邵某有期徒刑 12 年，没收财产 100 万元，并继续追缴 2 738 万余元赃款。

(资料来源：张淑玲.女助理模仿董事长签字侵占公司 8 000 余万元获刑[N].京华时报，2022-11-07.有修改)

思考：科思公司在货币资金收支管理、财务印章管理方面存在哪些缺陷？

微课视频：
货币资金
业务内部
控制的内
容和目标

第一节 货币资金内部控制与风险管理的主要流程

一、货币资金业务内部控制的内容

(一)岗位分工及授权批准

岗位分工及授权批准的内容包括：①确定其内部控制是否良好，检查不相容职务的分离设置状况、货币资金业务授权批准制度、现金库存限额管理、定期盘点制度、收入支出的凭证管理等，查明企业货币资金内部控制是否建立健全，并评价货币资金内部控制是否可信赖；②对货币资金业务建立严格的授权批准制度，明确审批人对货币资金业务的授权批准方式、权限、程序、责任和相关控制措施，规定经办人办理货币资金业务的职责范围和工作要求；③按照规定的程序(如支付申请、支付审批、支付复核、办理支付)办理货币资金支付业务；④对于重要货币资金支付业务，实行集体决策和审批，并建立责任追究制度；⑤严禁未经授权的机构或人员办理货币资金业务或直接接触货币资金。

🔍 知识链接

货币资金的一般授权与特殊授权

一般授权是指在日常经营活动中，根据实际需要对正常业务动用资金的授权。这种授权通常涉及常规性、重复性的业务活动。例如，员工报销差旅费、支付日常办公用品费等。

特殊授权是指企业在遇到特殊情况、紧急状况时，为了应急或解决暂时性、短期性的资金周转不灵活，或其他经济业务需要额外的货币资金支付而进行的特别授权。这种授权方式一般需要经过严格的批准，也具有一定灵活性，但同时也蕴含较大的业务风险和财务风险。例如，突发自然灾害后的紧急救援支出、重大投资项目的临时资金调配等。

(二)现金和银行存款管理

现金和银行存款管理的内容包括：①加强现金库存限额的管理，超过库存限额的现金应及时存入银行；②不属于现金开支范围的业务一律通过银行办理转账结算；③现金收入应当及时存入银行，不得用于直接支付企业自身的支出，因特殊情况需坐支现金的，应事先报经开户银行审查批准，借出款项必须执行严格的授权批准程序，严禁擅自挪用、借出货币资金；④严格按照《支付结算办法》等国家有关规定，加强银行账户的管理，严格按照规定开立账户、办理存取款和结算，定期检查、清理银行账户的开立及使用情况，发现问题应及时处理，并加强对银行结算凭证的填制、传递及保管等环节的管理与控制；⑤严格遵守银行结算纪律，不准签发没有资金保证的票据或远期支票，套取银行信用，不准签发、取得和转让没有真实交易和债权债务的票据，套取银行和他人资金，不准无理拒绝付款，任意占用他人资金，不准违反规定开立和使用银行账户；⑥指定专人定期核对银行账户，每月至少核对

1 次，编制银行存款余额调节表，使银行存款账面余额与银行对账单调节相符，如调节不符，应及时查明原因并进行处理；⑦定期和不定期地进行现金盘点，确保现金账面余额与实际库存相符，如发现不符，应及时查明原因并进行处理。

知识练习：判断题
对货币资金的支付实行严格的授权审批制度，重点是控制大笔金额货币资金的支付，确保每笔支付都经过适当的审批流程。 （ ）

（三）票据及有关印章管理

票据及有关印章管理的内容包括：①加强与货币资金相关的票据的管理，明确各种票据的购买、保管、领用、背书转让、注销等环节的职责权限和程序，并专设登记簿进行记录，防止空白票据的遗失和被盗用；②加强银行预留印章的管理，财务专用章应由专人保管，个人名章必须由本人或其授权人员保管，严禁一人保管支付款项所需的全部印章；③按照规定需要由负责人签字或盖章的经济业务，必须严格履行签字或盖章手续。

（四）监督检查

企业应当建立对货币资金业务的监督检查制度，明确监督检查机构或人员的职责权限，定期和不定期地进行检查。对监督检查过程中发现的货币资金内部控制中的薄弱环节，应当及时采取措施，加以纠正和完善。

监督检查的内容主要包括：①货币资金业务相关岗位及人员的设置情况，重点检查是否存在货币资金业务不相容职务混岗的现象；②货币资金授权批准制度的执行情况，重点检查货币资金支出的授权批准手续是否健全，是否存在越权审批行为；③支付款项印章的保管情况，重点检查是否存在办理付款业务所需的全部印章交由一人保管的现象；④票据的保管情况，重点检查票据的购买、领用、保管手续是否健全，票据保管是否存在漏洞。

二、货币资金业务内部控制的目标

（一）确定内部控制是否良好

检查不相容职务的分离设置状况、货币资金业务授权批准制度、现金库存限额管理、定期盘点制度、收入支出的凭证管理等内容，查明企业货币资金内部控制是否建立健全，并评价货币资金内部控制是否可信赖。

（二）查明报表中列示的货币资金是否归属企业、是否确实存在

通过对货币资金有关账户记录的审查，核实其各项收入与支出项目，盘点库存现金，核对银行存款。审计人员要审查货币资金项目在资产负债表上的列示是否符合企业会计准则的要求，排除计算上的差错与表述可能存在的误解，如实地反映企业的货币资金情况。

（三）核实货币资金的会计记录是否完整、账实是否一致

货币资金的存在形式多种多样，有的是现钞，有的是各种银行票据，而且存放地点也不一致。根据企业会计准则的规定，企业所发生的货币资金业务都应全部并及时地记入相应的账户。审计人员要核实企业与货币资金有关的经济业务是否全部被记录入账，资产负债表中的货币资金项目与各有关账户的余额是否一致。如果有漏记的现象，要查明原因。

(四)确定库存现金、银行存款及其他货币资金的余额是否正确、披露是否恰当

通过对货币资金有关账户记录的审查，核实其各项收入与支出项目，盘点库存现金，核对银行存款。审计人员应确定其账面金额是否真实。如果不真实，应指出核算工作中的差错或故意高估账面余额的行为。

三、货币资金内部控制与风险管理涉及的凭证和会计记录

货币资金内部控制与风险管理涉及的凭证和会计记录主要包括：①现金盘点表；②银行对账单；③银行存款余额调节表；④有关科目的记账凭证(如现金收付款凭证、银行收付款凭证)；⑤有关会计账簿(如库存现金日记账、银行存款日记账)。

知识练习：选择题

货币资金内部控制与风险管理涉及的凭证和会计记录有(　　　)。

A. 现金盘点表　　B. 银行调节表　　C. 银行对账单　　D. 银行存款日记账

四、测试货币资金业务内部控制

货币资金业务内部控制的测试通常包括以下内容。

(一)抽取并检查收款凭证

为了测试货币资金收款的内部控制，审计人员应选取适当样本的收款凭证，进行如下检查：①核对收款凭证与存入银行账户的日期和金额是否相符；②核对货币资金、银行存款日记账的收入金额是否正确；③核对收款凭证与银行对账单是否相符；④核对收款凭证与应收账款等相关明细账的有关记录是否相符；⑤核对实收金额与销货发票等相关凭据是否一致。

(二)抽取并检查付款凭证

为了测试货币资金付款的内部控制，审计人员应选取适当样本的货币资金付款凭证，进行如下检查：①检查付款的授权批准手续是否符合规定；②核对货币资金、银行存款日记账的付出金额是否正确；③核对付款凭证与银行对账单是否相符；④核对付款凭证与应付账款等相关明细账的记录是否一致；⑤核对实付金额与购货发票等相关凭据是否相符。

(三)抽取一定期间的现金、银行存款日记账与总账核对

审计人员抽取一定期间的现金、银行存款日记账，检查其有无计算错误，加总是否正确无误。如果检查中发现较多问题，说明该企业货币资金的会计记录不够可靠。根据日记账提供的线索，核对总账中的现金、银行存款、应收账款、应付账款等有关账户的记录。

(四)抽取一定期间的银行存款余额调节表，查验其是否按月正确编制并经复核

为了证实银行存款记录的正确性，审计人员必须抽取一定期间的银行存款余额调节表，将其同银行对账单、银行存款日记账及总账进行核对，确定企业是否按月正确编制并复核银行存款余额调节表。

在对客户货币资金的内部控制进行必要的了解与测试之后，审计人员应当对控制风险作出评价，并对实质性程序的内容作出相应的调整。同时，应当及时将注意到的企业货币资金内部控制设计和执行方面的重大缺陷，告知管理层和治理层。

货币资金控制测试及实质性程序，如表 4-1 所示。

表 4-1　货币资金控制测试及实质性程序

内部控制目标	关键内部控制	常用控制测试	常用实质性测试
登记入账的现金收入确定为企业已经实际收到的现金（存在或发生）	现金出纳与现金记账的岗位分离；折扣必须经过适当的审批手续	观察；检查现金折扣是否经过适当的审批	检查现金收入的日记账、总账和应收账款明细账的大金额项目及异常项目
收到的现金收入已全部登记入账（完整性）	现金出纳与现金记账的岗位分离；每日及时记录现金收入；定期向客户寄送对账单；现金收入记录的内部复核	观察；检查是否存在未入账的现金收入；检查是否定期向客户寄送对账单；检查复核标记	现金收入的截止性测试；抽查客户对账单并与账面金额核对
已经收到的现金确实为企业所有（权利与义务）	定期盘点现金并与账面余额核对	检查是否定期盘点；检查盘点记录表	盘点库存现金，如与账面应有数存在差异，分析差异原因
登记入账的现金已经如数存入银行并登记入账（计价与分摊）	定期取得银行对账单；编制银行存款余额调节表	检查银行对账单；检查银行存款余额调节表	检查调节表中未达账项的真实性及资产负债表日后的进账情况
现金收入在资产负债表上的披露正确（分类）	现金日记账与总账的登记职责分离	观察	—

五、货币资金控制的建设目标

（一）完整性控制

货币资金完整性控制的范围包括各种收入及欠款收回。具体来说，是企业特定会计期间发生的货币资金收支业务是否均已按规定计入有关账户。通过检查销售、采购业务或应收账款、应付账款的收回和归还情况，或余额截止日后入账的收入和支出，查找未入账的货币资金。

（二）安全性控制

货币资金安全性控制的范围包括现金、银行存款、其他货币资金。由于应收票据、应付票据的变现能力较强，故也将其纳入货币资金控制的范围之内。

（三）合法性控制

货币资金合法性控制针对的是货币资金的收入与支付。控制一般都采用加大监督检查力度的方法：①对于业务量少、单笔金额小的企业，记账凭证可一人复核；②对于业务量大、单笔金额大的企业，记账凭证则应由两人复核，即会计复核、科长复核。

通过加大内部审计监督力度，可以发现一些不合法的货币资金收付情况。通过公布举报电话、网站，从公众中取得不合法的货币资金收付的线索。

对货币资金的支付实行严格的授权审批制度，重点控制大笔金额货币资金支付。

知识练习：判断题

货币资金完整性控制的范围包括现金、银行存款、其他货币资金。由于应收票据、应付票据的变现能力较强，故也将其纳入货币资金控制的范围之内。

（   　　）

六、货币资金授权审批流程与风险控制

货币资金授权审批流程与风险控制，如图 4-1 所示。

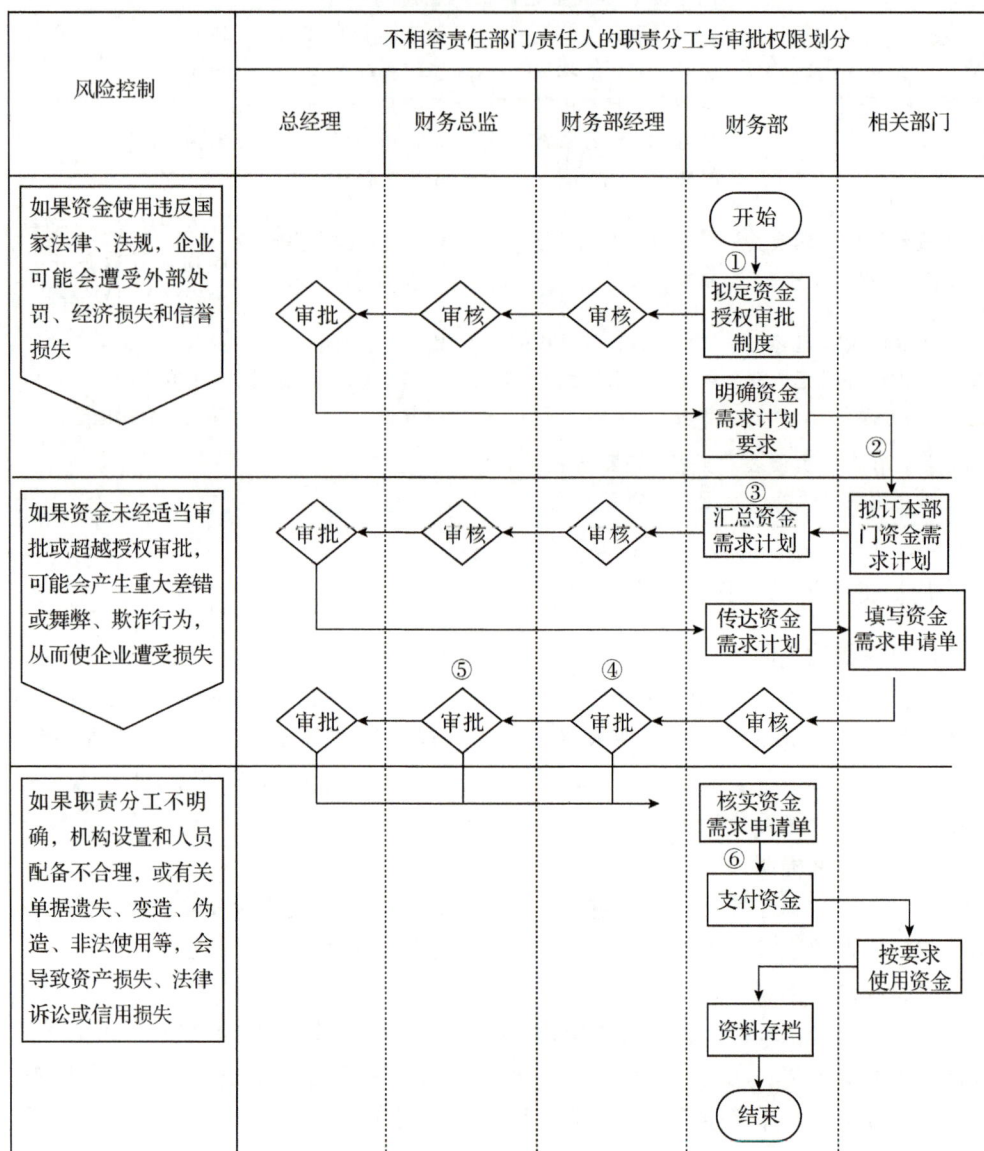

图 4-1　货币资金授权审批流程与风险控制

货币资金授权审批流程与风险控制说明：①企业财务部门要根据企业内部控制的相关规定并结合自身情况，拟定资金授权审批制度；②企业各部门制订本部门的阶段性(全年、半年、季度)资金需求计划并上报财务部门审核；③财务部门汇总各部门上报的资金需求计划，并上报财务部门经理、财务总监审核，由总经理审批；④相关部门申请资金的额度超过财务部门经理审批权限，需要由财务总监审批；⑤相关部门申请资金的额度超过财务总监审批权限，需要由总经理审批；⑥根据资金需求申请单审批额度，出纳支付资金给申请部门。

第二节　库存现金内部控制与风险管理

一、库存现金业务的内部控制目标

由于库存现金具有自身流动性强的特点，尽管现金余额通常并不大，但舞弊事件大都与库存现金有关。

库存现金业务的内部控制目标主要包括：①确定被审计单位资产负债表中的现金在会计报表日是否存在，是否为被审计单位所拥有；②确定被审计单位在特定期间内发生的现金收支业务是否均已记录完毕，有无遗漏；③确定库存现金余额是否正确；④确定库存现金在财务报表上的披露是否恰当。

> 知识练习：案例分析题
> A公司的会计为外聘的兼职会计，平时不在公司上班。A公司的日常会计事务均由出纳员办理，所有票据和印章也均由出纳员保管。某日，有客户持金额为2万元的购货发票要求退货，并与出纳员发生争执，被经理王某碰到。经查，该款系2个月前的销货款，并未入账。
> 分析：A公司在内部控制方面存在哪些缺陷？

二、常见库存现金账户核算的错弊形式

库存现金是企业流动性最强的资产，可以随时用于购买企业所需的物资、支付有关费用、偿付债务，也可以随时存入银行，因而最容易成为会计舞弊的目标。审查库存现金是否存在舞弊行为，成为库存现金审计的主要目标。

库存现金核算中的错弊形式主要包括：①截留各种生产经营收入和其他收入，如通过涂改凭证金额、使用空白发票或收据开票、撕毁票据或不开票据、假复写等方式达到将库存现金占为己有的目的；②隐匿回扣、佣金或好处费，如经办人员在采购过程中收取对方回扣或好处费等；③截留各种罚款收入、押金，如对收到的罚款通过不开收据或撕毁票据的形式截留现金收入，对收回的保证金不入账等；④虚列支出和虚报冒领，少数业务人员通过改动凭证或直接虚列支出，如办公费用、工资、补贴等，将报销所得据为己有；⑤以现金支付回扣或好处费，如少数企业为扩大销售向经销商支付回扣或好处费，将其计入生产成本或期间费用；⑥挪用现金，如部分企业中出现以白条抵库、循环入账、延迟入账等违反现金管理制度的方式，

学习笔记

将企业的库存现金挪作他用。

三、库存现金业务的实质性测试

(一)核对现金日记账

核对现金日记账与总账的余额是否相符。如果不相符，应查明原因，并作适当调整。核对内容主要包括：①验算加总额的正确性，核实相关收支记录；②审阅现金日记账的摘要栏，看其现金收付业务是否合法，有无超出规定的结算范围；③审阅现金日记账的金额栏，看其现金收付金额是否过大，是否超过规定的限额；④审阅库存现金每日余额，看其是否超过了规定的限额；⑤验证现金收支的截止日期，并审查截止日期前后的现金收支情况。

(二)实施实质性分析程序

比较现金余额的本期实际数与预算数及上年度账户余额的差异变动，比较有关项目的一些比率(如流动比率、速动比率、现金周转率等)的变动情况。对于存在本期数与上期实际数或本期预算数的异常差异或显著波动的情况，必须进一步追查原因。

(三)监盘库存现金

监盘库存现金是库存现金审计中一项重要的程序，是证实现金余额是否确实存在的有效方法。盘点库存现金，通常包括对已收到但未存入银行的现金、零用金、找换金等的盘点。库存现金盘点可以在期末进行，也可以在期中突击进行，应视企业现金控制的具体情况而定。由于现金保管人员可能会用自己的现金来弥补短缺，因此，突击盘点往往能取得较好的效果。

监盘库存现金的主要程序包括：①组织安排库存现金清点工作，明确出纳员及有关人员的职责。②盘点库存现金。要求出纳和会计主管自始至终都在现场，并进行监盘。突击盘点的时间最好选择在上午上班前或下午下班后进行，盘点的范围一般包括企业各部门经管的现金。在进行现金盘点前，应由出纳员将现金集中起来存入保险柜，必要时可加以封存，然后由出纳员根据现金收付款凭证逐日、逐笔登记现金日记账，并结出现金余额。③填制库存现金盘点表。盘点结束时，要求出纳员和会计主管在库存现金清点表上签字确认。最后进行核对工作，找出账实差异原因。

库存现金盘点表的格式，如表 4-2 所示。

表 4-2　库存现金盘点表

客户：　　　　　　　　　编制人：　　　　　日期：　　　索引号：

项目：　　　　　　　　　复核人：　　　　　日期：　　　页次：

会计期间：

盘点日期：　　年　　月　　日

项　目	项　次	人民币	美元	港币	金额	人民币		美元		港币	
						张	金额	张	金额	张	金额
上一日账面库存余额	1				1 000						

续表

项　目		项　次	人民币	美元	港币	金额	人民币		美元		港币	
							张	金额	张	金额	张	金额
盘点日未记账传票收入全额		2				500						
盘点日未记账传票支出全额		3										
盘点日账面应有金额		4＝1＋2＋3				1 500						
盘点实有现金数额		5				500						
盘点日应有与实有差异		6＝4＋5				2 000						
差异原因分析	白条抵库（张）					100	5	500				
						50	10	500				
						10	100	1 000				
						合计		2 000				
追溯调整	报表日至查账日现金支付总额											
	报表日至查账日现金收入总额											
	报表日库存现金应有余额											
	报表日账面汇率											
	报表日余额折合本位币金额											
本位币合计												

（四）检查大额的现金收支业务

注意审查原始凭证内容是否完整，是否经过授权审批，是否与生产经营业务有关。

知识练习：选择题

1. 对于现金、有价证券、贵重物资的盘存，通常采用（　　）盘点。
A. 计划　　　　B. 通知　　　　C. 突击　　　　D. 定期

2. 监盘库存现金是证实企业资产负债表所列库存现金是否存在的一项重要程序。企业里必须参加盘点的人员包括（　　）。
A. 会计主管和内部审计人员　　　B. 出纳员和会计主管
C. 现金出纳员和银行出纳员　　　D. 出纳员和内部审计人员

3. 审计时，盘点库存现金一般采用（　　）方式进行。
A. 突击　　　　B. 定期　　　　C. 预告　　　　D. 不定期

第三节　银行存款内部控制与风险管理

银行存款是企业存入银行和其他非金融机构的各种存款。企业收入的款项，除国家另有规定外，都应在当日解交银行。企业的一切开支，除规定可以用于现金支付外，都必须通过银行办理转账结算。银行存款与库存现金相比，其业务涉及面广、内容复杂，在货币资金中所占比重最大。

一、银行存款业务内部控制的目标

银行存款业务内部控制的目标一般包括：①确定被审计单位资产负债表中的银行存款在会计报表日是否确实存在，是否为被审计单位所拥有；②确定被审计单位在特定期间内发生的银行存款收支业务是否均已记录完毕，有无遗漏；③确定银行存款的余额是否正确；④确定银行存款在会计报表上的披露是否恰当。

二、常见的银行存款账户核算的错弊形式

(一)出租出借账户

出租出借账户是指单位有关人员与外单位人员相互勾结，借用本单位银行账户转移资金或套购物资，并将其占为己有；或通过对外单位个人出借账户转移结算而收取好处费。审计人员应仔细核对银行存款对账单和银行存款日记账，观察对账单中是否存在"一收一付"的账务记录，而日记账中却无此记录的情况。同时，要通过日记账的摘要及余额记录分析有无收款不正常的业务内容或模糊不清的摘要记录；如有，应进行账证核对。

(二)假存或少存多记

部分财务人员将款项贪污后，在账上仍作银行存款增加处理。

(三)故意记错账户，以达到贪污公款的目的

部分财务人员将收入存入"其他应付款"或"应付账款"账户，或者将已收到的销货款挂在"应收账款"账户，日后将其转为坏账，待时机成熟时将其贪污。

(四)私设"小金库"或虚列销售退回款

企业除正常使用的银行存款账户外，以某种名义在银行开立的账户，主要适用于收付非法款项或者作为企业的"小金库"或虚列销售退回款。

三、银行存款的实质性测试程序

(一)核对银行存款余额

银行存款日记账与总账的余额是否相符是测试银行存款余额的起点。如果不相符，应查明原因，要求被审计单位作出适当调整，并进行记录。在核对过程中，审计人员应认真加计银行存款日记账的收入合计数与支出合计数，查明有无人为地增加支出数或减少收入数，以掩盖挪用或贪污的情况。

(二)实施实质性分析程序

计算定期存款占银行存款的比例，了解被审计单位是否存在高息资金拆借。如果

存在高息资金拆借，审计人员应进一步分析拆出资金的安全性，检查高额利差的入账情况；计算存放于非银行金融机构的存款占银行存款的比例，分析这些资金的安全性。

(三)取得并检查银行存款余额调节表

检查银行存款余额调节表是证实资产负债表中所列银行存款是否存在的重要程序。银行存款余额调节表通常由被审计单位根据不同的银行账户和货币种类分别编制。如果经调节后的银行存款余额仍有差异，审计人员应查明原因，并作出记录或作适当的调整。

取得银行存款余额调节表后，审计人员应检查调节表中未达账项的真实性，以及资产负债表日后的进账情况。如果查明存在应于资产负债表日之前进账的，应作出记录并提出适当的调整建议。其程序一般包括：①验算调节表中的数字，包括核对银行对账单和银行存款日记账上的余额，复核在此基础上进行的加减调节，验算调节后二者的余额是否相符；②对于金额较大的未提现支票、可提现未提现支票及审计人员认为重要的未提现支票，列示未提现支票清单，注明开票日期和收票人姓名或单位；③追查截止日银行对账单上的在途存款，并在银行账户余额调节表上注明存款日期；④检查截止日仍未提现的大额支票和其他已签发 1 个月以上的未提现支票；⑤追查截止日银行对账单已收、企业未收的款项性质及款项来源，应重点核对与现金有关的银行往来业务和银行对账单有"一收一付"，但企业日记账上却没有记载的情况，注意审查银行存款余额调节表所有未达账项是否合情、合理、合法，对于长期未达账项(一般超过 2 个月的)应进行重点审查；⑥核对银行存款总账余额、银行对账单加总金额。

(四)函证银行存款余额

函证是证实资产负债表所列银行存款是否存在的另一重要程序，是证实银行存款余额的真实性、完整性及银行存款中或有负债情况的重要手段。通过向往来银行的函证，不仅可以了解企业银行存款是否存在、了解企业欠银行的债务，还可以发现企业未登记的银行借款。

函证时，应向被审计单位在本年度内存过款(含外埠存款、银行汇票存款、银行本票存款、信用证存款)的所有银行发出。其中包括企业存款账户已结清的银行，因为有可能存款账户虽已结清，但仍有银行借款或其他负债存在。

(五)检查定期存款或限定用途存款

查明定期存款或限定用途存款的情况，作出相应的记录：①对已质押的定期存款，应检查定期存款存单，并与相应的质押合同核对，同时关注定期存单对应的质押借款有无入账；②对未质押的定期存款，应检查开户证书原件；③对已提取的定期存款，应核对相应的兑付凭证、银行进账单和定期存款复印件。

(六)抽查大额银行存款的收支

抽查大额银行存款(含外埠存款、银行汇票存款、银行本票存款、信用证存款)收支的原始凭证内容是否完整、有无授权批准，并核对相关账户的进账情况。如有与企业生产经营业务无关的收支事项，应查明原因并作相应的记录。

(七)检查银行存款收支的截止日期

对结账日前后一段时期内银行存款收支凭证进行审计，以确定是否存在跨期事项。企业资产负债表上银行存款数字应当包括当年最后一天收到的所有存放于银行的款项，不得包括其后收到的款项；企业年终前开出的支票不得在年后入账。为了确保银行存款收付的正确截止，审计人员应当在清点支票及支票存根时，确定各银行账户最后一张支票的号码，同时查实该号码之前的所有支票均已开出。在结账日未开出的支票及其后开出的支票，均不得作为结账日的存款收付入账。

(八)分析银行存款转账调拨

企业年末银行账户间款项的调拨是审计人员应当特别关注的内容之一。大多数企业都开设有一个以上的银行账户，企业可根据需要将资金在这些账户间调拨，即将存款从一个存款账户转入另一个存款账户。这是企业资金的内部流动，对企业的银行存款余额应无影响。但是，将存款从一个银行转出存入另一个银行往往需要一段时间，如果记录不当，可能造成同一项存款反映在两个存款账户上(虚增资产)或该项存款未在任何账户上作反映(虚减资产)的情况。如果企业故意利用这一现象多记存款，属于挪移舞弊行为。

(九)检查银行存款在资产负债表上的披露是否恰当

审计人员应检查银行存款在资产负债表上的披露是否恰当，需要仔细核对金额、审查明细、考虑特殊情况和披露要求，并与内部审计或外部审计沟通。

知识练习：案例分析题

审计人员对 W 公司 2024 年 12 月 31 日的资产负债表进行审计。在审查资产负债表"货币资金"项目时，发现该公司 2024 年 12 月 31 日的银行存款数额为 27 000 元，银行存款账面余额为 27 000 元，该公司开户行的银行对账单上显示银行存款余额为 74 000 元。另外，经逐笔核对，发现下列未达账项及记账错误。

(1)12 月 23 日，W 公司开出转账支票 33 000 元，但持票单位尚未到银行办理转账，银行尚未入账。

(2)12 月 24 日，W 公司送存转账支票 30 000 元，已登记银行存款增加，但银行尚未入账。

(3)12 月 25 日，银行代 W 公司支付水电费 4 000 元，银行已支付并记账，W 公司尚未收到付款通知，尚未记账。

(4)12 月 27 日，W 公司委托银行代收的货款 30 000 元，银行已收妥入账，但 W 公司尚未收到收款通知，尚未记账。

(5)W 公司将销售产品取得的货款 20 000 元的转账支票存入银行，但入账时银行日记账上错记成 2 000 元。

要求：根据上述资料，编制银行存款余额调节表，并核实 2024 年 12 月 31 日 W 公司资产负债表上"货币资金"项目中银行存款的正确性。

知识练习：选择题

向开户银行函证，可以实现若干项目标。其中，最基本的目标是(　　　)。

A. 核实银行存款的真实性　　　　B. 核实是否有欠银行的债务

C. 核实是否有漏列的负债　　　　D. 核实是否有充作抵押担保的存货

第四节　其他货币资金内部控制与风险管理

其他货币资金包括企业到外地进行临时或另行采购而汇往采购地银行开立采购专户的款项所形成的外埠存款、企业为取得银行汇票而按照规定存入银行的款项所形成的银行汇票存款、企业为取得银行本票而按照规定存入银行的款项所形成的银行本票存款、在途货币资金和信用证存款等。

一、其他货币资金业务内部控制的目标

其他货币资金业务内部控制的目标主要包括：①确定被审计单位资产负债表中其他货币资金在资产负债表日是否确实存在，是否为被审计单位所拥有；②确定其他货币资金收支业务是否均已记录完毕，有无遗漏；③确定其他货币资金的期末余额是否正确；④确定其他货币资金在会计报表上的披露是否恰当。

二、其他货币资金的实质性程序

(一)核对其他货币资金期末余额

核对外埠存款、银行汇票存款、银行本票存款、信用卡存款、信用证保证金和存出投资款等各明细账期末合计数与总账是否相符。

(二)核对其他货币资金对账单

获取所有银行本票、银行汇票的对账单，与账面记录核对。如果存在差异，应查明原因，必要时应提出调整建议。

对于保证金账户，应将取得的对账单与相应的交易进行核对，检查保证金与相关债务的比例和合同约定的是否一致。特别关注是否存在有保证金发生，而被审计单位账面无对应的保证事项涉及的交易的情形。

若信用卡持有人是被审计单位职员，应取得该职员的确认书，必要时提出调整建议。

获取存出投资款全部交易流水单，从中抽取若干笔资金存取记录，审查有关原始凭证，关注资金的来源和去向是否正常，是否已正确入账。

(三)函证其他货币资金期末余额

抽取一定数量的原始凭证进行测试，检查其经济内容是否完整，有无适当的审批授权，并核对相关账户的进账情况。

抽取会计报表日前后的大额收支凭证，进行截止测试。如果有跨期收支事项，应作适当调整。

(四)确定其他货币资金是否在资产负债表上被恰当披露

审计人员应在实施上述审计程序后，根据"其他货币资金"账户的期末余额审定数，确定货币资金是否在资产负债表上恰当披露。

🔍 拓展阅读

2024年12月，审计人员在审查某公司的"其他货币资金——外埠存款"明细账时发现，该公司2024年5月8日65＃凭证摘要为"汇出汇款"150万元，至今未核销。核对该公司的业务往来后，发现该公司很少与汇款所在地有业务往来。审计人员怀疑有问题，决定进一步追查。

审计人员要求该公司提供外埠存款资料，发现在申请书上写明的申请理由是"为求购商品需要，在A市开设临时采购账户"。在要求提供采购账户对账单时，该公司以尚未收到为由拒绝提供。审计人员调阅65＃凭证，其分录为：

借：其他货币资金——外埠存款　　　　　1 500 000
　　贷：银行存款　　　　　　　　　　　　　1 500 000

其所付信汇凭证注明开户行为A市甲银行，收款单位为该公司采购部。

审计人员认为，巨额资金汇往不经常发生业务往来的异地属异常情况，决定前往A市甲银行取证。经与该行的对账单进行核对后，发现其存款余额为200万元，收款单位和付款单位都是A市的证券公司，其中有一笔提现50万元。审计人员怀疑该公司利用外埠存款账户进行非法投资活动。

审计人员经过反复核对证实，A市甲银行为了吸引存款，同意该公司开立账户，借外埠采购账户之名，允许该公司自由存取存款。该公司的外埠存款实际上是为了便于买卖有价证券而开设的，通过证券交易赚取收益，并不反映投资收益，所有交易收益都作为公司"小金库"的资金来源。审计人员取证后，指出该公司的上述问题，该公司供认不讳。

由于该公司在A市进行投资，没有经过董事会同意批准，不应作为投出资金。在A市开设的外埠存款账户是套取银行的信用，应撤销；对于投资取得的投资收益应如实在账面上反映。所作调整分录如下。

借：库存现金　　　　　　　　　　500 000
　　银行存款　　　　　　　　　2 000 000
　　贷：投资收益　　　　　　　　　　1 000 000
　　　　其他货币资金　　　　　　　1 500 000

知识练习：选择题

下列应在"其他货币资金"科目核算的有（　　　）。

A. 银行本票存款　　　　　　　B. 银行汇票存款

C. 支票存款　　　　　　　　　D. 存出投资款

知识练习：判断题

其他货币资金是指企业除了现金和银行存款以外的其他各种货币资金。企业会计准则规定，其他货币资金在资产负债表上的"货币资金"项目中反映。（　　　）

📒本章小结

货币资金业务内部控制	岗位分工及授权批准 现金和银行存款管理 票据及有关印章管理 监督检查
库存现金业务内部控制	核对现金日记账 实施实质性分析程序 监盘库存现金 检查大额的现金收支业务
银行存款业务内部控制	核对银行存款余额 实施实质性分析程序 取得并检查银行存款余额调节表 函证银行存款余额 检查定期存款或限定用途存款 抽查大额银行存款的收支 检查银行存款收支的截止日期 分析银行存款转账调拨 检查银行存款在资产负债表上的披露是否恰当
其他货币资金业务内部控制	核对其他货币资金期末余额 核对其他货币资金对账单 函证其他货币资金期末余额 确定其他货币资金是否在资产负债表上被恰当披露

🌀课后思考

1. 货币资金业务内部控制的目标有哪些？
2. 货币资金业务不相容职务岗位相互分离的要求有哪些？
3. 银行存款业务的内部控制要求有哪些？

🌀素养园地

面对困难，不断挑战自我

2019年12月26日至27日，中共中央政治局召开"不忘初心、牢记使命"专题民主生活会。习近平总书记在会上指出："遇到重大风险挑战、重大工作困难、重大矛盾斗争，要第一时间进行研究、拿出预案、推动工作，决不能回避、绕着道走，更不能胆怯、惧怕。"

遇到问题要采取正确的应对措施，培养勇敢应对挑战、不逃避问题的积极人生态度。这种态度对于国家、企业和个人而言都是至关重要的。

知识运用

　　常某是 A 单位财务科的现金会计，月收入 7 000 元，在当地属于中上等水平。他的业余生活不是玩网络游戏，就是看直播。玩网络游戏需要购买各种道具，直播平台购买礼物"打赏"主播，这都需要钱。为了能在虚拟的世界里"出人头地"，常某将主意打到了公款上。

　　因为常某是现金会计，A 单位的现金支票及法定代表人章都由他来保管。每个月做账后，银行对账单也是他去取。这就给了常某可乘之机。检察机关查明，常某多次将 A 单位总账会计保管的单位财务章偷出来，盖在自己保管的单位现金支票和转账支票上，再盖上自己保管的法定代表人章，然后到银行以提取备用金的名义取走公款。

　　为了不露出破绽，常某还伪造银行对账单，将假的对账单交给单位总账会计进行审验。案发后常某交代说，开始的时候，他也曾胆战心惊，但仍心存侥幸。为了寻求虚拟世界的刺激，常某提取的金额和打赏主播的数额越来越大。从 2023 年 9 月至 2024 年 7 月，常某共取走 A 单位 4 个账户上的公款共计 280.7 余万元，其中 270 余万元全部用于网络游戏及打赏网络主播。

　　2024 年 8 月，该单位发现账户的异常后报警，潜逃至无锡的常某被民警抓获。

　　操作要求：分析该单位货币资金内部控制存在的问题，并简述如何防范货币资金管理的风险及完善单位货币资金内部控制制度。

第五章　采购、付款控制与风险防范

⚡ 总体目标

(1)认知目标：掌握采购与付款业务控制与风险防范的基本理论知识，了解企业资金活动应当遵循的相关法律及监管要求。

(2)技能目标：明确采购业务环节，能够分析采购业务主要风险点，并采取合理的控制措施。

🔗 具体目标

(1)通过采购制度的学习，明确合法的重要性。

(2)通过采购业务控制活动的学习，明确内部控制的规范性和效率性。

(3)通过采购风险控制点的学习，树立风险意识，加深对法律法规的理解。

🔍 案例导入

存货管控，赢在完善

ABC公司是大型机械制造类企业，存货占总资产的比重为40%左右，主要分为原材料、在产品、产成品三大类。产成品占比较高，并呈上升趋势。

ABC公司的存货内部控制存在以下问题。

一是生产过程缺乏监管。该公司几乎所有的部门都会为生产"让道"。零件需求紧急，马上采购；车间领料，立即发放。久而久之，在生产车间积压了大量的原材料和低值易耗品。此外，因盲目备货导致过量资金占用的情况也经常发生。

二是存货不能合理计价。内部价格制定不及时，造成信息流、实物流不同步。在新产品的试制方面，由于缺乏图纸等核价资料，有些零件的价格无法及时确定。

三是存货积压原因复杂。该公司在内部生产工艺更新和外部竞争压力的双重影响下，存货积压的主要原因包括：①设计、工艺的更改；②采购量缺少控制，备货不合理，设备停产；③替代材料、生产机床设备更新；④经理层绩效考核导致资产管理部门对积压存货数据填报不准确或处理不及时；⑤当相关人员工作变动时，工作交接缺少监管及责任追究，存在积压物资不断累积的现象，具体造成积压的负责部门、人员难以确定。

四是存货流转业务的会计目标有待完善。该公司财务部制定的《存货内部控制》只是一个框架，缺乏统一的、具体的执行标准和评价办法。

因此，ABC公司的当务之急是通过制度规范存货的业务操作流程，针对业务流程中主要风险点和关键环节，建立和完善存货内部控制制度，明确各事业部、各资产管理单位的权责范围，以提高存货质量，规避存货管理风险。

思考：采购业务管控需要做哪些工作？如何完善存货管理内部控制？

第一节　采购与付款业务

一、采购与付款业务的概念

采购与付款业务是指企业购买材料、零配件、辅料等物资（或接受劳务）及支付款项等相关活动。

采购环节是企业生产经营活动的起点，是企业"实物流"的重要组成部分，同时又与"资金流"密切相关。采购物资按其来源不同，可以分为关联方采购和非关联方采购。采购活动划分为生产性物资采购和非生产性物资采购。

企业采购业务涉及请购、审批、供应商选择、采购合同订立、验收和支付等众多环节，出现差错和舞弊的风险较大。企业应根据《企业内部控制应用指引第7号——采购业务》中的规定，梳理采购流程，明确采购业务的关键风险点，提出有针对性的控制措施。

二、采购与付款业务的总体要求

（一）完善采购管理制度

企业应当结合实际情况，全面梳理采购业务流程，完善采购业务相关管理制度，统筹安排采购计划，明确请购、审批、购买、验收、付款、采购后评估等环节的职责和审批权限，按照规定的审批权限和程序办理采购业务，建立价格监督机制，定期检查和评价采购过程中的薄弱环节，采取有效控制措施，确保物资和劳务采购满足企业生产经营需要。

（二）严格执行与监控

严格把控货物质量，确保货物与采购合同一致。重视货物的验收环节，对于不合格的货物，要及时与供应商沟通处理。对于付款方式、付款时间等条款要仔细审查，确保符合企业的财务规定和风险控制要求。

> **知识练习：选择题**
> 企业资金周转的第一个重要环节是（　　）。
> A. 采购　　　　B. 存货　　　　C. 生产　　　　D. 销售

第二节　采购、付款内部控制与风险管理

一、采购与付款循环的内容

采购既包括商品、材料等存货的购进，也包括固定资产的购进。企业购进存货与固定资产，便相应发生了付款业务。购货与付款循环是企业生产经营的重要内容，也是审计人员对被审计单位会计报表进行审计的重要内容。

根据会计报表项目与业务循环的相关程度，采购与付款循环所涉及的资产负债

表项目主要有"应付账款""应交税费""应付票据""预付账款""固定资产""累计折旧""固定资产减值准备""工程物资"和"固定资产清理"等。

采购与付款业务通常要经过"请购—订货—验收—付款"等流程，所涉及的主要业务活动和凭证包括以下几个方面。

(一)请购商品和劳务(请购部门：请购单)

请购单是证明有关采购交易的"发生"认定的凭据之一，也是采购交易轨迹的起点。仓库、生产及其他部门都可以填列请购单。为了加强控制，每张请购单必须经过对这类支出预算负责的主管人员签字批准。

(二)编制订购单(采购部门：订购单)

采购部门在收到请购单后，对经过批准的请购单发出订购单。订购单应正确填写所需要的商品品名、数量、价格、厂商名称和地址等，预先予以编号并经过被授权的采购人员签名。其正联应送交供应商，副联则送至企业内部的验收部门、应付凭单部门和编制请购单的部门。随后，应独立检查订购单的处理，以确定是否确实收到商品并正确入账。这项检查与采购交易的"完整性"认定有关。

(三)验收商品(验收部门：验收单)

验收后，验收部门应对已收货的每张订购单编制一式多联、预先编号的验收单，作为验收和检验商品的依据。验收人员将商品送交仓库或其他请购部门时，应取得经过仓库主管签字的收据，或要求仓库主管在验收单的副联上签字，以确立他们所采购的资产应负的保管责任。验收人员还应将其中的一联验收单送交应付凭单部门。

验收单是支持资产或费用及与采购有关的负债的"存在或发生"认定的重要凭证。定期独立检查验收单的顺序(编号)，以确定每笔采购交易都已编制应付凭单，则与采购交易的"完整性"认定有关。

(四)编制付款凭单(应付凭单部门：付款凭单)

记录采购交易之前，应付凭单部门应编制付款凭单。这项业务的控制包括：①确定供应商发票的内容与相关的验收单、订购单的一致性；②确定供应商发票计算的正确性；③编制有预先编号的付款凭单，并附上支持性凭证(如订购单、验收单和供应商发票等)，这些支持性凭证的种类因交易对象的不同而不同；④独立检查付款凭单计算的正确性；⑤在付款凭单上填入应借记的资产或费用的账户名称；⑥由被授权人员在凭单上签字，以示批准照此凭单要求付款，所有未付凭单的副联应保存在未付凭单档案中，以待日后付款。

经适当批准和有预先编号的凭单为记录采购交易提供了依据。这些控制与"存在"认定、"发生"认定、"完整性"认定、"权利和义务"认定和"计价和分摊"认定等有关。

(五)付款(付款凭证、转账凭证、卖方对账单、应付账款明细账)

编制和签署支票的有关控制包括：①独立检查已签发支票的总额与所处理的付款凭单的总额的一致性；②应由被授权的财务部门的人员负责签署支票；③被授权签署支票的人员应确定每张支票都附有1张已经适当批准的未付款凭单，并确定支票收款人姓名和金额与凭单内容的一致性；④支票一经签署，就应在其凭单和支持性凭证上用加盖印戳或打洞等方式将其注销，以免重复付款；⑤支票签署人不应签发无记名支票或空白支票；⑥支票应预先连续编号，保证支出支票存根的完整性和作废支票处理的恰当性；⑦应确保只有被授权的人员才能接近未经使用的空白支票。这些控制与采购交易"发生"认定、"完整性"认定、"权利和义务"认定、"计价和分摊"认定有关。

（六）记录现金、银行存款支出（现金日记账、银行存款日记账）

记录现金、银行存款支出（现金日记账、银行存款日记账）的主要内容包括：①会计主管独立检查记入银行存款日记账和应付账款明细账的金额的一致性，以及与支票汇总记录的一致性；②通过定期比较银行存款日记账记录的日期与支票副本的日期，独立检查入账的及时性；③独立编制银行存款余额调节表。这项记录与采购交易的"存在"认定、"计价和分摊"认定有关。

采购与付款循环的主要交易及凭证，如表5-1所示。

表 5-1　采购与付款循环的主要交易及主要凭证

主要业务活动	对应的凭证和记录	相关的主要部门	相关的认定
提出采购申请	请购单	仓库、其他有关部门	发生
批准采购	订购单	采购部门	完整性
验收商品	验收单、订购单	验收部门	存在、发生、完整性
确认与记录负债	购货发票、应付账款明细账、供应商发票、验收单、订货单、卖方对账单、转账凭证	应付账款部门、会计部门	存在、发生、完整性、权利和义务、计价和分摊
批准付款	付款凭单、支票	应付凭单部门、会计部门	发生、完整性、权利和义务、计价和分摊
记录货款支付	现金日记账、银行存款日记账、支票、付款凭证	会计部门	存在、计价和分摊

二、采购与付款循环中的内部控制活动

（一）采购与付款循环中的控制程序

1. 请购商品和劳务

仓库或其他部门编制请购单，根据请购单对请购物资进行授权审批。每张请购单必须经过预算主管人员签字批准。需要注意的是，请购与审批岗位应分离。

请购审批业务流程与风险控制，如图5-1所示。

请购审批业务流程与风险控制说明：①生产和仓储等物资需求部门根据企业相关规定及实际需求提出采购申请；②请购人员应根据库存量基准、用料预算及库存情况填写采购申请单，需要说明请购物资的名称、数量、需求日期、质量要求及预算金额等内容；③采购部门核查采购物资的库存情况，检查该项请购是否在执行后又重复提出，以及是否存在不合理的请购品种和数量；④如果采购专员认为采购申请合理，则根据所掌握的市场价格，在采购申请单上填写采购金额后呈交相关领导

风险控制	不相容责任部门/责任人的职责分工与审批权限划分				
	总经理	财务总监	采购部经理	采购专员	相关部门
如果请购依据不充分、不合理，会导致企业资源浪费				汇总、整理采购申请	开始 ① → 相关部门提出采购申请 ② → 填写采购申请单
如果相关审批程序不规范、不正确，可能导致企业资产损失、资源浪费或产生舞弊行为				检查库存物资存储情况 ③ → 呈交采购申请单 ④ ⑤	
如果采购未经适当审批或超越授权审批，可能产生重大差错或舞弊、欺诈行为，从而使企业遭受损失	审批（权限外）	审核（权限外）；审批（权限内）	审核（权限外）；审核（权限内）	采购范围内（否）；预算内；权限内；按照预算执行进度办理请购手续 ⑥ → 结束	

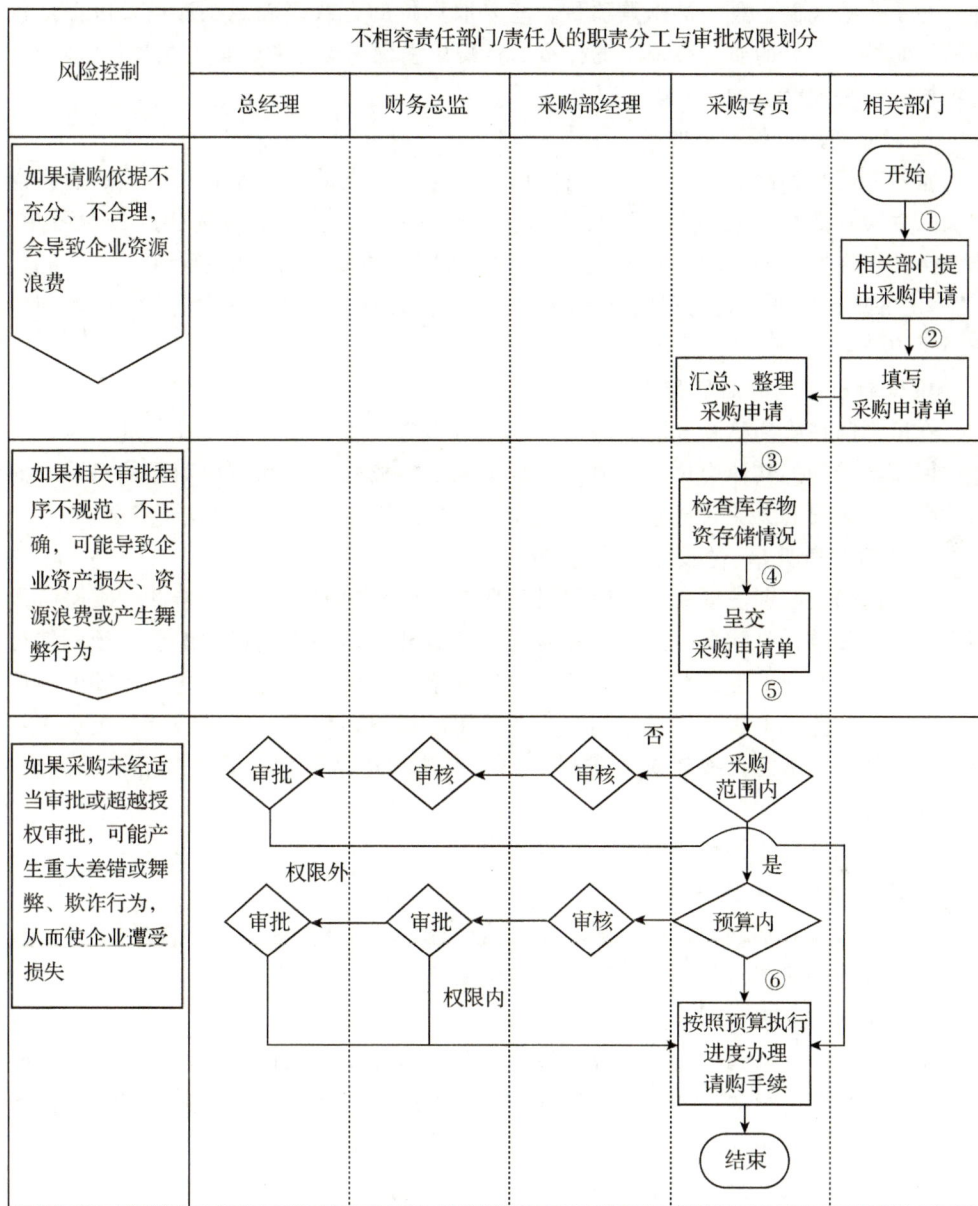

图 5-1　请购审批业务流程与风险控制

审批；⑤如果采购事项在申请范围之外，应由采购部门经理、财务总监逐级审核，最终由总经理审批，如果采购事项在申请范围之内但实际采购金额超出预算，经采购部门经理审核后，财务总监和总经理根据审批权限进行采购审批，在采购预算之内的，采购部门按照预算执行进度办理请购手续；⑥采购专员按照审批后的采购申请单进行采购。

2. 编制订购单

采购部门收到请购单后，对经过批准的请购单发出订购单，询价后确定最佳供应商。需要注意的是，询价与确定供应商的岗位应分离。

对于一些大额、重要的采购项目，应采取竞价的方式来确定供应商，以保证供货的及时性、产品的质量和成本的低廉。订购单须预先编号并保证由被授权人填写。这项检查与采购交易的"完整性"认定有关。

3. 验收商品，编制验收单

验收部门收到商品后，先比较所收商品与订购单上的要求是否相符，然后再盘点商品并检查商品有无损坏。验收部门验收后编制一式多联、预先编号的验收单，作为会计记录的依据。验收单是支持资产或费用及与采购有关的负债的"存在或发生"认定的重要凭证，也与采购交易的"完整性"认定有关。需要注意的是，采购与验收岗位应分离。

4. 储存已验收的商品存货

仓储部门在收到已验收的商品后，应进行检查并签收，以确保存货的安全、完整。保管与采购的其他岗位应分离，以减少未经授权的采购和盗用商品的风险。商品的存放区应限制无关人员接近。这项控制与商品的"存在或发生"认定有关。

5. 编制付款凭单(付款审批)和付款

付款部门在收到发票后，应编制付款凭单。付款前要注意以下事项：①购货发票内容与验收单、订购单一致；②复核购货发票计算是否正确；③编制有预先编号的付款凭单，并附上订购单、验收单、购货发票；④独立检查付款凭单计算的正确性；⑤在付款凭单上填入应借记的资产或费用的账户名称；⑥凭单经部门负责人签字、企业领导批准后，按凭单要求付款；⑦确认与记录负债；⑧付款后记录现金、银行存款支出。

(二)采购与付款循环中的控制要素

1. 不相容岗位相互分离控制

企业应当建立采购与付款业务的岗位责任制，明确相关部门和岗位的职责、权限，确保办理采购与付款业务的不相容岗位相互分离、制约和监督。

2. 授权审批控制

企业应当建立采购与付款业务的授权制度和审核批准制度，并按照规定的权限和程序办理采购与付款业务。有资源整合条件的企业或企业集团，业务采购权应当尽量集中，实施集中或相对集中采购，或采取集中招标形式，以提高采购效率，控制管理漏洞的出现，降低成本和费用。

企业可以根据具体情况对办理采购业务的人员定期进行岗位轮换，防止发生采购人员利用职权和工作便利收受商业贿赂、损害企业利益的风险。

企业应当按照请购、审批、采购、验收、付款等规定的程序办理采购与付款业务，并在采购与付款各环节设置相关的记录、填制相应的凭证，建立完整的采购登记制度，加强请购手续、采购订单(或采购合同)、验收证明、入库凭证、采购发票等文件和凭证的相互核对工作。

3. 请购与审批控制

企业应当建立采购申请制度，依据购置商品或劳务的类型，确定归口管理部门并授予相应的请购权，明确相关部门或人员的职责权限及相应的请购程序。企业采购需求应当与企业生产经营计划相适应，具有必要性和经济性。请购部门提出的采购需求，应当明确采购类别、质量等级、规格、数量、相关要求和标准、到货时间等。

4. 采购与验收控制

企业应当建立采购与验收环节的管理制度，对采购方式的确定、供应商的选择、验收程序及计量方法等作出明确规定。企业应当建立供应商评价制度，由企业的采购部门、请购部门、生产部门、财会部门、仓储部门等相关部门共同对供应商进行评价，包括对所购商品的质量、价格、交货及时性、付款条件，以及供应商的资质、经营状况等进行综合评价，并根据评价结果对供应商进行调整。企业应当对紧急、小额零星采购的范围、供应商的选择作出明确规定。

5. 付款控制

企业应当按照相关的规定办理采购付款业务，并按照国家统一的会计制度的规定进行核算和报告。

6. 内部稽核

采购与付款循环的内部稽核，应检查以下内容：①采购与付款业务相关岗位及人员的设置情况，重点检查是否存在采购与付款业务不相容职务混岗的现象；②采购与付款业务授权审批制度的执行情况，重点检查大宗采购与付款业务的授权审批手续是否健全，是否存在越权审批的行为；③应付账款和预付账款的管理，重点检查应付账款和预付账款支付的正确性、时效性和合法性；④有关单据、凭证和文件的使用和保管情况，重点检查凭证的登记、领用、传递、保管、注销手续是否健全，使用和保管制度是否存在漏洞。

采购预算业务流程与风险控制，如图 5-2 所示。

采购预算业务流程与风险控制说明：①生产单位根据年度营业目标编制下一年度生产计划、需求计划及采购预算，仓储部门根据企业相关规定和生产用料计划编制采购预算，研发部门、行政部门根据实际需求编制采购预算；②财务部门预算专员负责汇总、整理各部门提交的采购预算；③财务部门预算专员根据上一年度的材料单价和本年度汇率、利率等各项预算基准编制企业年度采购预算表，财务部门经理签字确认后，报财务总监审核、总经理审批；④请购部门根据实际需求提出采购申请，采购部门采购专员应根据市场价格填写采购金额，依据企业相关规定及生产需求情况，判断采购是否合理，如果采购申请合理，提交相关领导审批，不合理的采购申请则退回请购部门；⑤调整采购预算的原因包括超范围采购或超预算采购两种，由于市场环境变化，采购物资的价格上涨，导致实际采购金额超出采购预算或突发事件导致采购预算外支出等，此时采购部门必须提出采购预算调整申请，即追加采购预算；⑥财务部门接到采购部门的预算调整申请后，根据实际情况，参照企业的相关规定进行核对，并编制采购预算调整方案，提交财务总监审核、总经理审批。

三、采购与付款循环的内部控制测试

采购与付款循环的内部控制测试是指对采购与付款循环的内部控制设计和运行的有效性进行测试。

风险控制	不相容责任部门/责任人的职责分工与审批权限划分				
	总经理	财务总监	财务部	采购部	相关部门
如果采购预算编制依据不科学、不合理，会造成企业资源浪费			② 汇总、整理采购预算 ③		开始 ① 各部门编制本部门采购预算
	审批	审核	编制年度采购预算表		
如果请购与审核、审批部门不分离，容易产生徇私枉法行为，造成资产流失			组织执行采购预算	严格执行采购预算 ④ 实施采购活动	
如果采购预算调整未经适当审批或超越授权审批，可能会产生重大差错或舞弊、欺诈行为，从而使企业遭受损失	审批	审核	⑥ 编制采购预算调整方案 下达新的采购预算方案	⑤ 提出采购预算调整申请 执行新的采购预算方案 资料归档 结束	

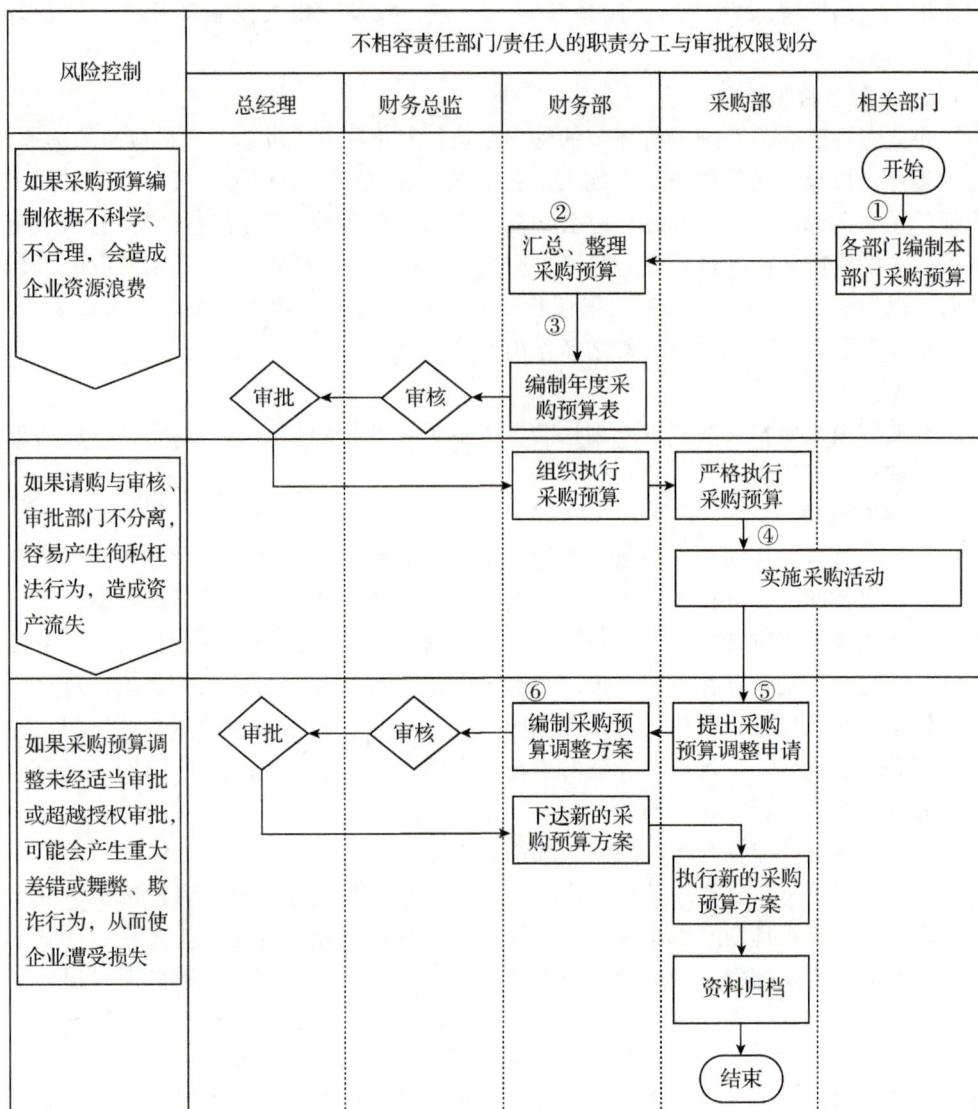

图 5-2　采购预算业务流程与风险控制

采购与付款循环的内部控制测试包括：①检查企业有关岗位责任制度等文件，了解采购与付款循环的业务分工，评价分工是否合理，是否能够起到自动复核的作用，并通过实地观察，判断这些分工是否得到了执行；②检查采购部门是否有专人审批购货价格，检查订货单上的采购单价是否都经过事先授权批准；③检查采购制度中是否规定大额采购应通过招标方式选择供货商，并且检查这一制度是否得到了执行；④检查订货单和验收单是否都已经预先编号，检查作废的单据是否有注销的痕迹并妥善保存；⑤从存货增加的明细账上抽取一定的业务，检查相应的记账凭证及后附的请购单、订货单、验收单和卖方发票等原始凭证，将这些凭证一一核对，对原始凭证和记账凭证上的授权批准标识和内部审核标识要特别注意；⑥检查企业会计制度中的规定，判断企业会计制度的合理性和严密性；⑦检查存货和应付账款明细账，检查会计记录是否符合企业会计制度的要求；⑧检查原始凭证、记账凭证和明细账的日期，判断企业的会计核算是否及时；⑨获取某月末卖方对账单，检查是否进行核对，注意对不相符的内容的处理程序是否恰当；⑩检查对编制的会计报表有无独立审核程序，并对应披露事项进行核对；⑪检查企业有无内部审计制度，以及内部审计制度是否完善。

拓展阅读

供应商选择应遵循的原则

1. 目标定位原则

供应商评审人员应当注重对供应商进行考察的广度和深度，应依据所采购商品的品质特征、采购数量和品质保证要求来选择供应商，使建立的采购渠道能够保证品质要求，减少采购风险，并有利于自己的产品打入目标市场，让客户对企业生产的产品充满信心。选择的供应商的规模和层次和采购商相当，而且采购购买数量不超过供应商产能的 50%。最好是同类物料选择 2～3 家供应商，并有主次供应商之分。

2. 优势互补原则

每个企业都有自己的优势和劣势。选择开发的供应商应当在经营方面符合企业预期的水平，并在某些领域应具有比采购方更强的优势，这样才有利于在日后的配合中优势互补。

3. 择优录用原则

企业在选择供应商时，通常先考虑报价质量及相应的交货条件。但是，在相同的报价及相同的交货条件下，应选择形象好、信誉好的供应商。

采购业务招标流程与风险控制，如图 5-3 所示。

采购业务招标流程与风险控制说明：①对需要进行招标的采购业务，采购部门准备采购招标文件，编制采购招标书，报采购部门经理审核；②采购部门发布招标信息，包括招标方式、招标项目(含名称、用途、规格、质量要求及数量或规模)、履行合同期限与地点、投标保证金、投标截止时间及投标书投递地点、开标的时间与地点、对投标单位的资质要求及其他必要的内容；③采购部门收到供应商的资格审查文件后，对供应商的资质、信誉等方面进行审查；④采购部门通过审查供应商各方面指标，确定合格的供应商；⑤采购部门向合格的供应商发售标书，供应商填写完毕后递交到采购部门；⑥采购部门对供应商的投标书进行初步审核，淘汰明显不符合要求的供应商；⑦采购部门经理组织需求部门、技术部门、财务部门等相关人员或专家对筛选通过的投标书进行论证，选出最终中标者；⑧最终中标者经总经理签字确认后，由采购部门相关人员宣布中标单位；⑨采购部门经理代表招标方签订采购合同。

供应商的评选流程与风险控制，如图 5-4 所示。

供应商的评选流程与风险控制说明：①采购部门通过不同途径，如面谈、调查问卷等收集供应商信息，主要包括供应商信誉、供货能力等方面的信息；②采购部门和使用部门依据收集到的供应商信息，参照企业比质、比价采购制度等相关文件，

风险控制	不相容责任部门/责任人的职责分工与审批权限划分				
	总经理	需求部门	采购部经理	采购部	供应商
采购招标工作中，如果违反国家法律、法规，企业会遭受外部处罚、经济损失和信誉损失		提供相关资料 →	审核	开始 → 准备招标文件 ① → 编制招标书 ② → 发布招标信息	索取资格审查文件
采购招标过程如果违反法律、法规及企业规章制度，企业可能会受到有关部门的处罚，造成资产损失				③ 进行资格审查 → ④ 确定资格合格的供应商 → ⑤ 发售标书 → 接收标书	填报资格审查文件 / 购买标书 / 填报标书
如果采购招标评审不规范、选择了不合格的供应商或签订的合同不符合国家相关法律、法规，可能给企业带来损失	审批	参与论证	组织论证 / ⑦ 选取最终中标者	⑥ 初步评审 → ⑧ 宣布中标单位 → ⑨ 签订合同 → 结束	签订合同

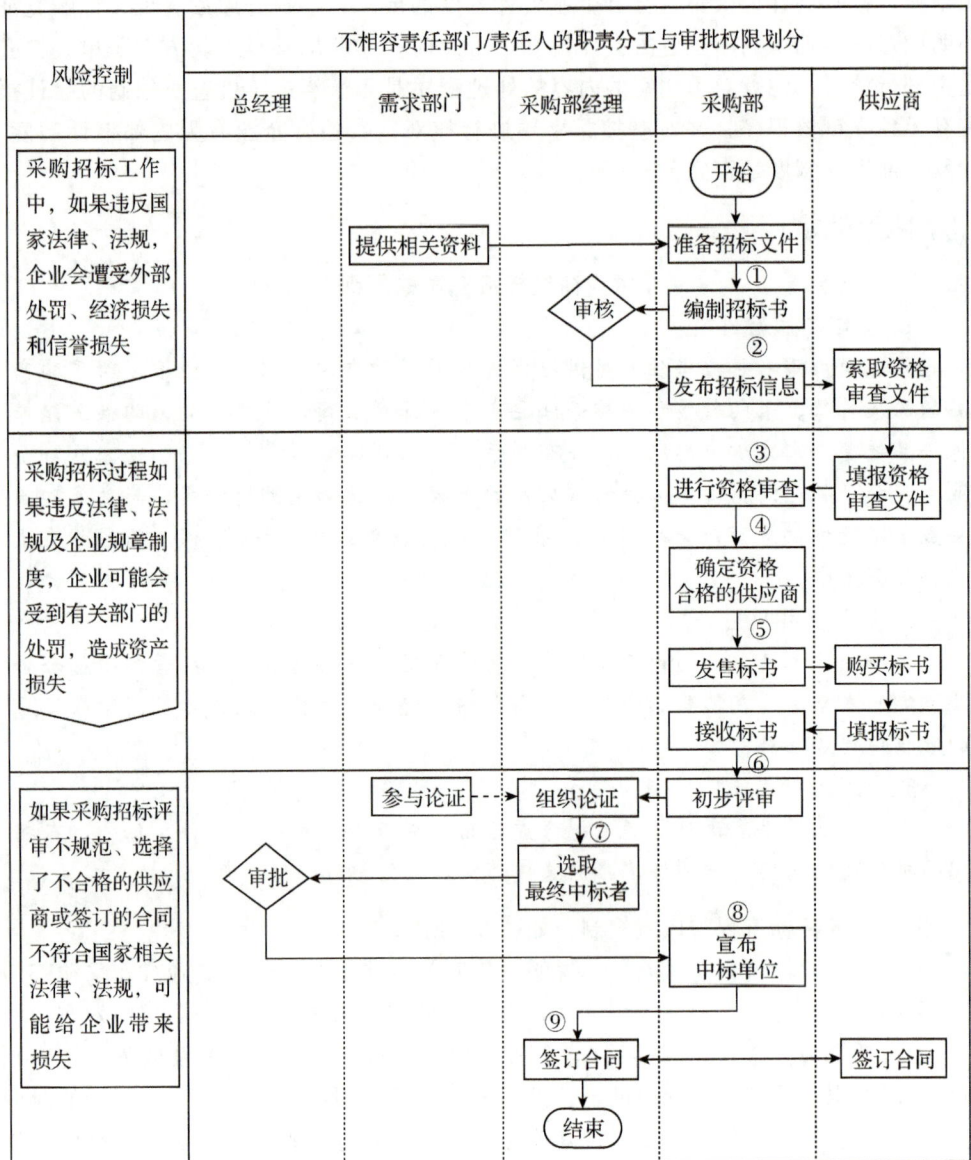

图 5-3　采购业务招标流程与风险控制

对供应商进行比质与比价；③采购部门根据比质与比价结果，参照供应商选定标准，提出候选供应商名单，报采购部经理审核；④采购部门通过采购物资的分类，根据实际需要，判断是否需要组织现场评审，需要进行现场评审的，采购部组织现场评审，请购部门、生产部门、财务部门、仓储部门及质检部门等相关部门参与，对无须现场评审的供应商，可直接提出其等级排序名单；⑤现场评审后，采购部门汇总评价结果，并编写现场评审报告；⑥采购部门根据部门经理的审核结果确定供应商名单，并报部门经理审核、总经理审批。

风险控制	不相容责任部门/责任人的职责分工与审批权限划分				
	总经理	采购部经理	采购部	相关部门	供应商
如果调查表设计不标准、不合理，可能会导致漏选一些优秀的供应商			开始 ① 收集供应商信息 ← 发放、回收调查表		配合
如果比质、比价采购制度不完善，会造成候选供应商不符合企业要求		审核	② 进行比质与比价 ③ 提出候选名单 采购物资分类	参与	
如果现场评审过程不规范，会导致选择了不合格的供应商	审批 ← 审核	审核	④ 现场评审 是 组织现场评审 ← ⑤ 编写现场评审报告 确定供应商名单 ⑥ 资料存档 结束	参与评审 否	

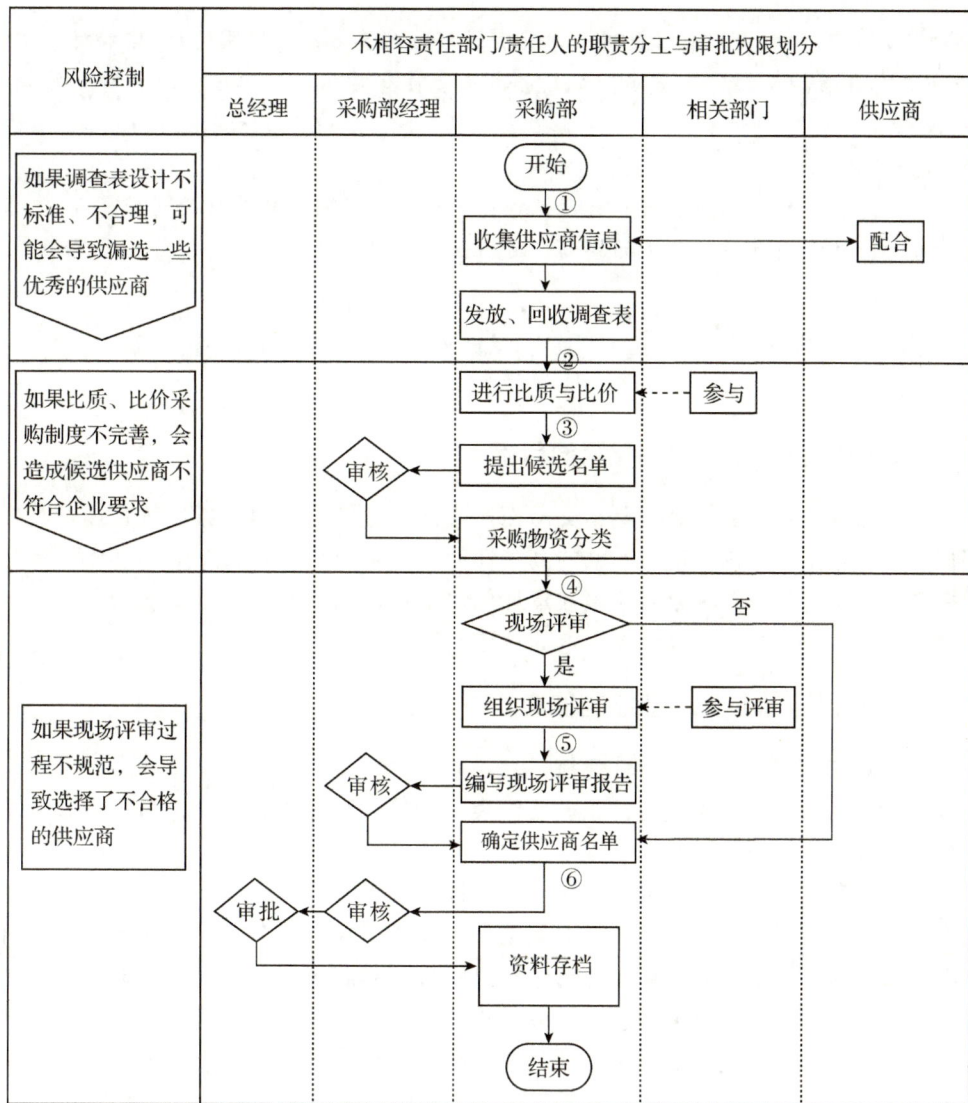

图 5-4　供应商的评选流程与风险控制

知识练习：选择题

下列不属于采购与付款业务不相容岗位的是（　　）。

A. 请购与审批　　　　　　　　B. 询价与确定供应商

C. 赊销批准与销售　　　　　　D. 付款审批与付款执行

知识练习：案例分析题

A 公司仓库保管员负责登记存货明细账，以便对仓库中的所有存货项目的收、发、存进行永续记录。当收到验收部门送交的存货和验收单后，仓库保管员根据验收单登记存货领料单。平时，各车间或其他部门如果需要领取原材料，都可以填写领料单，仓库保管员根据领料单发出原材料。该公司辅助材料的用量很少，因此领取辅助材料时，没有要求使用领料单。各车间经常有辅助材料剩余（根据每天特定工作购买而未消耗掉，但其实还可再为其他工作所用的），这些材料由车间自行保管，无须通知仓库。如果仓库保管员有时间，偶尔也会对存货进行实地盘点。

分析：

（1）A公司的内部控制有什么缺陷？简要说明该缺陷可能导致的错弊。

（2）对该公司存货循环上的缺陷，提出改进建议。

第三节　应付账款内部控制与风险管理

一、应付账款业务内部控制的目标

应付账款业务是随着企业赊销交易而产生的，应结合赊销业务进行管理。其内部控制目标包括：①确定应付账款的真实性；②确定应付账款的发生和偿还记录是否完整；③确定应付账款是否应由被审计单位承担；④确定应付账款期末余额是否正确；⑤确定应付账款在会计报表上的披露是否恰当。

二、应付账款业务内部控制的实质性程序

（一）对应付账款进行分析性复核

审计人员应获得或编制应付账款明细表，复核加计是否正确，并与报表数、总账数和明细账合计数核对是否相符。

根据被审计单位的实际情况，审计人员选择以下方法对应付账款进行分析性复核：①对本期期末应付账款余额与上期期末余额进行比较，分析波动原因；②分析长期挂账的应付账款，要求被审计单位作出解释，判断被审计单位是否缺乏偿债能力或利用应付账款隐瞒利润；③计算应付账款对存货的比率、应付账款对流动负债的比率，并与以前期间对比分析，评价应付账款整体的合理性；④根据存货、主营业务收入和主营业务成本的增减变动幅度，判断应付账款增减变动的合理性。

（二）运用函证方法检查应付账款的真实性

一般情况下，应付账款不需要函证，这是因为函证不能保证查出未记录的应付账款，审计人员可以通过采购发票等外来凭证证明应付账款存在的真实性。如果控制风险较高，某应付账款明细账户金额较大或被审计单位处于财务困难阶段，审计人员应进行应付账款的函证。

在进行函证时，应选择较大金额的债权人，以及那些在资产负债表日金额不大，但属于企业重要供货人的债权人作为函证对象，以查明企业是否存在虚设应付账款来隐匿收入、转移资金等舞弊现象。最好采用积极函证方式，并具体说明应付金额。必须对函证过程进行控制，要求债权人直接回函，并根据回函情况编制与分析函证结果汇总表；对未回函的，应考虑是否再次函证或用其他方法进一步确证。

知识练习：案例分析题

2025 年 1 月 15 日，内部审计人员在审计 B 公司 2024 年度资产负债表时，决定对某些应付账款进行函证。考虑从下列客户中选取 2 个函证对象。

正元公司，年末应付账款余款 0 元，本年度进货金额 1 230 000 元。

光华公司，年末应付账款余款 56 000 元，本年度进货金额 75 900 元。

森海公司，年末应付账款余款 11 000 元，本年度进货金额 102 000 元。

方艺公司，年末应付账款余款 32 000 元，本年度进货金额 356 000 元。

要求： 从上列客户中选出 2 个最重要的客户作为函证对象，并说明选择的理由。

(三)查找未入账的应付账款

为了防止企业低估负债，审计人员应检查被审计单位有无故意漏记应付账款的行为。应特别注意审查以下内容：①尚未处理的验收单或供货方发票；②资产负债表日后收到的购货发票，关注购货发票的日期，确认其入账时间是否正确；③检查资产负债表日后应付账款明细账贷方发生额的相应凭证，确认其入账时间是否正确。

(四)检查应付账款是否存在借方余额

审计人员如果发现应付账款存在借方余额，应查明原因，建议企业作出重新分类调整。同时，结合预付账款的明细余额，查明是否存在应付账款和预付账款两边同时挂账的项目。结合其他应付款的明细余额，查明有无不属于应付账款的其他应付款；如有，应作出记录。必要时，建议作出重新分类。

知识练习：选择题

1. 如果应付账款所属明细科目出现借方余额，内审人员应提请单位在资产负债表的(   )项目中列示。

A."应收账款"   B."应付账款"   C."预收账款"   D."预付账款"

2. 对应付账款的合法性和合规性进行审计时，不应当审查的内容包括(   )。

A. 采购合同、请购单、验收报告等原始凭证

B. 应付账款明细账

C. 现金及银行存款日记账

D. 存款账户

3. 验证应付账款余额的正确性时应当采取的审计程序有(   )。

A. 检查订购单是否连续编号

B. 计算当年应付账款占流动负债的比率，并与上年相比较

C. 抽查应付账款明细账并追查至相关的原始凭证

D. 抽查请购单是否经过适当审批

知识练习：判断题

1. 应付账款通常不需函证；如果函证，最好采用否定式函证。   (   )

2. 如果应付账款带有现金折扣，而被审计单位按照发票上记载的全部应付金额减去享有的最大的现金折扣后入账，待实际获得现金折扣时再和原冲减的现金折扣比较予以调整，审计人员应当予以认可。   (   )

📗 本章小结

采购、付款内部控制与风险管理 { 请购商品和劳务
编制订购单
验收商品
编制付款凭单
付款
记录现金、银行存款支出

应付账款内部控制与风险管理 { 分析性复核
运用函证方法检查真实性
查找未入账的应付账款
检查是否存在借方余额

⚙️ 课后思考

1. 采购与付款业务控制的不相容职务应如何设置？
2. 采购业务内部会计控制应做好哪些方面的工作？
3. 请购与审批控制的要求有哪些？

⚙️ 素养园地

人是水，制度是堤，制度是对自由的守护

邓小平同志曾经说过："这些方面的制度好可以使坏人无法任意横行，制度不好可以使好人无法充分做好事，甚至会走向反面。"

无论是单位的领导还是员工，都受两方面因素的影响：一是内因，自身能存敬畏心，知法守法，遵守职业道德，就不会犯罪；二是外因，如果有完善的内部控制制度并有效执行，有制度约束和管控，领导或员工犯错的可能性就会大大降低。

制度是约束，但也是对自由的守护。与制度相结合的自由才是唯一的自由，自由与制度是并存的。

所以，我们要充分认识"制度是对自由的守护"的意义，时刻牢记"个人是水，制度是堤"。

📗 知识运用

W 公司材料采购业务内部控制制度如下。

(1)由仓库根据库存和生产需要提出材料采购业务申请，填写 1 份请购单，交供销部门批复。

(2)供销部门根据制订的采购计划，对请购单进行审批。如符合计划，便组织采购；否则请示公司总经理批准。

(3)决定采购的材料，由供销部门填写一式两联的订购单，其中一联供销部门留存，另一联由采购部门交供货单位。采购员凭订购单与供货单位签订供货合同。

(4)供货合同的正本留供销部门并与订购单核对，供货合同的副本分别转交仓库和财务部门备查。

(5)采购的材料运抵仓库，由仓库保管员验收入库。验收时，将运抵的材料与采购合同副本及供货单位发来的发运单相互核对，并填写一式三联的验收单。一联仓库留存，作为登记材料明细账的依据；一联转送供销部门；一联转送财务部门。

(6)供销部门收到验收单后，将验收单与采购合同的副本、供货单位发来的发票及其他银行结算凭证相核对，以确定此采购业务的完成情况。

(7)财务部门接到验收单后，由主管材料核算的会计将验收单与采购合同副本、供货单位发来的发票、其他银行结算凭证相核对，以"符合"或"不符合"作为是否支付货款的依据。

(8)应支付货款的，由会计开出付款凭证，交出纳员办理付款手续。

(9)出纳员付款后，在进货发票盖章付讫章，再转交会计记账。

(10)定期核对财务部门的材料明细账与仓库的材料明细账。

操作要求：针对 W 公司材料采购业务的内部控制制度进行评价，指出该公司内部控制的缺点，并提出改进意见。

第六章　销售、收款控制与风险防范

总体目标

（1）认知目标：掌握销售、收款业务内部控制与风险防范的基本理论知识，了解资金活动中企业应当遵循的相关法律及监管要求。

（2）技能目标：培养在生活中对资金活动的管控，不仅要求具备完善的制度，还要严格执行。

具体目标

（1）通过销售与收款制度的学习，熟悉销售与收款业务管控的特点。

（2）通过销售与收款控制活动的学习，明确销售与收款业务内部控制活动的主要内容。

（3）通过销售与收款风险控制点的学习，掌握销售与收款业务关键风险控制点。

案例导入

销售内控存在漏洞，厂长包揽全部流程

浙江某公司地处长三角杭嘉湖平原中心地带，地理条件优越，交通便利，是全国最大的以专业生产A级、AA级牛皮箱板纸为主的造纸企业之一。自该公司成立以来，一直非常重视管理制度的建设和完善。该公司的检查小组对其中一家子公司的销售业务内部控制进行检查。

在销售过程中，该子公司销售业务按照销售合同进行。生产车间产品完工后，填制产成品入库单，验收合格后产品入库。销售部门根据销售合同编制发货通知单，分别通知仓库发货、运输部门办理托运手续。产品发出后，销售部门根据仓库签发后转来的发货通知单开具发票，并据以登记产成品明细账。同时，运输部门将其与销售发票一并送交财务部门。财务部门将其与销售合同核对后，开具运杂费清单，通知出纳人员办理货款结算，并进行账务处理。但是，该子公司未设立独立的客户信用调查机构，在财务部门和销售部门也没有专人负责此项工作。

检查小组发现该子公司存在以下问题：①总经理甲某可以处理与销售和收款有关的所有业务；②财务部门根据甲某的指令开具销售发票时，甲某说多少就开多少；③仓储部门发货人员根据甲某的指令给客户发运货物；④仓库里没有库存明细账及货物进出库记录，销售成本按估算的毛利率计算；⑤自甲某担任总经理以来，销售合同、销售计划、销售通知单、发货凭证、运货凭证及销售发票等文件和凭证从未进行过核对；⑥财务部门根据销售发票确认应收账款。

从检查中，可以发现该公司存在以下问题。

（1）客户信用管理水平较差。《企业内部控制应用指引第9号——销售业务》第五条第二款规定："企业应当健全客户信用档案，关注重要客户资信变动情况，采取有效措施，防范信用风险。"该子公司未设立独立的客户信用调查机构，其财务部门和销售部门也没有专人负责此项工作。这种情况将给销售安全埋下隐患。

（2）不相容岗位没有相互分离。在销售与收款环节中，应该明确各岗位、各部门的职责与分工，确保不相容业务的相互分离，以提高内部控制的有效性。然而，该子公司的总经理甲某几乎可以处理销售与收款有关的所有业务，没有达到内部控制的要求。

（3）销售发票缺乏严格的控制。销售发票是会计记录销售收入的依据，若对其控制不严，会导致企业的财务状况反映不实和舞弊行为的发生。该子公司在开具发票时没有以销售部门的销售发票通知单及客户的购货订单为准，而是先将货物发给购货单位，然后按甲某的指令开发票，致使大部分销售款没有入账；所填制发票中的数量也没有依据销售部门的销售发票通知单上载明的实际发运的货物数量记录。这不仅影响了财务信息的真实性，也给甲某的舞弊创造了可乘之机。

思考： 销售业务控制制度的目标有哪些？销售业务控制关键点有哪些？

第一节　销售与收款业务

一、销售与收款业务的概念

销售是指企业出售商品（或提供劳务）及收取款项等相关活动。规范销售行为、防范销售风险，可以促进企业扩大销售数量、拓宽销售渠道、提高市场占有率，对企业增加收入、实现经营目标和发展战略有重要意义。

销售与收款业务的环节包括接受客户订单、批准销售折扣和赊销信用、填制销货发票、发运商品、核算销售收入和应收账款、办理和记录销货退回及销货折让、处理坏账等内容。规范销售与收款业务活动，全面、系统地记录销售过程，监督和控制商品的发出和货款收回，提高企业营业收入的质量。

二、销售与收款业务的特点

（一）销售与收款过程较为复杂

企业的销售与收款业务并不是简单的"一手交钱、一手交货"的过程。

一方面，该过程是分步骤的交易行为：从收到对方订购单，到洽谈交易事宜，到货物的交接，再到货款的支付，甚至还有退货和折让的发生。在此过程中，企业不仅需要调查客户的信用，与客户展开激烈的价格谈判，安排客户需要的货物，而且需要灵活处理销售折让和销售退回。这些环节还可能出现事先无法预料的情况，所以销售是一项复杂的系统工程。

另一方面，销货业务不但运行的环节复杂、涉及企业内部的多个部门，如销售

拓展资源：《企业内部控制应用指引第9号——销售业务》

部门、信用管理部门、仓储保管部门和财务部门等，还涉及企业外部的供应商、运输商等。该过程的运行环节多，风险因素多，控制难度大，极易产生舞弊行为、影响效率。

如何杜绝经营管理人员的舞弊行为，使多环节、多部门运行的销货业务相互协调、提高效率，最大限度地保证获取有质量的销货收入，是企业经营管理中的重点。

(二)销售与收款业务存在较大的风险

正因为销售与收款是一个相当复杂的过程，不仅仅是将商品移交给客户，更重要的是只有收回款项，才能实现销售的最终目标。但是，在现实的交易中，由于各种因素的影响，企业发出商品后，可能无法收回相应的货款，如交易产生纠纷导致货款拒付，客户经营不善而无力支付货款，甚至蓄意欺诈等。所以，相对企业其他经营环节而言，销售环节具有更大的风险。如果企业在销售中，应收账款平均占用额过大、收回期过长、周转速度慢，就可能产生坏账，给企业带来较大的损失；或者在销售与收款业务中处理不当，可能造成资金周转不灵，使企业陷入严重的财务危机。

(三)销售与收款业务的会计处理工作繁杂

销售的频繁性，使销售与收款业务的会计处理工作量相当大。另外，销售收入的确认也相对复杂。《企业会计准则第14号——收入》中规定，对于在某一时点履行的履约义务，企业应当在客户取得相关商品控制权时点确认收入。在判断客户是否已取得商品控制权时，企业应当考虑下列迹象：①企业就该商品享有现时收款权利，即客户就该商品负有现时付款义务；②企业已将该商品的法定所有权转移给客户，即客户已拥有该商品的法定所有权；③企业已将该商品实物转移给客户，即客户已实物占有该商品；④企业已将该商品所有权上的主要风险和报酬转移给客户，即客户已取得该商品所有权上的主要风险和报酬；⑤客户已接受该商品；⑥其他表明客户已取得商品控制权的迹象。

企业确认销售收入的条件与要求越来越高，而各个企业实际销售情况不同，一项销货业务的发生，在很大程度上还要依靠会计人员的职业判断。如果收入确认出现错误，会导致会计信息失真，影响企业财务状况和经营成果的真实性与准确性。

第二节 销售与收款业务的流程

一、销售与收款循环中的主要业务活动

(一)接受客户订单

客户提出订货要求是整个销售与收款循环的起点。从法律上讲，这是购买某种货物或接受某种劳务的一项申请。客户的订单只有在符合企业管理层的授权标准时，才能被接受。管理层一般都列出了已批准销售的客户名单。销售单管理部门在决定是否同意接受某客户的订单时，应追查该客户是否被列入这张名单。如果该客户未被列入，则通常需要由销售单管理部门的主管来决定是否同意与该客户进行交易。

很多企业在批准了客户订单之后，下一步就应编制一式多联的销售单。销售单

是证明管理层有关销售交易的"发生"认定的凭据之一，也是此笔销售交易轨迹的起点。

（二）批准赊销信用

赊销批准是由信用管理部门根据管理层的赊销政策，对每个客户的信用额度进行授权。信用管理部门的职员在收到销售单管理部门的销售单后，应将销售单与该客户已被授权的赊销信用额度及至今尚欠的账款余额加以比较。执行人工赊销信用检查时还应合理划分工作职责，以避免销售人员为扩大销售而使企业承受额外的信用风险。

企业的信用管理部门应对每个新客户进行信用调查，包括获取信用评审机构对客户信用等级的评定报告。无论批准赊销与否，都要求被授权的信用管理部门人员在销售单上签署意见，然后再将已签署意见的销售单送回销售单管理部门。

设计信用批准控制的目的是降低坏账风险，这项控制与应收账款账面余额的"计价和分摊"认定有关。

（三）按销售单供货

企业管理层通常要求商品仓库只有在收到经过批准的销售单后才能供货。设立这项控制程序的目的是防止仓库在未经授权的情况下擅自发货。因此，已批准销售单的一联通常应送达仓库，作为仓库按销售单供货和发货给装运部门的授权依据。这些控制与应收账款账面余额的"发生"认定、"完整性"认定及"准确性"认定有关。

（四）按销售单装货

将按经批准的销售单供货与按销售单装运货物职责相分离，有助于避免负责装运货物的职员在未经授权的情况下装运产品。此外，装运部门的职员在装运之前，还必须进行独立验证，以确定从仓库提取的商品都附有经批准的销售单，并且所装运商品的内容与销售单一致。

装运凭证是指一式多联的、连续编号的提货单，可由计算机或人工编制。按序归档的装运凭证通常由装运部门保管。装运凭证提供了商品确实已装运的证据，是证实销售交易"发生"认定的另一种形式的凭据。定期检查以确定在编制的每张装运凭证后均已附有相应的销售发票，有助于保证销售交易的"完整性"认定。

（五）向客户开具账单

开具账单包括编制和向客户寄送事先连续编号的销售发票。开具账单工作所针对的主要问题包括：①是否对所有装运的货物都开具了账单（即"完整性"认定问题）；②是否只对实际装运的货物才开具账单，有无重复开具账单或虚构交易（即"发生"认定问题）；③是否按已授权批准的商品价目表所列价格计价开具账单（即"准确性"认定问题）。

为了降低开具账单过程中出现遗漏、重复、错误计价或其他差错的风险，应设立以下控制程序：①开具账单部门的职员在编制每张销售发票之前，独立检查是否存在装运凭证和相应的经批准的销售单；②依据已授权批准的商品价目表编制销售发票；③独立检查销售发票计价和计算的正确性；④将装运凭证上的商品总数与相对应的销售发票上的商品总数进行比较。

上述控制程序有助于确保用于记录销售交易的销售发票的正确性。因此，这些

学习笔记

控制与销售交易的"发生"认定、"完整性"认定及"准确性"认定有关。销售发票副联通常由开具账单的部门保管。

(六)记录销售业务

在手工会计系统中,记录销售的过程包括区分赊销与现销。按销售发票编制转账记账凭证或现金、银行存款收款凭证,再据以登记销售明细账、应收账款明细账或库存现金日记账、银行存款日记账。

记录销售的控制程序包括以下内容:①只依据附有有效装运凭证和销售单的销售发票记录销售,这些装运凭证和销售单应能证明销售交易的发生及其发生的日期;②控制所有事先连续编号的销售发票;③独立检查已处理的销售发票上的销售金额同会计记录金额的一致性;④记录销售的职责应与处理销售交易的其他职责相分离;⑤对记录过程中所涉及的有关记录的接触予以限制,以减少未经授权批准的记录发生;⑥定期独立检查应收账款明细账与总账的一致性;⑦定期向客户寄送对账单,并要求客户将任何例外情况直接向指定的未执行或记录销售交易的会计主管报告。以上这些控制与"发生"认定、"完整性"认定、"准确性"认定及"计价和分摊"认定有关。

(七)办理和记录现金、银行存款收入

现金、银行存款收入涉及的是有关货款的收回,现金、银行存款的增加,以及应收账款减少的活动。在办理和记录现金、银行存款收入时,审计人员最应关注的是货币资金失窃的可能性。货币资金失窃可能发生在货币资金收入登记入账之前或登记入账之后。处理货币资金收入时,最重要的是要保证全部货币资金如数、及时地记入库存现金日记账、银行存款日记账或应收账款明细账,并如数、及时地将现金存入银行。在这方面,汇款通知单起着很重要的作用。

(八)办理和记录销售退回、销售折扣与折让

客户如果对商品不满意,销售企业一般都会同意退货,或给予客户一定的销售折让;客户如果提前支付货款,销售企业则可能会给予其一定的销售折扣。发生此类事项时,必须经过授权批准,并应确保办理此事项相关部门和职员各司其职,分别控制实物流和会计处理。在这方面,严格使用贷项通知单无疑会起到关键的作用。

(九)注销坏账

不管赊销部门的工作如何主动,客户因经营不善、宣告破产等原因而不支付货款的事仍时有发生。销售企业若认为某项货款再也无法收回,就必须注销这笔货款。对于这些坏账,正确的处理方法应该是获取货款无法收回的确凿证据,经适当审批后及时作会计调整。

(十)提取坏账准备

坏账准备提取的数额必须能够抵补企业以后无法收回的销货款。

知识练习:案例分析题

某企业销售环节的内部控制制度如下:设立销售部门,处理订单、签订合同、执行销售政策和信用政策。销售部门经理对 30 万元以内的赊销业务有权批准,并

根据具体情况确定产品售价。由于人手紧张，大宗销售都是由业务员甲与客户谈判并签订合同。没有签订合同的购买方提货的销售业务直接由财务部门收款后开具提货单据和发票，客户自行提货。货到付款的业务由业务员乙负责赴购买方处收款，并将现金或者支票等票据转交财务部门。财务主管保管所有票据，并有权决定应收票据是否贴现。

某月该企业发生如下业务。

(1)销售经理凭某一老客户以前给其留下的良好印象，批准向该客户赊销23.4万元的货物，后来该款项迟迟未能收到。财务部门证实该客户财务状况恶化，当时已经有数笔货款没有如期支付。

(2)另一新客户要求签订3年期的供货合同，3年中每月月末按照市场价格80万元购货，提供下一批货物时清偿上一批货物款项。由于企业销售政策中没有此类情况，销售经理向总经理请示，总经理当即决定签署该合同。1个月后，该客户未能还款。经该公司调查，发现该客户并无偿还能力。

分析：该企业内部控制制度中存在哪些问题？销售业务有何不妥？

二、销售与收款循环所涉及的主要凭证和账户

(一)客户订货单

客户订货单即客户提出的书面购货要求。企业可以通过销售人员或其他途径，如采用电信函和向现有的及潜在的客户发送订货单等方式接受订货，取得客户订货单。

(二)销售单

销售单是列示客户所订商品的名称、规格、数量，以及其他与客户订货单有关信息的凭证，作为销售方内部处理客户订货单的依据。

(三)发运凭证

发运凭证即在发运货物时编制的，用以反映发出商品的规格、数量和其他有关内容的凭据。发运凭证的一联寄送给客户，其余联(一联或数联)由企业保存。这种凭证可用作向客户开具账单的依据。

(四)销售发票

销售发票是一种用来表明已销售商品的规格、数量、价格、销售金额、运费和保险费、开票日期、付款条件等内容的凭证。销售发票的一联寄送给客户，其余联由企业保存。销售发票是在会计账簿中登记销售交易的基本凭证。

(五)商品价目表

商品价目表是列示已经授权批准的、可供销售的各种商品的价格清单。

(六)贷项通知单

贷项通知单是一种用来表示由于销售退回或经批准的折让而引起的应收销货款减少的凭证。这种凭证的格式通常与销售发票的格式相同，只不过它不是用来证明应收账款的增加，而是用来证明应收账款的减少。

(七)应收账款明细账

应收账款明细账是用来记录每个客户各项赊销、还款、销售退回及折让的明细

账。各应收账款明细账的余额合计数应与应收账款总账的余额相等。

(八)主营业务收入明细账

主营业务收入明细账是一种用来记录销售交易的明细账。它通常记载和反映不同类别产品或劳务的销售总额。

(九)折扣与折让明细账

折扣与折让明细账是一种用来核算当企业销售商品时，按销售合同规定为了及早收回货款而给予客户的销售折扣，以及因商品品种、质量等原因而给予客户的销售折让情况的明细账。企业也可以不设置折扣与折让明细账，而将该类业务记录于主营业务收入明细账。

(十)汇款通知书

汇款通知书是一种与销售发票一起寄给客户，由客户在付款时再寄回销售单位的凭证。这种凭证上注明客户的姓名、销售发票号码、销售单位开户银行账号及金额等内容。如果客户没有将汇款通知书随同货款一并寄回，一般应由收受邮件的人员在开拆邮件时再代编一份汇款通知书。

(十一)库存现金日记账和银行存款日记账

库存现金日记账和银行存款日记账是用来记录应收账款的收回或现销收入，以及其他各种现金、银行存款收入和支出的日记账。

(十二)坏账审批表

坏账审批表是一种用来批准将某些应收款项注销为坏账的、仅在企业内部使用的凭证。

(十三)客户月末对账单

客户月末对账单是一种按月定期寄送给客户的、用于购销双方定期核对账目的凭证。客户月末对账单上应注明应收账款的月初余额、本月各项销售交易的金额、本月已收到的货款、各贷项通知单的数额及月末余额等内容。

(十四)转账凭证

转账凭证是指记录转账业务的记账凭证，根据有关转账业务(即不涉及现金、银行存款收付的各项业务)的原始凭证编制。

(十五)收款凭证

收款凭证是指用来记录现金和银行存款收入业务的记账凭证。

销售与收款循环中的主要业务活动及对应的凭证、记录和控制程序，如表6-1所示。

表6-1　销售与收款循环中的主要业务活动及对应的凭证、记录和控制程序

主要业务活动	涉及的凭证及记录	相关部门	相关认定	重要控制程序
接受客户订单	客户订货单、销售单	销售单管理部门	销售交易的发生	客户名单已被授权审批
批准赊销信用	销售单	信用管理部门	应收账款净额的计价和分摊	信用管理部门签署意见

续表

主要业务活动	涉及的凭证及记录	相关部门	相关认定	重要控制程序
按销售单发货和装运	销售单、发运凭证	仓库、装运部门	销售交易的发生、完整性	防止未授权发货、装运商品
向客户开具销售发票	销售单、装运凭证、商品价目表、销售发票	开具账单部门	销售交易的发生、完整性、计价和分摊	确保销售发票的正确性
记录销售业务	销售发票及附件、转账凭证、现金及银行存款收款凭证、应收账款明细账、销售明细账、现金及银行存款明细账、客户月末对账单	会计部门	销售交易的发生、完整性、计价和分摊	销售发票是否记录正确，并归属适当的会计期间
办理和记录货币资金收入	汇款通知单、收款凭证、现金日记账、银行存款日记账	会计部门	销售交易的发生、完整性、计价和分摊	货币资金失窃的可能性
办理和记录销售退回、销售折扣和折让	贷项通知单	会计部门、仓库	销售交易的发生、完整性、计价和分摊	必须授权批准，控制实物流和会计处理
定期向客户对账和催收货款	应收账款对账单	赊销部门、会计部门	销售交易的发生、完整性、计价和分摊	应收账款记录是否均已入账及其正确性
注销坏账和提取坏账准备	坏账审批表	赊销部门、会计部门	计价和分摊	应该获取货款无法收回的确凿证据，适当审批

知识练习：选择题

1. 销售与收款业务循环所使用的凭证和记录有(   )。

A. 客户订货单   B. 销货单   C. 销售合同   D. 销售发票

2. 销售与收款业务循环中，用来表示由于销售退回或经批准折让而引起的应收账款减少的凭证是(   )。

A. 销货合同   B. 销货单   C. 贷项通知单   D. 客户订货单

三、销售与收款业务的关键风险控制点

(一)职责分工与授权批准的关键风险控制点

职责分工与授权批准的关键风险控制点包括：①客户信用管理与销售合同协议的审批、签订的不相容岗位应分离；②销售合同协议的审批、签订与办理发货的不相容岗位应分离；③销售货款的确认、收回与相关会计记录的不相容岗位应分离；④销售退回货品的验收、处置与相关会计记录的不相容岗位应分离；⑤销售业务经办与发票开具、管理的不相容岗位应分离；⑥坏账准备的计提与审批、坏账的核销与审批的不相容岗位应分离；⑦应由多部门参与制定信用政策；⑧信用政策应明确

规定定期对客户资信情况进行评估，并就不同的客户明确信用额度、回款期限、折扣标准及违约情况下应采取的应对措施等；⑨应建立销售业务授权制度和审核批准制度，并按照规定的权限和程序办理销售业务；⑩应根据具体情况对办理销售业务的人员进行岗位轮换。

（二）销售与发货的关键风险控制点

销售与发货的关键风险控制点包括：①企业应建立销售定价控制制度，制定价目表、折扣政策、收款政策，定期审阅并严格执行；②在销售合同协议订立前，企业应指定专门人员就销售价格、信用政策、发货和收款方式等具体事项与客户进行谈判；③企业应建立健全销售合同协议审批制度，明确说明具体的审批程序及所涉及的部门和人员，并根据企业的实际情况，明确界定不同合同协议金额审批的具体权限分配等；④重要的销售合同协议，应征询法律顾问或专家的意见；⑤与客户签订正式销售合同协议的销售人员应经过上级授权；⑥发货部门应对销售发货单据进行审核，严格按照销售通知单所列的发货品种和规格、发货数量、发货时间、发货方式、接货地点组织发货，并建立货物出库、发运等环节的岗位责任制，确保货物的安全发运；⑦企业应建立销售退回管理制度，企业的销售退回必须经销售主管审批后方可执行；⑧销售退回的货物应经质检部门检验和仓储部门清点后入库，企业应对退货原因进行分析并明确有关部门和人员的责任；⑨销售部门应设置销售台账，及时反映各种商品（劳务）的开单、发货、收款等情况，并由相关人员对销售合同协议执行情况进行定期跟踪与审阅。

（三）收款的关键风险控制点

收款的关键风险控制点包括：①销售收入应及时入账；②销售人员应避免直接接触销售现款；③应建立应收账款账龄分析制度和逾期应收账款催收制度；④对催收无效的逾期应收账款应及时通过法律程序等途径予以解决；⑤对于可能成为坏账的应收账款，应按照相应的会计准则计提坏账准备，并按照权限范围和审批程序进行审批；⑥对确定发生的各项坏账，应及时查明原因、明确责任，并在履行规定的审批程序后作出会计处理；⑦企业核销的坏账应进行备查登记，做到账销案存，已核销的坏账又收回时应及时入账，防止形成账外款；⑧应明确应收票据的受理范围和管理措施；⑨已贴现但仍承担收款风险的票据应在备查簿中登记，以便日后追踪管理；⑩应定期抽查、核对销售业务记录、销售收款会计记录、商品出库记录和商品实物记录，及时发现并处理销售与收款中存在的问题；⑪应定期与往来客户通过函证等方式，核对应收账款、应收票据、预收账款等往来款项，如有不符，应及时查明原因并处理。

销售与收款业务内部控制与风险管理职责分工，如表6-2所示。

表6-2　销售与收款业务内部控制与风险管理岗位职责分工

控制岗位	主要职责	不相容职责
分管销售的副总	销售政策、信用政策的审批	
	坏账准备计提、坏账核销的审批	

续表

控制岗位	主要职责	不相容职责
销售部门	处理订单，签订销售合同	审批销售合同
	执行销售政策和信用政策	审批销售政策
	票据的传递和核对，催收货款	
	客户的开发	
	销售信用政策的执行	
仓储部门	办理发货业务	
	根据销售退回通知办理相关实物验收入库事宜	
经营规划部门	对客户进行信用评级，制定信用政策，建立客户信用档案	
	监督销售部门信用政策的执行情况	
	参与销售合同的签订	
	对销售合同中涉及法律条款的事项进行审核	
品质保证部门	对销售退回的产品进行质量鉴定，出具质量鉴定报告	
财务会计部门	参与销售合同的制定	
	开具销售发票，确认收入，结算与记录的销售款项	
	监督、管理货款收回的审核与账务处理	
	坏账准备计提、坏账核销的执行，对不合格及报废物资提出处理建议	
门卫	依据经会计部门盖章的出门证，查验出门实物与出门证内容是否一致	

第三节　销售与收款循环

一、销售与收款循环的内部控制

(一)职责分离

企业应当建立销售与收款业务的岗位责任制，明确相关部门和岗位的职责、权限，确保办理销售与收款业务的不相容岗位相互分离、制约和监督。

该业务循环涉及的主要职责分离包括：①赊销批准与销售；②赊销批准与发货；③发货与开票；④发货与记账；⑤收款与销售收入、应收账款的记录；⑥销售退回与折让业务的批准和记账；⑦坏账批准与收款、记账。

(二)授权审批

企业应当对销售与收款业务建立严格的授权批准制度，明确审批人员对销售与收款业务的授权批准方式、权限、程序、责任和相关控制措施，规定经办人员的职责范围和工作要求。

学习笔记

微课视频：销售业务内部控制的内容

在销售与收款循环中，授权审批的内部控制主要包括：①向客户提供信用前要进行调查并经授权批准；②发出货物必须经有关人员批准；③销售价格、销售条件和折扣要经过授权批准；④坏账发生须经有关人员确认，坏账准备计提须经审批；⑤应收票据的取得和贴现必须经有关人员审批；⑥对于超过企业既定销售政策和信用政策规定范围的特殊销售业务，企业应当进行集体决策，防止因决策失误而造成严重损失。

(三)单证控制

每个企业交易的产生、处理和记录等制度都有其特点，因此很难评价其各项控制是否发挥最大的作用。只有具备完整的记录，才有可能实现其他各项控制目标。例如，有的企业在收到客户订货单后，就立即编制一份预先编号的一式多联的销售单，分别用于批准赊销、审批发货、记录发货数量及向客户开具账单等。在这种制度下，只要定期清点销售发票，几乎不太会发生漏开账单的情形。而有的企业只在发货以后才开具账单，如果没有其他控制措施，这种制度下就很有可能发生漏开账单的情况。

对凭证预先进行编号，既可以防止销售后忘记向客户开具账单或登记入账，也可以防止重复开具账单或重复记账。如果对凭证的编号不作清点，预先编号就会失去其控制意义。对这种控制常用的一种控制测试程序是清点各种凭证。例如，从主营业务收入明细账中选取样本，追查至相应的销售发票存根，进而检查其编号是否连续，有无不正常的缺号发票和重号发票。这种测试程序可以同时提供有关真实性和完整性目标的证据。

(四)销售和发货控制

销售和发货的关键控制主要包括：①企业对销售业务应当建立严格的预算管理制度，制定销售目标，明确销售责任制；②企业建立销售定价控制制度，制定价目表、折扣政策、付款政策等并予以执行；③企业在选择客户时，应当充分了解和考虑客户的信誉、财务状况等有关情况，降低账款收回的风险；④企业应当加强对赊销业务的管理，赊销业务应遵循规定的销售政策和信用政策；⑤企业应当按照规定的程序办理销售和发货业务。

(五)收款控制

收款的关键控制包括：①企业应当按照相关规定，及时办理销售收款业务；②企业应将销售收入及时入账，不得账外设账，不得擅自坐支现金，销售人员应当避免接触销售现款；③企业应当建立应收账款账龄分析制度和逾期应收账款催收制度，销售部门应当负责应收账款的催收，财务部门应当督促销售部门加紧催收，对催收无效的逾期应收账款可通过法律程序予以解决；④企业应当按客户设置应收账款台账，及时登记每个客户应收账款余额增减变动情况和信用额度使用情况，对长期往来客户应当建立起完善的客户资料，并对客户资料实行动态管理、及时更新；⑤企业对于可能成为坏账的应收账款应当报告有关决策机构，由其进行审查，确定是否确认为坏账，对于发生的各项坏账，应查明原因、明确责任，并在履行规定的审批程序后作出会计处理；⑥企业注销的坏账应当进行备查登记，做到账销案存，已注销的坏账又收回时应当及时入账，防止形成账外款；⑦企业应收票据的取得和贴现必须经由保管票据以外的主管人员的书面批准，应由专人保管应收票据，对于即将到期的应收票据，应及时向付款人提示付款，已贴现票据应在备查簿中登记，以便日后追踪管理，并制定逾期票据的冲销管理程序和逾期票据追踪监控制度；⑧企业应当定期与往来客户通过函证等方式核对应收账款、应收票据、预收款项等往来款项，如有不符，应查明原因、及时处理。

（六）对账控制

对账的关键控制包括：①按月寄出对账单，企业应由不负责现金出纳、销售及应收账款、应收票据和预收账款等往来款项记账的人员按月向客户寄发对账单；②核对银行对账单与银行存款日记账余额，企业应定期取得银行对账单，及时编制银行存款余额调节表，以检查银行存款日记账余额的正确性；③企业应定期核对应收账款等账户的总账和明细账。

（七）监督检查

企业应当建立对销售与收款内部控制的监督检查制度，明确监督检查机构或人员的职责权限，定期或不定期地进行检查。企业监督检查机构或人员应通过实施控制测试和实质性程序，检查销售与收款业务内部控制制度是否健全，各项规定是否得到有效执行。

监督检查的关键控制包括：①销售与收款业务相关岗位及人员的设置情况，重点检查是否存在销售与收款业务不相容职务混岗的现象；②销售与收款业务授权批准制度的执行情况，重点检查授权批准手续是否健全，是否存在越权审批行为；③销售的管理情况，重点检查信用政策、销售政策的执行是否符合规定；④收款的管理情况，重点检查企业销售收入是否及时入账，应收账款的催收是否有效，坏账核销和应收票据的管理是否符合规定；⑤销售退回的管理情况，重点检查销售退回手续是否齐全、退回货物是否及时入库。

知识练习：案例分析题

已知 B 公司销售与收款内部控制有关业务流程如下。

（1）销售部门收到客户的订单后，销售经理甲对订单中的品种、规格、数量、价格、付款条件、结算方式等详细审核后签章，交仓库办理发货手续。

（2）仓库在发运商品出库时，均必须由管理员乙根据经批准的订单，填制一式四联的销售单。在各联上签章后，第一联作为发运单，工作人员配货并随货交客户；第二联送会计部门；第三联送应收账款管理员丙；第四联按编号顺序连同订单一并归档保存，作为盘存的依据。

（3）会计部门收到销货单后，根据其中所列资料，开具统一的销售发票，将客户联寄送客户，将销售联交应收账款管理员丙，作为记账和收款的凭证。

（4）应收账款管理员丙收到发票后，将发票与销货单核对，如无错误，据以登记应收账款明细账，并将发票和销货单按编号顺序归档保存。

分析：B 公司在销售与收款内部控制中存在哪些缺陷？

二、销售与收款循环的控制测试

审计人员抽取一定数量的销售发票，做如下检查：①检查发票是否连续编号，作废发票是否正确处理；②核对销售发票与销售单、发货单(或提货单)，检查有无虚开发票，同时核对所载明的品名、规格、数量、价格是否一致；③检查销售单上是否有负责信用核准人员的签字；④复核销售发票中所列的数量、单价和金额是否正确，主要包括将销售发票中所列商品的单价与商品价目表的价格进行核对，并核对发票金额的正确性；⑤从销售发票追查至有关的记账凭证、应收账款明细账及主营业务收入明细账，确定企业是否正确、及时地登记有关的凭证、账簿。

审计人员抽取一定数量的发货单(或提货单)，检查发货单(或提货单)是否连续编号，并与相关的销售发票核对，检查已发出的商品是否均已向客户开出发票。

审计人员从主营业务收入明细账中抽取一定数量的会计记录，并与有关的记账凭证、销售发票进行核对，以确定是否存在收入高估或低估的情况。

审计人员抽取一定数量的销售调整业务的会计凭证，检查销售退回、折让、折扣的核准与会计核算是否一致：①确定销售退回与折让的批准与贷项通知单的开具职责是否分离；②确定现金折扣是否经过适当授权，授权人与收款人的职责是否分离；③检查销售退回和折让是否附有按顺序编号并经主管人员核准的贷项通知单；④检查退回的商品是否具有仓库签发的退货验收报告(或入库单)，并核对验收报告的数量、金额或贷项通知单等；⑤确定退货、折扣、折让的会计记录是否正确。

审计人员抽取一定数量的应收账款明细账，作如下检查：①从应收账款明细账中抽取一定的记录并与相应的记账凭证进行核对，比较二者登记的时间、金额是否一致；②从应收账款明细账中抽查一定数量的坏账注销的业务，并与相应的记账凭证、原始凭证进行核对，确定坏账的注销是否符合规定、是否经过批准等；③确定企业是否定期与客户对账，在可能的情况下，将企业一定期间的对账单与相应的应收账款明细账的余额进行核对，如有差异，应进行追查。

审计人员观察职员获得或接触资产、凭证和记录(包括存货单、销售单、装运单、销售发票、凭证与账簿、现金及支票等)的途径，并观察职员在执行授权、发货、开票等职责时的表现，确定职责分离等内部控制是否有效执行。

第四节 营业收入的内部控制与风险管理

一、营业收入的内部控制

营业收入项目核算企业在销售商品、提供劳务等主营业务活动中所产生的收入，以及企业确认的除主营业务活动以外的其他经营活动实现的收入，包括出租固定资产、出租无形资产、出租包装物和商品、销售材料、耗用材料进行非货币性交换(非货币性资产交换具有商业实质且公允价值能够可靠计量)或债务重组等实现的收入。

营业收入的审计目标一般包括：①确定利润表中记录的营业收入是否已发生，且与被审计单位有关；②确定所有应当记录的营业收入均已记录；③确定与营业收入有关的金额及其他数据是否已恰当记录，包括对销售退回、销售折扣与折让的处理是否适当；④确定营业收入是否已记录于正确的会计期间；⑤确定营业收入已按照企业会计准则的规定在财务报表中作出恰当的列报。

二、营业收入的实质性程序

(一)主营业务收入的实质性程序

主营业务收入的实质性程序一般包括以下内容:①取得或编制主营业务收入明细表,并与总账数和明细账合计数核对是否相符;②查明主营业务收入的确认条件、方法,关注周期性、偶然性的收入是否符合既定的收入确认原则、方法;③执行实质性分析程序,将本期的主营业务收入与上期的主营业务收入进行比较,分析产品销售的结构和价格变动是否异常,如存在异常,分析异常变动的原因;④计算本期重要产品的毛利率,与上期比较,检查是否存在异常,各期之间是否存在重大波动;⑤将本期重要产品的毛利率与同行业企业进行对比分析,检查是否存在异常;⑥获取产品价格目录,抽查售价是否符合定价政策,并注意销售给关联方或关系密切的重要客户的产品价格是否合理,有无低价或高价结算以转移收入和利润的现象;⑦抽取本期一定数量的销售发票,检查开票日期、记账日期、发货日期是否相符,品名、数量、单价、金额等是否与发运凭证、销售合同或协议、记账凭证等一致;⑧抽取本期一定数量的记账凭证,检查入账日期、品名、数量、单价、金额等与销售发票、发运凭证、销售合同或协议等是否一致。

🔍 知识链接

主营业务收入的截止测试

1. 主营业务收入截止测试的目的

主营业务收入的截止测试的目的主要在于确定被审计单位主营业务收入的会计记录归属期是否正确,应计入本期或下期的主营业务收入是否被推延至下期或提前至本期。

2. 主营业务收入截止测试的方法

在内部控制中应该注意把握三个与主营业务收入确认有着密切关系的日期:一是发票开具日期或者收款日期;二是记账日期;三是发货日期(服务业则是提供劳务的日期)。检查三者是否归属于同一适当会计期间是主营业务收入截止测试的关键所在。

知识练习:案例分析题

S 公司 2024 年的利润表中"营业收入"项目列示数额为 395 500 元。在存货盘点时发现甲产品账面数量大于库存数量 350 件,询问销售部门及仓库保管人员得知,购货方已经提货,款项将在 1 个月后支付。S 公司既没有保留继续管理权也未对其实施控制。S 公司以没有收到款为由,没有确认收入。该产品的销售单价为 1 000 元,增值税为 13%。

分析:对于 350 件甲商品,S 公司是否需要确认为当期销售?如果需要,请编制调整分录。

(二)其他业务收入的实质性程序

其他业务收入的实质性程序一般包括以下内容:①获取或编制其他业务收入明

细表，复核加计是否正确，并与总账数和明细账合计数核对是否相符，结合主营业务收入科目与营业收入报表数核对是否相符；②计算本期其他业务收入与其他业务成本的比率，并与上期比较，检查是否有重大波动，如有，应查明原因；③检查其他业务收入内容是否真实、合法，收入确认原则及会计处理是否符合规定；④对于异常项目，应追查入账依据及有关法律文件是否充分；⑤对于用材料进行非货币性资产交换的，应确定其是否具有商业实质且公允价值能否可靠计量；⑥抽查资产负债表日前后一定数量的记账凭证，实施截止测试，追查到发票、收据等，确定入账时间是否正确，对于重大跨期事项作必要的调整建议；⑦检查其他业务收入的列报是否恰当。

🔍 知识链接

三条审计路线

一是以账簿记录为起点。从资产负债表日前后若干天的账簿记录查至记账凭证，检查发票存根与发运凭证。其目的是证实已入账收入是否在同一期间已开具发票并发货，有无多计收入。

二是以销售发票为起点。从资产负债表日前后若干天的发票存根查至发运凭证与账簿记录，确定已开具发票的货物是否已发货，是否于同一会计期间确认收入。

三是以发运凭证为起点。从资产负债表日前后若干天的发运凭证查至发票开具情况与账簿记录，确定主营业务收入是否已计入恰当的会计期间。

第五节　应收账款和坏账准备的内部控制与风险管理

应收账款指企业因销售商品、提供劳务而形成的债权。即由于企业销售商品、提供劳务等原因，应向购货客户或接受劳务的客户收取的款项或代垫的运杂费，是企业在信用活动中所形成的各种债权性资产。企业的应收账款是在销售交易或提供劳务过程中产生的。企业的销售如果属于赊销，即销售实现时没有立即收取现款，而是获得了要求客户在一定条件下和一定时间内支付货款的权利，就产生了应收账款。因此，应收账款的审计应结合销售交易来进行。

坏账是指企业无法收回或收回的可能性极小的应收款项，包括应收票据、应收账款、预付款项、其他应收款和长期应收款等。企业应当定期或者至少于每年年度终了，对应收款项进行全面检查，预计各项应收款项可能发生的坏账；对于没有把握能够收回的应收款项，应当计提坏账准备。

一、应收账款的审计目标和实质性程序

(一)应收账款的审计目标

应收账款的审计目标一般包括：①确定资产负债表中记录的应收账款是否已存在；②确定所有应当记录的应收账款是否均已记录；③确定记录的应收账款由被审计单位拥有或控制；④确定应收账款是否可收回，坏账准备的计提方法和比例是否

恰当，计提是否充分；⑤确定应收账款及其坏账准备期末余额是否正确；⑥确定应收账款及其坏账准备是否已按照企业会计准则的规定在财务报表中作出恰当列报。

(二)应收账款的实质性程序

1. 取得或编制应收账款明细表

(1)复核加计是否正确，并与总账数和明细账合计数核对是否相符。结合坏账准备科目，与报表数核对是否相符。应当注意的是，应收账款报表数反映企业因销售商品、提供劳务等应向购货单位收取的各种款项，减去已计提的相应的坏账准备后的净额。因此，其报表数应同应收账款总账数和明细账数分别减去与应收账款相应的坏账准备总账数和明细账数后的余额核对是否相符。

(2)检查非记账本位币应收账款的折算汇率及折算是否正确。对于用非记账本位币(通常为外币)结算的应收账款，审计人员应检查：①被审计单位外币应收账款的增减变动是否采用交易发生日的即期汇率将外币金额折算为记账本位币金额，或者采用按照系统、合理的方法确定的、与交易发生日即期汇率近似的汇率折算，选择采用汇率的方法前后各期是否一致；②期末外币应收账款余额是否采用期末即期汇率折合为记账本位币金额；③折算差额的会计处理是否正确。

(3)分析有贷方余额的项目。查明原因，必要时做重分类调整。

(4)结合预收款项等往来项目的明细余额，查明有无同一客户多处挂账的项目或与销售无关的其他款项。如有，应作出记录，必要时提出调整建议。

(5)标识重要的欠款单位，计算其欠款合计数占应收账款余额的比例。

2. 检查涉及应收账款的相关财务指标

(1)复核应收账款借方累计发生额与主营业务收入是否匹配，并将当期应收账款借方发生额占销售收入净额的百分比与管理层考核指标相比较。如存在差异，应查明原因。

(2)计算应收账款周转率、应收账款周转天数等指标，并与被审计单位以前年度指标、同行业同期相关指标进行对比分析，检查是否存在重大异常。

3. 检查应收账款账龄分析是否正确

(1)取得或编制应收账款账龄分析表。审计人员可以通过取得或编制应收账款账龄分析表来分析应收账款的账龄，以便了解应收账款的可收回性。

🔍 知识链接

应收账款的账龄是指资产负债表中的应收账款从销售实现、产生应收账款之日起，至资产负债表日止所经历的时间。编制应收账款账龄分析表时，可以考虑选择重要的客户及其余额列示，而将不重要的或余额较小的客户汇总列示。应收账款账龄分析表的合计数减去已计提的相应坏账准备后的净额，应该等于资产负债表中的应收账款项目的余额。

(2)如果应收账款账龄分析表由被审计单位编制，审计人员应测试计算的准确性。

(3)将应收账款账龄分析表中的合计与应收账款总分类账余额相比较，并调查重大调节项目。

（4）检查原始凭证，如销售发票、运输记录等，测试账龄核算的准确性。

（5）请被审计单位协助，在应收账款明细表上标出至审计时已收回的应收账款金额，对已收回金额较大的款项进行常规检查，如核对收款凭证、银行对账单、销货发票等，并注意凭证发生日期的合理性，分析收款时间是否与合同相关要素一致。

4. 向债务人函证应收账款

审计人员应当考虑被审计单位的经营环境、内部控制的有效性、应收账款账户的性质、被询证者处理询证函的习惯做法及回函的可能性等，以确定应收账款函证的范围、对象、方式和时间。

🔍 知识链接

函证是指审计人员为了获取影响财务报表或相关披露认定的项目的信息，通过直接来自第三方对有关信息和现存状况的声明获取和评价审计证据的过程。函证应收账款的目的在于证实应收账款账户余额的真实性、正确性，防止或发现被审计单位及其有关人员在销售交易中发生错误或舞弊行为。通过函证应收账款，可以比较有效地证明被询证者（即债务人）的存在和被审计单位记录的可靠性。

（1）函证的范围。除非有充分证据表明应收账款对被审计单位财务报表而言不重要的，或者函证很可能是无效的，否则，审计人员应当对应收账款进行函证。如果审计人员不对应收账款进行函证，应当在工作底稿中说明理由。如果认为函证很可能是无效的，审计人员应当实施替代审计程序，获取充分、适当的审计证据。

函证的数量、范围是由诸多因素决定的：①应收账款在全部资产中的重要性，若应收账款在全部资产中所占的比重较大，则函证的范围应相应大一些；②被审计单位内部控制的强弱，若内部控制制度较健全，则可以相应减少函证数量，反之则应相应扩大函证范围；③以前期间的函证结果，若在以前期间函证中发现过重大差异，或欠款纠纷较多，则函证范围应相应扩大一些；④函证方式的选择，若采用积极的函证方式，可以相应减少函证数量，若采用消极的函证方式，则要相应增加函证数量。

（2）函证的对象。一般情况下，审计人员应选择以下项目作为函证对象：①大额或账龄较长的项目；②与债务人发生纠纷的项目；③关联方项目；④主要客户（包括关系密切的客户）的项目；⑤交易频繁但期末余额较小甚至余额为零的项目；⑥可能产生重大错报或舞弊的非正常的项目。

（3）函证的方式。函证的方式分为积极的函证方式和消极的函证方式。审计人员可采用积极的或消极的函证方式实施函证，也可将两种方式结合使用。

①积极的函证方式。如果采用积极的函证方式，审计人员应当要求被询证者在所有情况下必须回函，确认询证函所列示信息是否正确，或填列询证函要求的信息。

积极的函证方式又分为两种：一种是在询证函中列出拟函证的账户余额或其他信息，要求被询证者确认所函证的款项是否正确。通常认为，对这种询证函的回复能够提供可靠的审计证据。但被询证者可能对所列示信息根本不加以验证就予以回函确认。为了避免这种风险，审计人员可以采用另外一种询证函，即在询证函中不列明账户余额或其他信息，而要求被询证者填写有关信息或进一步提供信息。由于这种询证函要求被询证者作出更多的努力，可能会导致回函率降低，进而导致审计人员执行更多的替代程序。

在采用积极的函证方式时，只有审计人员收到回函，才能为财务报表认定提供审计证据。审计人员没有收到回函，可能是由于被询证者根本不存在，或是由于被询证者没有收到询证函，也可能是由于被询证者没有理会询证函，因此，无法证明所函证信息是否正确。

②消极的函证方式。如果采用消极的函证方式，审计人员只要求被询证者仅在不同意询证函列示信息的情况下才予以回函。

在采用消极的函证方式时，如果收到回函，能够为财务报表认定提供说服力强的审计证据。未收到回函可能是因为被询证者已收到询证函且核对无误，也可能是因为被询证者根本就没有收到询证函。因此，积极的函证方式通常比消极的函证方式提供的审计证据可靠。在采用消极的函证方式时，审计人员通常还需辅之以其他审计程序。

当同时存在下列情况时，审计人员可考虑采用消极的函证方式：一是重大错报风险评估为低水平，二是涉及大量余额较小的账户，三是预期不存在大量的错误，四是没有理由相信被询证者不认真对待函证。

在审计实务中，审计人员也可将这两种方式结合使用。当应收账款的余额是由少量的大额应收账款和大量的小额应收账款构成时，审计人员可以对所有的或抽取的大额应收账款样本采用积极的函证方式，而对抽取的小额应收账款样本采用消极的函证方式。

（4）函证时间的选择。为了充分发挥函证的作用，应恰当选择函证的实施时间。审计人员通常以资产负债表日为截止日，在资产负债表日后适当时间内实施函证。如果重大错报风险评估为低水平，审计人员可选择资产负债表日前适当日期为截止日实施函证，并对所函证项目自该截止日起至资产负债表日止发生的变动实施实质性程序。

（5）函证的控制。审计人员通常利用被审计单位提供的应收账款明细账户名称及客户地址等资料据以编制询证函，但审计人员应当对选择被询证者、设计询证函及发出和收回询证函实施控制。出于掩盖舞弊的目的，被审计单位可能想方设法拦截或更改询证函及回函的内容。如果审计人员对函证程序控制不严密，就可能给被审计单位可乘之机，导致函证结果发生偏差和函证程序失效。

审计人员应当采取下列措施对函证实施过程进行控制：①将被询证者的名称、地址与被审计单位有关记录进行核对；②将询证函中列示的账户余额或其他信息与被审计单位有关资料进行核对；③在询证函中指明直接向接受审计业务委托的会计师事务所回函；④询证函经被审计单位盖章后，由审计人员直接发出；⑤将发出询证函的情况形成审计工作记录；⑥将收到的回函形成审计工作记录，并汇总统计函证结果。

在审计实务中，审计人员经常会遇到被询证者以传真、电子邮件等方式回函的情况。这些方式确实能使审计人员及时得到回函信息，但由于这些方式易被截留、篡改或难以确定回函者的真实身份，因此，审计人员应当直接接收，并要求被询证者及时寄回询证函原件。

　　审计人员还经常会遇到采用积极的函证方式实施函证而未能收到回函的情况。对此，审计人员应当考虑与被询证者联系，要求对方作出回应或再次寄发询证函。如果未能得到被询证者的回应，审计人员应当实施替代审计程序。所实施的替代程序因所涉及的账户和认定而异，但替代审计程序应当能够提供实施函证所能够提供的同样效果的审计证据。例如，检查与销售有关的文件，包括销售合同或协议、销售订单、销售发票副本及发运凭证等，以验证所涉及的应收账款的真实性。

　　(6)对不符事项的处理。收回的询证函若有差异，即函证出现了不符事项，审计人员应当先提请被审计单位查明原因，并作进一步分析和核实。不符事项的原因可能是由于双方登记入账的时间不同，或是由于一方或双方记账错误，也可能是被审计单位的舞弊行为。

　　对于应收账款而言，登记入账的时间不同而产生的不符事项主要表现为：①询证函发出时，债务人已经付款，而被审计单位尚未收到货款；②询证函发出时，被审计单位的货物已经发出并已作销售记录，但货物仍在途中，债务人尚未收到货物；③债务人由于某种原因将货物退回，而被审计单位尚未收到；④债务人对收到的货物的数量、质量及价格等方面有异议而全部或部分拒付货款等。

　　如果不符事项构成错报，审计人员应当重新考虑所实施审计程序的性质、时间和范围。

　　(7)对函证结果的总结和评价。审计人员应将函证的过程和情况记录在工作底稿中，并据以评价函证的可靠性。

　　在评价函证的可靠性时，审计人员应当考虑：①对询证函的设计、发出及收回的控制情况；②被询证者的胜任能力、独立性、授权回函情况、对函证项目的了解程度及其客观性；③被审计单位施加的限制或回函中的限制。

　　审计人员对函证结果可进行如下评价：①重新考虑对内部控制的原有评价是否适当，控制测试的结果是否适当，分析程序的结果是否适当，相关的风险评价是否适当等；②如果函证结果表明没有审计差异，审计人员可以合理地推论，全部应收账款总体是正确的；③如果函证结果表明存在审计差异，审计人员应当估算应收账款，抽查有关原始凭据，如销售合同、销售订单、销售发票副本及发运凭证等，以验证与其相关的应收账款的真实性。

5. 确定已收回的应收账款金额

　　审计人员请被审计单位协助，在应收账款明细表上标出至审计时已收回的应收账款金额。对已收回的金额较大的款项进行常规检查，如核对收款凭证、银行对账单、销货发票等，并注意凭证发生日期的合理性，分析收款时间是否与合同相关要素一致。

6. 检查坏账的确认和处理

　　审计人员应检查有无债务人破产或者死亡的，以及破产或者遗产清偿后仍无法收回的，或者债务人长期未履行清偿义务的应收账款；检查被审计单位坏账的处理是否经授权批准，有关会计处理是否正确。

7. 抽查有无不属于结算业务的债权

不属于结算业务的债权，不应在应收账款中进行核算。因此，审计人员应抽查应收账款明细账，并追查有关原始凭证，查证被审计单位有无不属于结算业务的债权。如有，应作记录或建议被审计单位作适当调整。

8. 检查贴现、质押或出售

审计人员应检查银行存款和银行贷款等询证函的回函、会议纪要、借款协议和其他文件，确定应收账款是否已被质押或出售，应收账款贴现业务属于质押还是出售，其会计处理是否正确。

企业以其按照销售商品、提供劳务的销售合同所产生的应收债权向银行等金融机构贴现，在进行会计核算时，应按照"实质重于形式"的原则，充分考虑交易的经济实质。对于有明确的证据表明有关交易事项满足销售确认条件，应按照出售应收债权处理，并确认相关损益。否则，应作为以应收债权为质押取得的借款进行会计处理。

9. 对应收账款实施关联方及其交易审计程序

审计人员应标明应收关联方（包括持股 5% 及以上股东）的款项，实施关联方及其交易审计程序，并注明合并报表时应予抵销的金额。对于关联企业、有密切关系的主要客户的交易事项作专门核查：①了解交易事项的目的、价格和条件，作比较分析；②检查销售合同、销售发票、货运单证等相关文件资料；③检查收款凭证等货款结算单据；④向关联方、有密切关系的主要客户进行函证，以确认交易的真实性、合理性。

10. 确定应收账款的列报是否恰当

如果被审计单位为上市公司，则在其财务报表附注中通常应披露期初、期末余额的账龄分析，期末欠款金额较大的单位账款，以及持有 5% 及以上股份的股东单位账款等情况。

> **知识练习：案例分析题**
>
> S 公司 2024 年度的资产负债表中"应收账款"数额为 1 089 000 元，与应收账款总账余额相符。经过审计发现，"应收账款——X 公司"明细账中有贷方余额 150 000 元，为 X 公司的预付货款，尚未履行供货合同。
>
> **要求：** 计提企业坏账准备，编制调整分录。

二、坏账准备的审计目标和实质性程序

（一）坏账准备的审计目标

企业应当在期末对应收款项进行检查，并预计可能产生的坏账损失。应收款项包括应收票据、应收账款、预付款项、其他应收款和长期应收款等。

（二）坏账准备的实质性程序

坏账准备审计常用的实质性程序包括：①取得或编制坏账准备明细表，复核加计是否正确，与坏账准备总账数、明细账合计数核对是否相符；②核对应收账款坏账准备本期计提数与资产减值损失相应明细项目的发生额是否相符；③检查应收账

款坏账准备计提和核销的批准程序，评价坏账准备所依据的资料、假设及计提方法，坏账准备提取方法一经确定，不得随意变更；④实际发生坏账损失的，检查转销依据是否符合有关规定，会计处理是否正确；⑤检查函证结果，对债务人回函中反映的例外事项及存在争议的余额，应查明原因并做记录，必要时应建议被审计单位作相应的调整；⑥实施分析程序，通过计算坏账准备余额占应收账款余额的比例并和以前期间的相关比例进行比较，评价应收账款坏账准备计提的合理性；⑦确定应收账款坏账准备的披露是否恰当，企业应当在财务报表附注中清晰地说明坏账的确认标准、坏账准备的计提方法和计提比例。

知识练习：案例分析题

S公司采用应收账款余额百分比法计提坏账准备，自行确定的比例为2％。年末应收账款借方余额为500万元，坏账准备期初余额为10万元，本期发生坏账损失20万元，收回前期已核销的坏账10万元。其中，年末应收B公司欠款的50万元，有确凿的证据表明只能收回20％。S公司年末计提了10万元的坏账准备，计提后坏账准备期末余额为10万元。

要求：选择合适的方法计提坏账准备，编制调整分录。

🖥 本章小结

销售与收款循环所涉及的主要凭证和账户	客户订货单、销售单、发运凭证、销售发票、商品价目表、贷项通知单、应收账款明细账、主营业务收入明细账、折扣与折让明细账、汇款通知书、库存现金日记账和银行存款日记账、坏账审批表、客户月末对账单、转账凭证、收款凭证
销售与收款循环的内部控制	职责分离 授权审批 单证控制 销售和发货控制 收款控制 对账控制 监督检查
营业收入的内部控制	主营业务收入的实质性程序 其他业务收入的实质性程序
应收账款和坏账准备的内部控制	应收账款的内部控制 坏账的内部控制

⚙ 课后思考

1. 销售与收款控制的重点有哪些？
2. 在销售与收款循环中的主要业务活动中，会计人员应完成哪些工作？

3．贷项通知单的作用是什么？与销售发票的格式有哪些异同？

4．如何做好客户信用分析工作？

5．主营业务收入截止测试的路线有哪些？

6．应收账款的审计目标有哪些？向债务人函证应收账款有哪些方法？

7．审计人员考虑采用消极的函证方式的情况有哪些？

8．企业在函证中出现了不符事项，审计人员应如何处理？

素养园地

梦虽遥，追则能达；愿虽艰，持则可圆

2023 年 1 月 20 日，习近平主席在 2023 年春节团拜会上发表讲话："大道至简，实干为要。新征程是充满光荣和梦想的远征，没有捷径，唯有实干。要脚踏实地，埋头苦干，不驰于空想，不骛于虚声；要笃实好学，尊重实际，不违背规律，不盲目蛮干；要求真务实，注重实效，不做表面文章，不要花拳绣腿。为者常成，行者常至，历史不会辜负实干者。"

知识运用

何某自大学毕业便进入南京某新型建材公司当销售员。何某头脑灵活，工作成绩也还不错，但迷上了赌博，就打起了货款的主意。每次收到货款，他总要推迟几天上报，从中扣除一些供自己使用。

2021 年 3 月初，何某收到了某公司的货款，暗中将其中的 7 万余元货款据为己有。1 个月后，他与南京某公司签订购销合同，这一次他又拿了 4 万多元。同年 6 月，他又从 2 家客户的货款中挪用了 12 万元。

为了挪用公款方便，何某登记注册成立了一家名为"旭浩"的皮包公司。他开始以旭浩公司的名义与客户谈生意和签合同，将南京某新型建材公司提供给客户的各种项目，都挪到旭浩公司名下。为了拿钱更顺手，他还私刻了任职公司的发票专用章和客户专用章。

据检察院起诉书指控，从 2021 年到 2024 年，何某利用职务之便共与十几家公司签订销售合同，挪用该新型建材公司货款共计 234 余万元。

2024 年 5 月，公安机关在南京某饭店将何某抓获，并从旭浩公司的几个办公地点搜出现金数万元、各种伪造的客户印章多达 24 枚。

操作要求：分析南京某新型建材公司在销售实物管理、收款、合同管理与对账等环节中存在的缺陷，并提出整改措施。

第七章　成本费用控制与风险防范

⚡总体目标

(1)认知目标：掌握成本费用控制的基本理论知识，了解成本费用控制的最新进展和研究范式。

(2)技能目标：能找出成本费用控制关键点，制定成本费用风险管控措施。

🔗具体目标

(1)通过成本费用特点的学习，提高规避风险的能力，提高会计职业能力。

(2)通过成本费用业务流程的学习，提高会计职业技能。

(3)通过成本费用控制目标的学习，强化社会责任意识。

🔍案例导入

A公司的成本管理与控制

A公司成立于1996年2月，公司类型属于自然人投资的有限责任公司，注册资本为728万元人民币，经营范围主要是家用电器、五金工具等。

A公司的成本管理系统大致分为成本预测、成本决策、成本计划、成本控制、成本核算、成本分析及成本考核，涉及企业运营的绝大部分内容。

查阅A公司近5年的财务报表和其他财务资料后得知，该公司的成本支出大致来源于人工成本、原材料费用、机器设备使用费及其他制造费用。其中，人工成本包括一线生产工作人员及企业管理人员等的工资及福利费，原材料费用包括购买原材料垫支的费用、原材料的运输费用及其他使原材料达到生产可使用状态的费用，机器设备使用费包括机器设备的购买费用、机器设备的折旧和维护费用。

根据A公司2024年的财务报表的信息，审计人员对该公司的各项成本及收入做了占比分析，如表7-1所示。

表7-1　A公司各项成本及收入占比分析

项　　目	金额/万元	百分比
净收入(A)	3 643.92	—
成本总额(B=C+F)	2 428.37	—
变动成本(C=D+E)	1 374.71	—
原材料(D)	1 056.53	76.85%
一线生产工人(E)	318.18	23.15%
变动成本/总成本	—	56.61%

续表

项 目	金额/万元	百分比
固定成本(F＝G＋H)	1 053.66	—
机器设备折旧(G)	653.23	61.99%
管理人员工资(H)	400.43	38.01%
固定成本/成本总额	—	43.39%
成本总额/净收入	—	66.64%
净利润(I＝A－B)	1 215.55	—

从表 7-1 中的数据可以看出：A 公司 2024 年度成本占收入的 66.64%，变动成本占总成本的 56.61%，固定成本占总成本的 43.39%。从占比分析中不难看出，A 公司的成本费用中以变动成本为主、固定成本为辅。然而固定成本是处于基本恒定状态的，不会随着公司业务量的变化而变化的。要对 A 公司成本量进行控制的话，需要从变动成本方面入手。

A 公司的原材料在企业成本中的占比超过 70%，占据生产成本绝对大的比重，这是 A 公司作为制造业的行业特征决定的。

思考：A 公司的做法是否符合成本费用控制的要求？

第一节 成本费用业务

一、成本费用业务的特点

生产与费用循环涉及的内容主要是存货的管理和费用归集，以及生产成本的计算等。生产与费用循环由原材料转化为产成品的有关活动组成。该循环从领用材料进行生产开始，到加工、销售产成品时结束。生产过程的合理安排和生产费用的严格控制是提高企业效益的有效途径。成本费用控制针对存货的管理及费用归集，以及生产成本的计算等。存货的成本即工业企业成本费用。

工业企业的成本费用业务具有以下特点：①范围广泛，项目繁多；②最终会减少企业的利润；③最终会减少企业的所有者权益。

二、成本费用业务的流程

(一)计划和安排生产

产品生产计划和安排通常是由企业的生产管理部门来执行的。其主要职责是根据对客户订单、销售合同、市场预测及存货需求的分析，决定所生产产品的品种和数量。例如，决定授权生产，则签发生产通知单，并下达到各生产部门。生产管理部门应将发出的生产通知单预先连续编号并加以记录。

(二)生产领用原材料

仓储部门根据从生产部门收到的预先连续编号并经过授权批准的领料单发出原

材料，领料单可以一料一单，也可以一单多料。领料单上必须列示所需材料的数量、种类，以及生产通知单号码和领料部门的名称。

领料单通常一式三联，一联连同材料交还领料部门，一联留存于存储部门登记材料明细账，一联送会计部门进行材料收发核算和成本核算。

(三)加工生产产品

生产部门在收到生产通知单及领取原材料后，便将生产任务分解到每一个生产班组及工人，并将所领取的原材料交给生产工人，据以执行生产任务。在某个生产部门完工的产品应交检验员验收，并办理入库手续，或是将所完成的产品按照转移单的授权移交到下一个生产部门进行进一步加工。

(四)费用归集与产品成本核算

产品成本的核算主要由会计部门执行。为了正确地核算产品成本，对在产品进行有效控制，必须建立健全成本会计制度，将生产控制和成本核算有机结合在一起。一方面，需要将生产过程中的各种记录，如生产通知单、领料单、产量和工时记录、入库单等文件资料汇集到会计部门，由会计部门对其进行审查和核对，了解和控制生产过程中存货的实物流转；另一方面，会计部门要设置相应的会计账户，对生产过程中的成本进行核算和控制。

(五)产成品入库

完工的产成品验收入库时，须由存储部门先进行点验和检查，然后签收，并将实际入库数量通知会计部门。据此，存储部门确立了本身应承担的保管责任，并对验收部门的工作进行验证。

(六)发出产成品

产成品的发出须由独立的装运部门进行。装运产成品时必须持经有关部门核准的销售单，并据以编制出库单(即装运凭证)。出库单至少一式四联，一联交存储部门；一联由装运部门留存；一联送交客户；一联会同有关凭证送交开单部门，作为给客户开具发票的依据。

知识练习：选择题

在生产与费用循环的主要业务活动中，会计部门的主要职责是(　　)。

A.加工产品　　B.记录生产耗费　C.核算成本　　　D.保管存货

知识练习：判断题

消耗原材料的部门在领料时无须在领料单上列示用料部门，只需注明材料的数量、种类和规格。　　　　　　　　　　　　　　　　　　　(　　)

三、成本费用业务的风险

成本费用的管理控制，是对成本费用支出业务进行计划、控制，对内部控制进行考核。其具体内容包括：①确定成本控制目标和成本计划；②制定各项消耗定额，包括直接材料、直接人工和制造费用定额；③编制成本、费用预算；④对各项成本费用指标进行分解，建立成本费用归口、分级管理责任制；⑤定期进行成本费用考核与评价。

成本费用管控中常见的风险包括：①如果成本费用的确认和计量不符合企业会计准则的规定，可能使企业遭受外部处罚、经济损失和信誉损失；②如果成本费用预算不符合实际或预算编制基础不准确，可能因成本费用支出超预算而使企业权益受损；③如果成本费用支出未经适当审批或超越授权审批，可能会产生重大差错或舞弊、欺诈行为，导致企业资源浪费或资产流失；④如果成本费用的核算和相关会计信息不合法、不真实，可能导致企业财务报告失真并给企业经营带来风险。

🔍 **知识链接**

存货是企业一项重要的资产，在企业资产总额中往往占有很大的比重。

存货是指企业在正常生产经营活动中持有的以备出售的产成品或商品，或者为了出售仍然处于生产过程中的在产品，以及将要在生产过程或提供劳务的过程中使用的材料、物料等。

存货具有种类和数量繁多、流动性强等特点，比其他资产更容易发生重大错误或舞弊。因此，企业应该重视存货的内部控制。

第二节　成本费用的内部控制与风险管理

一、成本费用的内部控制目标

(一)保证各项成本费用的合法性

大多数组织都是以追求利润最大化为首要目标的，但这一目标的实现必须建立在遵守国家的各项法律法规的前提之上。在存货成本的核算过程中，要严格按照企业会计准则和相关制度的规定进行，核算方法一经选定，不能随意变更，更不能计提秘密准备。

(二)保证各项成本费用开支的合理性

在存货购入阶段，要保证购入存货的价格、质量、数量、品种的经济合理，购入的存货应当符合生产制造或可供销售的要求。不合理地购入存货，有可能造成生产成本的上升、产品质量的下降；购入的存货数量过少，会影响生产的稳定进行；购入的存货数量过多、结构不合理，会增加存货保管的工作量和仓储费用，而且容易出现存货变质、损失和被盗的可能。同时，过多的存货或分散存货必将给存货的计量及保管带来困难。

(三)保证成本费用正确核算，及时提供真实、可靠的成本费用信息

存货在购入和储存过程中，存货价值的确定十分重要。存货价值确定得是否准确，直接影响企业资产的价值及其财务成果的确定。存货的计价包括取得时入账价值的确定和期末价值的确定，涉及实际成本核算、计划成本核算和成本与可变现净值孰低法则的运用等，极易出现错报和舞弊。因此，企业应建立有效的内部控制制度，严格执行企业会计准则，正确计算和确定各类存货的价值。

(四)加强成本费用管理，保护存货资产的安全、完整

企业的存货由于收发频繁、种类繁多、存放地点分散，因此容易发生损坏、变

📝 学习笔记

微课视频：
成本费用内
部控制制
度建设

质、短缺和被盗等。在实际工作中，存货账实不符、此多彼少等时有发生。为了使企业的存货不遭受损失，保证存货资产的安全、完整，企业内部控制制度应对此加以关注，并且内部控制制度应完善、科学和有效，以确保存货控制的这一目标得以实现。

> **知识练习：判断题**
> 1. 生产管理部门在组织计划生产时，只需配备好设备、人员和材料三个要素即可，无须对生产过程采取适当的作业控制措施。 　　　　　　　　　　（　　）
> 2. 存货比其他资产更容易发生重大错误或舞弊，所以企业应重视存货的内部控制。 　　　　　　　　　　　　　　　　　　　　　　　　　　（　　）

二、成本费用的内部控制要求

(一)事前控制、事中控制和事后控制

按时间先后顺序，成本费用业务的内部控制可以分为事前控制、事中控制和事后控制。

1. 事前控制

为了完成一项工作任务，在任务还没有正式展开之前，就必须配备合适的人员并准备好所需物资，还要考虑可能出现的问题，防止不必要的情况出现，这就属于事前控制。事前控制是指为增加将来的实际结果达到预期计划的可能性，而在事前所进行的管理活动。存货的事前控制主要是设计存货相关业务的内部控制制度。

企业在设计存货业务的内部控制制度时，应根据存货业务的控制目标，针对存货业务中常见弊端，建立适合本企业业务特点和管理要求的存货的内部控制制度。

存货的事前控制主要包括成本费用预算、成本责任中心的建立、成本费用的控制标准等。

(1)成本费用预算。成本费用预算以销售预算为基础，由成本费用消耗部门根据成本费用预测结果进行编制。成本费用预算是根据企业的经营总目标和预测其可能发生的各个影响因素，采用定量和定性的分析方法，确定标准成本和费用、预计成本和费用水平的一种管理活动，是成本费用预算的核心。

进行成本费用预算要注意以下几个方面：①预测必须建立在充分的历史成本资料的基础上，会计人员应为此提供真实、完整的资料；②应当结合本企业的实际情况，选择适合本企业的成本费用预测方法；③避免直接把过去的成本费用水平略加修改就形成预测；④应结合市场和本企业的成本费用控制水平，预测必须切合实际。

(2)成本责任中心的建立。责任中心是责任会计的核算单位，承担一定的经济责任，并享有一定的权利，是实施责任会计的始点和基础。

责任中心包括成本中心、利润中心和投资中心。责任中心有明确的决策权限，并据此考核业绩。

①成本中心。成本中心是指只对成本或费用负责的责任中心。成本中心的范围最广，只要有成本费用发生的地方，都可以建立成本中心，从而在企业内部形成逐级控制、层层负责的成本中心体系。

②利润中心。利润中心是指既对成本负责又对收入和利润负责的责任中心，有独立或相对独立的收入和生产经营决策权。

利润中心包括自然利润中心和人为利润中心两种类型。自然利润中心具有全面的产品销售权、价格制定权、材料采购权及生产决策权。人为利润中心也有部分的经营权，能自主决定本利润中心的产品品种（含劳务）、产品产量、作业方法、人员调配、资金使用等。一般来说，只要能够制定出合理的内部转移价格，就可以将企业大多数生产半成品或提供劳务的成本中心改造成人为利润中心。

③投资中心。投资中心是指既对成本、收入和利润负责，又对投资效果负责的责任中心。投资中心是最高层次的责任中心，拥有最高的决策权，也承担最多的责任。投资中心必然是利润中心，但利润中心并不都是投资中心。利润中心没有投资决策权，而且在考核利润时也不考虑所占用的资产。

除了考核利润指标外，投资中心主要考核能集中反映利润与投资额之间关系的指标，包括投资利润率和剩余收益。

（3）成本费用的控制标准。标准成本是通过精确的调查、分析与技术测定而制定的，用来评价实际成本、衡量工作效率的一种目标成本。在标准成本中，基本上排除了不应该发生的"浪费"。因此，标准成本比较适合作为成本控制的目标。

标准成本主要体现企业的目标和要求，既可用于衡量产品制造过程的工作效率和控制成本，也可用于核算存货和销售成本。

制定标准成本，通常先确定直接材料和直接人工的标准成本，然后确定制造费用的标准成本，最后汇总确定单位产品的标准成本。

制定一个成本项目的标准成本，一般需要分别确定其用量标准和价格标准，两者相乘后得出单位产品该成本项目的标准成本。用量标准包括单位产品材料消耗量、单位产品直接人工工时等，主要由生产技术部门制定，同时包括执行标准的部门及职工参加。价格标准包括标准的原材料单价、小时工资率、小时制造费用分配率等，由会计部门和有关其他部门共同研究确定。采购部门是材料价格的责任部门，统计部门对小时工资率负有责任，各生产车间对制造费用率承担责任，在制定有关价格标准时要与有关部门协商。

无论是价格标准还是用量标准，都可以是理想状态下的或正常状态下的标准，据此得出理想的标准成本或正常的标准成本。

知识练习：选择题

1. 在标准成本管理中，成本总差异是成本控制的重要内容。其计算公式是（　　）。
   A. 实际产量下实际成本－实际产量下标准成本
   B. 实际产量下标准成本－预算产量下实际成本
   C. 实际产量下实际成本－预算产量下标准成本
   D. 实际产量下标准成本－预算产量下标准成本

2. 某生产车间是一个标准成本中心。为了对该车间进行业绩评价，需要计算的责任成本范围是（　　）。

A. 该车间的直接材料、直接人工和全部制造费用

B. 该车间的直接材料、直接人工和变动制造费用

C. 该车间的直接材料、直接人工和可控制造费用

D. 该车间的全部可控成本

2. 事中控制

成本控制的目的决定了成本控制的内容。从成本控制的范围来看，它不仅包括产品的生产过程，而且向前延伸到产品的设计过程，向后延伸到用户使用产品的过程；从内容上看，不仅对费用的支出进行数额上的控制，而且要从费用发生的时间上、用途上进行控制，即要研究成本开支的综合效果。

成本控制要发动领导干部、管理人员、工程技术人员和广大职工树立成本意识，参与成本的控制，认识到成本控制的重要意义，这样才能付诸行动。要做到技术与经济相结合，领导与群众相结合，专业管理人员与非专业管理人员相结合，使成本控制工作更有效地开展。

产品成本事中控制的内容归纳起来主要有以下几个方面。

(1)生产成本发生控制。投产后的成本控制主要是指计划成本和定额成本的自身控制，以及产品实际制造成本和期间费用的控制。产品投产后要按年度编制计划期内的产品成本计划。产品计划成本是根据合理的经济定额和企业在计划期内所采取的增产节约措施，并考虑到企业计划期内的各种因素而编制的，是计划期内所要达到的成本水平。

(2)产品成本核算控制。为了正确地核算产品成本，对在产品进行有效的控制，必须建立健全成本会计制度，将生产控制和成本核算有机结合起来。一方面，生产过程中的各种记录，如生产通知单、领料单、计工单、入库单等都要汇集到会计部门，由其进行审查和核对，了解和控制生产过程中的实物流转；另一方面，会计部门要设置相应的会计账户，会同有关部门对生产成本进行核算和控制。

一个简单的成本会计制度可能只包括最基本的成本核算规定，如成本计算对象、成本计算方法、成本项目的设置等。然而，这样的制度往往缺乏足够的灵活性，难以应对企业复杂多变的成本管理需求。

3. 事后控制

事后控制主要针对生产计划制订、生产组织与生产工艺流程，以及生产计划完成情况的审查，对发现的缺陷和错弊进行分析，提出改进意见，并采取适当的措施。

(1)生产计划制订的审查。审计人员检查企业制订计划的依据是否合规、合法，审查企业的生产计划是否落实、有无不利的偏差。如果出现不利的偏差，需要查清原因并追究相关人员责任。

(2)生产组织与生产工艺流程的审查。生产组织是将各种生产资料和劳动力在时间、空间上合理安排的过程。审计人员审查生产组织的过程中，应注意审查企业生产过程是否连续、是否合理，能否防错纠弊，并能提高生产效率和效果。生产工艺流程的审查主要是分析企业所选择的工艺流程是否适用、合理及可靠，即选择的工艺方案是否适应客观条件的要求；所选择的工艺流程是否有合适的内部控制约束，

同时又能满足生产要求；所采用的生产工艺流程是否既安全，又符合质量及售后服务的要求。

(3)生产计划完成情况的审查。审计人员对企业生产计划的完成情况的审查，主要从产品产量、品种、质量等方面来进行，涉及成本费用预算的执行情况。如果发现完成情况不够理想，需要查清原因并采取措施，防止以后再出现此类问题。

> **知识练习：选择题**
>
> 关于控制标准，以下说法不正确的是( )。
>
> A. 建立的标准有利于组织目标的实现
>
> B. 建立的标准应是经过努力后可以达到的
>
> C. 建立的标准应有一定的弹性
>
> D. 建立的标准应代表目前的最高水平

(二)实物流转程序控制、存货的价值流转程序控制、成本会计控制、工薪和人事控制

按具体内容的不同，成本费用业务的内部控制可以分为实物流转程序控制、存货的价值流转程序控制、成本会计控制、工薪和人事控制。

1. 实物流转程序控制

(1)生产环节中各种职务必要的职责分离。生产环节涉及的业务主要有生产计划的编制，原材料的采购、验收及保管，产品的生产，产成品的验收和保管，各项存货的盘点，成本费用的归集和分配，会计记录等。这些业务的处理应当进行明确的职责分工，并且应相互牵制。

(2)实物管理控制。对存货实物形态管理的效果好坏，不仅与其安全和完整直接相关，影响能否保证生产所需，也关系企业整体经营目标能否实现。

实物管理的具体控制内容包括：①保管部门对出入库存货的数量应及时记入收发存登记簿，在库的存货应标明存放地点、仓号和仓位，收入的存货应分类编目，以便同类存货集中存放和保管；②存货实物保管应由专职人员负责，应设置封闭且分离的仓库区域，只有经授权批准的人员才能进入，严格限制未经授权人员接触实物；③应定期或不定期对存货实物进行实地盘点，计点数量，并与账面记录相核对，保证账实一致，对于账实之间的差异，应由相关部门进行调查，针对原因采取控制措施。

2. 存货的价值流转程序控制

成本管理控制是成本管理的核心部分。通过有效管理和控制各项成本开支，包括直接材料成本、直接人工成本和间接费用等，确保成本在预定范围内波动。

成本管理控制的具体内容包括：①确定成本控制目标和成本计划；②编制成本费用预算；③根据成本费用预算的内容，制定各项消耗定额和指标；④对料、工、费的控制；⑤监督生产费用的实际开支，建立严格的审核制度，包括限额领料、费用开支的审批等；⑥定期进行成本费用考核和评价，建立严格的审核制度，分析成本超支的原因，并采取措施降低成本。

拓展阅读

限额领料制度的实施步骤

需求确定：生产部门根据生产计划和订单需求，确定所需物料的种类和数量，并与仓库部门沟通，了解库存情况，确保有足够的物料可供领用。

限额设定：仓库部门根据物料的消耗情况和库存水平，为每种物料设定合理的领用限额。这个限额应基于历史数据、生产计划、物料特性等因素综合考虑。

领料审批：当生产部门需要领用材料时，必须按照设定的限额进行申请。如果领用量超过限额，必须说明原因，并报请审批。审批流程通常包括生产部门负责人、仓库部门负责人和上级领导等多个层级。

领料执行：经过审批后，仓库部门按照批准的领料单发放材料。在领料过程中，双方需办理领发料手续，填写领料单，注明用料单位、材料名称、规格、数量及领用日期，并签字认证。

3. 成本会计控制

从成本项目的构成上，成本会计控制具体包括直接材料成本控制、直接人工成本控制、制造费用控制等。

尽管企业生产经营的内容和特点不同，成本控制的方法有所区别，但成本会计控制的内容基本相同，主要包括：①明确成本开支范围、开支标准，规定报销手续；②建立各种支出的审批制度；③设置相应的账户，选择适当的成本计算方法，核算产品生产成本并对其结果进行复核；④选择适当的方法对各项费用进行归集和分配，并对其结果进行复核；⑤成本核算应以经过审核的生产通知单、领料单、人工费用分配表和制造费用分配表等原始凭证为依据；⑥定期进行成本分析，查找成本变动的趋势与原因，及时、有针对性地采取对策，有效地控制成本。

4. 工薪和人事控制

通常，企业工薪业务的控制离不开人事部门及相关的人事政策。因此，工薪的控制与人事的控制是密不可分的。工薪和人事的内部控制主要包括以下几个方面。

(1)职务分离控制。工薪和人事业务主要包括工薪人事计划与决策、雇用员工、编制考勤记录、编制工资单、记录与分配工资费用等。以上各项工作应由不同部门、不同人员来完成，以相互制约。一般来说，人事部门负责计划与决策、人员雇用和编制工资单；生产管理部门负责考勤，并编制考勤记录；会计部门负责记录和分配工资费用，进行工资费用的核算。

(2)人事管理制度控制。人事部门应建立和健全人事管理制度，包括与新进员工签订劳动合同，对工资定级及变动进行授权，保管人事记录，防止其他人员未经授权接近这些记录，对员工的能力和诚信进行调查考核。

(3)考勤记录控制。考勤记录是计算应发工资的基础。如果在考勤记录(或产量工时记录)上弄虚作假，则会产生虚造工资等舞弊行为。为了对工时进行适当控制，应健全原始记录，严格执行考勤制度。

(4)工资单审核控制。人事部门应当审核工资单的计算和汇总，指定专人审核工资单的交叉合计数是否正确，核对每位员工的考勤记录和工资是否正确。

（5）工资发放控制。工资单和工资汇总表经审核后，才能发放工资。

（6）记录和分配工资费用控制。会计部门应按已审核无误的工资单、工资汇总表登记有关应付职工薪酬相关账户（含明细账户），按照已审核无误的工资汇总分配表进行工资费用的分配。

> **知识练习：选择题**
> 以下各项中，属于产品成本预算编制基础的是（　　）。
> A. 生产预算
> B. 直接材料预算
> C. 直接人工预算
> D. 制造费用预算

本章小结

成本费用业务的流程	计划和安排生产 生产领用原材料 加工生产产品 费用归集与产品成本核算 产成品入库 发出产成品
成本费用的内部控制目标	保证各项成本费用的合法性 保证各项成本费用开支的合理性 保证成本费用正确核算，及时提供真实、可靠的成本费用信息 加强成本费用管理，保护存货资产的安全、完整
成本费用的内部控制要求	事前控制、事中控制和事后控制 实物流转程序控制、存货的价值流转程序控制、成本会计控制、工薪和人事控制

课后思考

1. 生产与费用循环业务活动中，会计部门的主要职责有哪些？

2. 成本费用的确认和计量不符合企业会计准则的规定，可能使企业遭受哪些风险？

3. 企业应在哪些方面加强成本费用管理？

4. 简述产品成本事中控制的内容。

5. 成本管理控制与成本会计控制有何不同？

素养园地

企业文化建设融入成本建设

A公司在近年来面临市场竞争加剧、成本上升等挑战。为了提高经营效率，加强成本管理和内部控制成为其重要的管理举措。

学习笔记

　　A公司先明确了成本管理的目标，即降低生产成本、提高资源利用效率、确保产品质量和交货期。这一目标的设定体现了该公司对成本管理的重视和对社会责任的担当。A公司还注重员工的思想教育，将成本管理的重要性融入企业文化和员工培训中。不但定期组织员工参加成本管理培训，提高员工对成本管理的认识和重视程度，还倡导员工在工作中注重节约资源、保护环境，强化员工的责任感和使命感。

知识运用

　　近年来，由于受多种因素的影响，许多纺织企业的效益下降。但M纺织厂在2024年却实现了工业产值3.6亿元、利润1755万元，其中税金比上年增加1000万元。

　　M纺织厂主要采取了以下措施。

　　一是控制原材料采购成本。M纺织厂成立了购进物资价格咨询定价小组和质量验收小组，制定了一系列制度，对所有购进物资进行购前价格咨询和购后价格、质量把关，使采购权、定价权、审核权及验收权分离。

　　二是降低产品生产费用。为了切实降低生产费用，M纺织厂本着"谁消耗、谁降耗"的原则，在生产工序上配齐了计量器具，使各项消耗指标得到了准确计量，并层层分解到车间、班组、工序和个人。

　　三是截住浪费的源头。M纺织厂为了控制费用，对期间费用进行预算控制，实行"超支不予报销、节约予以奖励"的政策。同时，针对存在的跑、冒、漏现象，向职工"集智问计"，鼓励职工积极献计献策，有效地降低了费用。

　　四是减少单位成本工资。抓效率就是抓成本，M纺织厂推行了分钟效率管理法，即推算出每工种、每人、每分钟的生产效率，停台时间也用分钟来计算，使每名操作人员的思想不敢麻痹，工作不敢懈怠，努力向新的目标攀登。

　　操作要求：M纺织厂的做法符合哪些成本费用内部控制的要求？

第八章　资产控制与风险防范

⚡总体目标

(1)认知目标：了解资产管理的业务流程，掌握资产管理内部控制的总体要求，重点掌握资产管理的主要风险、关键控制点和控制措施。

(2)技能目标：提高在生活中应用资产管理控制制度设计的能力和探究资产控制本质的批判性思维能力。

🔗具体目标

(1)通过资产管理控制的学习，理解资产管理控制的总体要求。

(2)通过资产管理主要风险与控制措施的学习，掌握存货管理和固定资产管理的风险控制关键点。

(3)通过资产管理控制制度设计的学习，掌握资产管理控制制度设计的方法和主要内容。

🔍案例导入

存货管理失控，合信公司破产

合信木制品公司是一家外资企业。从 2017 年到 2021 年，该企业每年的出口创汇位居全市第三，年销售额达 4 300 万元；2022 年以后，该企业的业绩逐渐下滑，亏损严重，最终破产。

这样一家中型企业，从鼎盛到衰败的原因很多，但最根本的原因就是内部管理混乱、经营管理失控。经税务部门检查发现，该企业的产品成本、费用核算很不准确，浪费现象严重，存货的采购、验收入库、领用、保管不规范，归根结底是缺乏良好的内部控制制度。

其存货管理存在以下问题。

(1)存货采购、验收、核算严重脱节。该公司董事长常年在国外，但材料采购由董事长个人负责。采购的物资入库后，因为保管员见不到采购计划和采购合同，所以无法对物资进行核对验收，只能见货入库。而物资采购发票往往需要几个月甚至一年以后才能到达财务部门，会计人员只好采取每月估价入账的办法核算材料数量和成本，因而造成材料成本忽高忽低、严重失真。

(2)期末盘点由保管员自己点数，没人监盘。盘点结果与会计账簿核对不一致的，既不查找原因，也不进行处理，使存货盘点流于形式。

(3)材料领用没有建立规范的领用制度。生产车间随用随领，没有计划，多领不办理退库手续，生产过程中的残次料随处可见、随用随拿，浪费现象十分严重。

很显然，内部管理失控是合信木制品公司倒闭的主要原因。

第一，该企业内部控制环境极差，董事长不懂内部控制或者故意为之。按照公司治理规定，董事长作为最高决策层，绝对不能负责具体的采购业务，更不能由一个人随心所欲地从事采购活动。董事长的所作所为，已经为企业的倒闭埋下了伏笔。

第二，该企业没有规范的内部控制制度，更谈不上规范的控制流程。无论是生产企业还是流通企业，存货取得、验收入库、仓储保管、领用发出、盘点清查、销售处置是存货业务流程的共有环节，而且每个环节都应有严格的控制目标和控制措施，以确保各环节之间既相互衔接配合，又相互牵制。然而，该公司完全不符合以上规范。

第三，企业财务负责人的管理素质较弱。在企业内部控制体系建设中，财务负责人的作用是不可忽视的。该公司的存货采购、入库、入账、领用、盘点、核对等环节的内部控制严重缺失，足以说明该企业财务负责人的管理素质和掌控能力不足。

思考： 针对该公司存货循环中存在的问题，提出加强存货内部控制建设的建议。

第一节　资产管理内部控制

资产是指企业过去的交易或事项形成的、由企业拥有或者控制的、预期会给企业带来经济利益的资源。《企业内部控制应用指引第 8 号——资产管理》中所定义的资产是指企业拥有或控制的存货、固定资产和无形资产。

一、资产管理内部控制的内容

资产管理是企业通过一系列方法措施，对资产的物质运动和价值运动实施全过程的管理控制活动。这里的"全过程"是指从资产进入企业到资产退出企业的整个过程。

实物资产主要是指存货与固定资产。实物资产是企业从事生产经营和管理活动的劳动手段和劳动对象，是企业进行生产经营活动的基础。

（一）存货

1. 存货的概念

存货是指企业在日常活动中持有以备出售的产成品或商品、处在生产过程中的在产品、在生产过程或提供劳务过程中耗用的材料和物料等，主要包括原材料、在产品、产成品、半成品、商品及周转材料等。企业代销、代管、代修、受托加工的存货，虽然所有权不归企业，但也应纳入企业存货管理的范畴。

为了保证生产经营活动持续不断地正常进行，企业必须不断地购置、耗用、销售存货。因此，存货总是处于不断流转过程之中，具有较强的流动性。存货既是企业流动资产的重要组成部分，也是企业生产循环中最重要的环节。

2. 存货的特点

与其他资产相比，存货具有以下几个特点。

（1）较强的流动性。存货处于不断购置、耗用和销售之中，一般在一个经营周期内被耗用或被销售而转换为新的资产。各种存货的形态在不断地转换，从而保持生产经营活动持续不断地进行。

（2）种类、数量繁多。从大类上划分，存货分为原材料、在产品、产成品、半成品、商品、周转材料等。原材料则又可以分为原料及主要材料、辅助材料、外购件、在产品、包装材料、燃料、低值易耗品、委托加工物资。同时，每类材料又可以划分为不同的种类、品名、规格和型号。

存货属于企业的劳动对象或劳动成果，一般情况下，企业规模越大，存货的数量越多。

（3）计价方法较多。由于存货的种类、数量繁多，性质、用途也各不相同，为了使存货成本能够恰当地反映存货的实际价值，满足成本核算和经营管理需要，存货计价分成实际成本法、计划成本法、成本与可变现净值孰低法等多种计价方法。企业需要根据相关准则，结合存货性质和管理需要进行合理选择，并保持会计政策的连续性，保证会计信息的真实性和可靠性。

拓展阅读

成本与可变现净值孰低法

在资产负债表日，存货应当按照成本与可变现净值孰低计量。

当存货成本低于可变现净值时，存货按成本计量；当存货成本高于可变现净值时，存货按可变现净值计量，同时按照成本高于可变现净值的差额计提存货跌价准备，计入当期损益。

资产负债表日是指会计年末和会计中期期末。我国的会计年度采用公历年度，即1月1日至12月31日。因此，年度资产负债表日是指每年的12月31日，中期资产负债表日是指各会计中期期末，包括月末、季末和半年末。

这里的"成本"是指存货的实际成本。如果企业在存货成本的日常核算中采用计划成本法、数量售价金额法等简化核算法，则成本为经调整后的实际成本。"可变现净值"是指在企业的日常经营中，存货的估计售价减去至完工时估计将要发生的成本、估计的销售费用及相关税费后的金额。

（4）潜在风险较大。存货分散在企业生产经营活动的各个环节，不仅可以用于生产经营过程，还可以用于投资或者直接转换为现金及其他资产。如果管理不善，存货很容易发生损坏、变质、短缺、被盗等事故。存货长期存放，还可能变成积压物资或报废、减值，给企业造成经济损失。因此，存货管理的潜在风险较大。

（二）固定资产

1. 固定资产的概念

固定资产是指企业为生产产品、提供劳务、出租或者经营管理而持有的、使用寿命超过1个会计年度，价值达到一定标准的非货币性资产。

固定资产是企业的劳动手段，也是企业赖以生产经营的主要资产。从会计的角度划分，固定资产一般被分为生产用固定资产、非生产用固定资产、租出固定资产、未使用固定资产、不需用固定资产、融资租赁固定资产、接受捐赠固定资产等。

固定资产是企业进行生产经营活动的必要物质条件，是用来改变或者影响劳动对象的劳动资料。它可以在生产经营过程中长期发挥作用，长期保持原有的实物形态。其价值随着企业生产经营活动而逐渐转移到产品成本中去，并构成产品价值的一个组成部分。

2. 固定资产的特点

与其他资产相比，固定资产具有以下几个特点。

(1)属于劳动资料。固定资产是企业从事生产经营活动的劳动资料，是用来影响和改变劳动对象的劳动手段。企业持有固定资产的目的是生产商品、提供劳务、出租或经营管理，而不是改变固定资产自身或将其销售出去。这是固定资产与各类存货的本质区别。

(2)使用周期长。固定资产的使用寿命超过1个生产经营周期(1年或1年以上)，能够在1年及以上的时间里为企业创造经济利益，而且最终要被废弃或重置。这一特征说明，企业为了获得固定资产并把它投入生产经营活动所发生的支出，属于资本性支出而非收益性支出。这是固定资产支出与流动资产支出的重要区别。

(3)单位价值高。从性质上讲，属于劳动资料的物品有很多，如计算器、电话机、订书机等，但如果将其作为固定资产来管理，则会大大增加固定资产的管理难度。因此，根据企业经营规模、固定资产性质和管理要求，企业一般都要给各类固定资产制定一个单位价值标准，只有达到这个价值标准的才能作为固定资产。这是固定资产与低值易耗品的重要区别。

(4)属于有形资产。固定资产一般表现为房屋、建筑物、机器、机械、运输工具，以及其他与生产经营活动有关的设备、器具、工具等。也就是说，固定资产具有实物形态，可以看得见、摸得着。这是固定资产与无形资产的本质区别。

(5)资金占用大。现代企业需要现代化的劳动资料。随着生产技术和科技水平的快速发展，越来越多的传统手工业、半手工业被取代，向设备自动化、智能化发展。因此，固定资产占企业资产总额的比重越来越大。固定资产的这一特征表明，固定资产控制是企业内部控制的重要内容。这是固定资产与原材料的重要区别。

(三)无形资产

1. 无形资产的概念

无形资产是指企业拥有或控制的、没有实物形态的、可辨认的非货币资产。即能够从企业中分离或划分出来，并能够单独或者与相关的合同协议、资产、负债一起用于出售、转移、授权许可、租赁或交换的，以及源自合同协议性权利或其他法律权利的非货币性资产。

2. 无形资产的范围

无形资产通常包括专利权、非专利技术、商标权、著作权、特许权、土地使用权等。①专利权，是指国家专利主管机关依法授予发明创造专利申请人对其发明创造在法定期限内所享有的专有权利，包括发明专利权、实用新型专利权和外观设计专利权；②非专利技术又称专有技术，是指不为外界所知，在生产经营活动中已应用但不享有法律保护的，可以为企业带来经济效益的各种技术；③商标权，是指专门在某类指定的商品或产品上使用特定的名称或图案的权利；④著作权，是指作者对其创作的文学、科学和艺术作品依法享有的某些特殊权利；⑤特许权又称专营权，是指企业在某一地区经营或销售某种特定商品的权利，或是一家企业接受另一家企业使用其商标、商号、技术秘密等的权利；⑥土地使用权，是指国家准许某企业在一定期间内对国有土地享有开发、利用、经营的权利。

3. 无形资产的特点

与有形资产相比，无形资产具有三个基本特点：一是不具有实物形态，二是能够在多个会计期间为企业带来经济利益，三是能够提供的未来经济效益具有高度的不确定性。

随着科学技术的不断发展，无形资产已经成为企业以知识形态存在的重要经济资源，在企业发展壮大中发挥着越来越重要的作用。加强无形资产的内部控制，对于有效开发、利用和保护无形资产，促进企业发展战略和经营目标的实现具有十分重要的意义。

二、资产管理内部控制的总体要求

为了促进实现资产管理目标，企业应当加强各项资产管理，全面梳理资产管理流程，及时发现资产管理中的薄弱环节，切实采取有效措施加以改进，并关注资产减值迹象，合理确认资产减值损失，不断提高企业资产的管理水平。

(一)全面梳理资产管理流程

企业梳理资产管理流程，应当贯穿各类存货、固定资产和无形资产从进入到退出的各个环节。例如，对于存货，可以从验收入库、仓储保管、出库、盘点和处置等环节进行梳理；对于固定资产，可以从购建、验收、使用、维护、改造、盘点和处置等环节进行梳理；对于无形资产，可以从投资、开发引进、申请、维护、应用和处置等环节进行梳理。同时，在梳理过程中，既要从大类上区分存货、固定资产和无形资产，又要分别对存货、固定资产和无形资产等进行细化和梳理，努力实现资产管理流程的科学合理、有效运行。

(二)查找资产管理薄弱环节

企业在全面梳理资产管理流程的过程中，要着力关注各项资产的主要风险：一是存货积压或短缺，可能导致流动资金占用过量、存货价值贬损或生产中断；二是固定资产更新改造不够、使用效能低下、维护不当、产能过剩，可能导致企业缺乏竞争力、资产价值贬损、安全事故频发或资源浪费；三是无形资产缺乏核心技术、权属不清、技术落后、存在重大技术安全隐患，可能导致企业发生法律纠纷、缺乏可持续发展能力。企业应当在全面梳理资产管理流程的基础上，着重围绕上述三个方面的主要风险，细化、查找资产管理中的薄弱环节和主要问题，确保资产管理处于优化状态。

(三)健全和落实资产管理措施

企业应当对发现的薄弱环节和主要问题进行归类整理，深入分析，查找原因，建立健全各项资产管理措施。属于缺乏相关资产管理制度的，应当建立健全相关制度；属于制度执行不到位的，应当加大制度执行力；属于设施落后、老化的，应当及时更新、改造资产管理设施；属于人员素质低下的，应加强员工培训，实行持证上岗等。

同时，企业应当重视和加强各项资产的投保工作，采用招标等方式确定保险人，降低资产损失风险，防范各种资产舞弊行为的发生。

知识练习：选择题

《企业内部控制应用指引第8号——资产管理》中所定义的资产是指企业（　　）的存货、固定资产和无形资产。

A. 拥有　　　　　B. 拥有或控制　　　C. 控制　　　　D. 管理或使用

第二节　资产管理的业务流程

一、存货管理的业务流程

无论是生产企业还是商品流通企业，存货管理的业务流程都可以分为取得、验收入库、仓储保管、领用发出、销售处置、盘点清查等。

（一）取得

企业一般通过外购、自行生产或委托加工等多种方式取得存货。企业应当根据行业特点、生产经营计划、预算安排和市场因素等综合考虑，按照成本效益原则，确定不同类型存货的最佳取得方式，并严格按照库存定额、采购计划、生产计划和销售计划储存、采购、生产和销售各种存货。

（二）验收入库

无论是外购原材料或商品，还是本企业生产的产品，都必须经过验收环节。验收既包括计量验收，质量、数量验收，也包括价格、成本的审核，以保证存货在数量、质量、价格和成本等方面符合采购计划、采购合同、质量标准等规定的要求。

（三）仓储保管

一般而言，生产企业为了保证生产过程的连续性，需要对存货进行仓储保管，商品流通企业的存货从购入到销往客户，也需要经过仓储保管环节。存货仓储保管的基本要求是按定额储存、按计划储存，应根据存货的不同性质和特点分门别类地进行妥善保管，采取各项措施，确保存货的仓储安全。

（四）领用发出

各类存货进行仓储保管的目的是领用发出。存货的用途不同，有的用于生产制造，有的用于设备维修，有的用于产品销售。不管存货用在什么地方，其基本原则都是必须严格履行存货出库手续。存货的性质、价值、用途、用量不同，企业在存货领用发出的规定上会有所不同。领用人员和保管人员都必须严格遵守相关规定，确保存货领用发出的准确无误。

（五）销售处置

销售处置是指存货退出企业生产经营活动的环节，包括商品和产成品的正常对外销售，以及存货因变质、毁损等进行的变价处理。仓储管理人员要与销售人员、采购人员、审计人员密切配合，准确掌握各种存货的储存状况，及时处置积压、变质和毁损的存货。

（六）盘点清查

盘点清查是存货管理的重要内容。通过盘点清查，一要核对存货的实物数量，核实是否账账相符、账实相符；二要关注存货的保存质量，看其是否有减值、损坏、过期、变质等情况；三要摸清存货有无超储、积压和报废情况。盘点清查一般采取定期与不定期相结合的方式，年度终了必须开展全面的存货盘点清查，并将盘点清查结果形成书面报告。

二、固定资产管理的业务流程

固定资产管理的业务流程，一般包括取得、验收、账卡登记、运行管理、盘点清查、更新改造、资产处置和会计系统控制等。

（一）取得

企业一般通过外购、自行建造、非货币性资产交换等方式取得固定资产。企业应当根据行业特点、发展规划、投资计划、预算安排和市场因素等综合考虑，认真进行固定资产项目的可行性研究，做好固定资产投资决策，确定不同类型固定资产取得的最佳方式。

（二）验收

通过各种渠道取得的固定资产在交付使用前都要进行严格的检查验收，确保固定资产的种类、数量、质量、性能符合使用要求。外购的固定资产应当根据合同协议、供应商发货单等对所购固定资产的品种、规格、数量、质量、技术要求及其他内容进行验收，自行建造的固定资产应由制造部门、固定资产管理部门、使用部门共同填制固定资产移交使用验收单，验收合格后移交使用部门投入使用；对投资者投入、接受捐赠、债务重组、企业合并、非货币性资产交换、企业无偿划拨转入及其他方式取得的固定资产，均应办理相应的验收手续。

（三）账卡登记

企业从各种渠道取得的固定资产，除了需要纳入会计核算系统进行明细核算外，还需要编制固定资产目录，对每项固定资产进行编号，登记固定资产台账和建立固定资产卡片。详细记录各项固定资产的来源、购建日期、原始价值、使用地点、责任单位和责任人，以及固定资产的日常运转、维修、改造、折旧、盘点等相关内容。

（四）运行管理

固定资产运行管理的内容主要包括定期检查、日常维修、定期保养、资产保险、运行记录、资产抵押等事项。做好固定资产的运行管理，是实现固定资产正常运行的基础。只有实现固定资产的正常运行，才能充分发挥固定资产的效能。

（五）盘点清查

固定资产在使用过程中会发生调拨、转移、流失、盘盈、盘亏、毁损等情况。企业需要定期对固定资产进行盘点清查，及时发现和处理固定资产管理中存在的问题，确保会计核算系统的固定资产明细账与使用部门的固定资产台账、固定资产卡片、固定资产实物之间核对相符。

（六）更新改造

更新改造是指以新的固定资产替换旧的固定资产，或以新的技术装备对原有的技术装备进行升级。企业只有适时进行固定资产更新改造，不断提高企业的技术装备水平，才能有效提升企业的市场竞争力，满足产品质量、产品性能、产品生产对技术装备的要求。因此，企业应当成立专门小组，定期或不定期地对固定资产的性能、状态和运行情况进行评估，及时进行固定资产的更新换代或技术改造。

（七）资产处置

当固定资产因报废、毁损、淘汰、闲置、转让、投资、置换等需要退出企业时，固定资产管理部门要认真履行固定资产处置审批程序。重大固定资产处置需要经过董事会的审查批准。

（八）会计系统控制

固定资产的取得、验收、运行管理、盘点清查、更新改造和处置等各个环节都离不开会计核算系统的控制。会计核算系统要确保固定资产的增加、减少和结存记录与实际情况的一致性；要依据企业会计准则和固定资产核算制度的规定，合理确定折旧方法、折旧年限、净残值率和固定资产减值准备，保护固定资产的安全与完整。

三、无形资产管理的业务流程

无形资产管理的业务流程主要包括无形资产的取得、验收与落实权属、使用与保全、技术升级与更新换代、处置等。

（一）取得

企业的无形资产主要通过外部取得和内部自创取得。外部取得包括外购无形资产、通过非货币性交易换入无形资产、投资者投入无形资产、债务重组取得无形资产、接受捐赠取得无形资产，内部自创取得是指企业自行研究、开发取得无形资产。

（二）验收与落实权属

企业无论通过哪种方式取得无形资产，都要经过专门机构和人员的鉴定验收，确认其技术的先进性和适用性。企业外购的无形资产，要仔细审核有关合同协议等法律文件，及时取得无形资产所有权的有效证明文件；企业自行开发的无形资产，要及时填制无形资产移交使用验收单；企业取得的土地使用权，必须取得土地使用权的有效证明文件。当无形资产权属关系发生变动时，应当按照规定及时办理权证转移手续。

（三）使用与保全

企业所拥有的无形资产应当得到充分、合理、有效地使用，充分发挥无形资产对提升企业产品质量和市场影响力的重要作用。同时，要加强无形资产管理，保证无形资产的安全与完整，对侵害本企业无形资产的行为，要积极取证，通过法律途径维护企业的合法权益。

（四）技术升级与更新换代

"先进"是一个相对的概念，始终先进的技术是不存在的，这是科学技术不断发展的必然结果。因此，企业应当定期对专利、专有技术等无形资产的先进性进行评估，及时淘汰落后的技术，同时加大研发投入，不断推动无形资产的技术升级与更新换代，确保企业在市场竞争中始终处于优势地位。

（五）处置

企业应当建立无形资产处置的相关制度，确定无形资产处置的范围、标准、程序和审批权限等。对于淘汰报废的无形资产，应按照无形资产管理规定进行报废清理；对拟出售或投资转出的无形资产，应由有关部门或人员提出处置申请，列明该项无形资产的原始价值、已计提折旧、预计使用年限、已使用年限、预计出售价格或转让价格等，报经企业授权部门或人员批准后予以出售或转让。

> **知识练习：选择题**
>
> 无形资产管理的业务流程主要包括取得、验收与落实权属、（   ）、技术升级与更新换代、处置等。
>
> A. 明确责任   B. 使用与保全   C. 登记造册   D. 妥善保存

第三节 资产管理的主要风险与控制措施

一、存货管理的主要风险与控制措施

（一）存货管理的主要风险

存货管理的主要风险包括：①盲目采购风险，预算编制不科学、采购计划不合理，可能导致存货积压或短缺，甚至导致生产经营中断；②验收不严风险，存货验收程序不规范、标准不明确，可能导致存货数量短缺、以次充好、账实不符；③保管不当风险，仓储保管方法不适当、监管不严格，可能导致存货损坏变质、价值贬损、资源浪费；④领用随意风险，领用发出手续不完备、审核把关不严格，可能导致存货浪费或损失；⑤盘点不严风险，盘点清查制度不完善、清查计划不可行，可能导致盘点流于形式，无法查清存货的真实情况；⑥处置失控风险，存货处置责任不明确、审批不到位、存在商业贿赂等舞弊行为，可能导致企业利益受损。

（二）存货管理的关键控制点、控制目标和控制措施

不同类型的企业有着不同的存货管理特征和管理模式，企业应当结合本企业的生产经营特点和管理要求，针对业务流程中的主要风险点和关键环节，制定有效的控制措施，确保存货管理全过程的风险得到有效控制。

存货管理内部控制的关键控制点、控制目标和控制措施，如表 8-1 所示。

表 8-1 存货管理内部控制的关键控制点、控制目标和控制措施

关键控制点	控制目标	控制措施
取得	(1)存货取得合法合规； (2)满足生产经营活动需要； (3)保证存货处于最佳状态	(1)实施存货预算管理，制订科学严密的采购计划、生产计划和销售计划； (2)严格按照存货预算和各项计划采购、生产各类存货； (3)建立健全存货管理制度并确保贯彻执行

关键控制点	控制目标	控制措施
验收入库	严格按规定程序和验收标准办理存货入库	(1)建立健全存货验收入库制度,规范存货入库流程; (2)存货入库必须附有质量检验单、过磅单等凭证; (3)落实保管责任,杜绝不符合计划、合同、质量、数量要求的存货违规入库
仓储保管	(1)加快存货周转,提高存货运营效率; (2)严加防范,保护库存物资的安全、完整	(1)建立存货管理岗位责任制,切实做到不相容岗位相互分离、制约和监督; (2)非库管人员未经授权,不得接触库存物资; (3)严格执行存货库存定额制度,及时处理超储物资; (4)加强存货保险管理,合理降低存货意外损失风险; (5)落实安全责任,严肃处理安全责任事故
领用发出	(1)严格履行存货出库手续; (2)存货出库合法合规	(1)建立健全存货出库制度,规范存货出库流程; (2)建立定额领料、限额领料、以旧换新等存货领用制度; (3)实行存货领用人员、发货人员定职定责管理; (4)严格审核出库凭证,序时登记存货出库记录; (5)保管人员要与有关部门定期核对有关凭证和账目; (6)实行发出存货跟踪反馈制度
销售处置	(1)存货销售合法合规; (2)存货处置及时合理	(1)建立并严格执行销售业务控制制度,落实各项销售业务控制措施; (2)制定并落实存货处置责任制度,明确存货处置审批权限,填补存货处置环节中的漏洞
盘点清查	(1)严格执行存货盘点制度; (2)准确掌握存货的种类、数量和质量; (3)实现存货账账相符、账实相符	(1)建立健全存货盘点清查制度; (2)存货定期盘点与不定期抽查相结合; (3)落实盘点清查工作责任制度,防止盘点清查走过场; (4)及时编制盘点清查报告明细表,保管人员及盘点人员签字; (5)年度终了开展存货全面盘点清查,确保存货账账相符、账实相符; (6)分清、落实存货事故责任,分析原因,及时处理; (7)盘点清查中发现盘盈、盘亏、毁损、闲置及需要报废的存货,应当查明原因,落实并追究责任,按照规定权限批准后处置

(三)存货管理的会计系统控制

企业应当按照企业会计准则的规定,准确进行存货业务的会计处理。要根据存货的特点及企业内部存货流转的管理方式,确定存货计价方法,防止通过人为调节存货计价方法操纵当期损益。计价方法一经确定,未经批准,不得随意变更。在资产负债表日,存货应当按照成本与可变现净值孰低计量。存货成本高于其可变现净值的,应当计提存货跌价准备,计入当期损益。

存货管理的会计系统控制具体措施包括以下四个方面。

1. 制定存货核算制度

财务部门要根据企业会计准则的规定,结合本企业的实际情况和管理要求,制定本企业的存货核算制度,明确存货计价方法,实现存货核算有章可循、有规可依。

2. 严格审查，妥善保管存货凭证

财务部门应当安排专人负责存货核算工作，对存货业务的合同、协议、发票、出入库凭证等资料严格审核、妥善保管，以备查用。

3. 准确核算存货业务

财务部门要按照相关会计制度的要求，对存货的取得、保管、领用、销售等环节进行准确的会计核算，正确核算各类存货的采购成本、生产成本和销售成本。

4. 及时核对存货账目

财务部门应当建立健全存货账目核对和财产盘点清查制度，每月会计人员和保管人员至少核对一次存货账目，年度终了对存货进行一次全面盘点。按照相关要求，合理计提存货跌价准备，对盘点清查中发现盘盈、盘亏、毁损、闲置、需要报废的存货，应当查明原因，及时、准确地进行会计账目处理。

（四）存货采购与风险控制

1. 存货采购与风险控制流程

存货采购与风险控制流程，如图 8-1 所示。

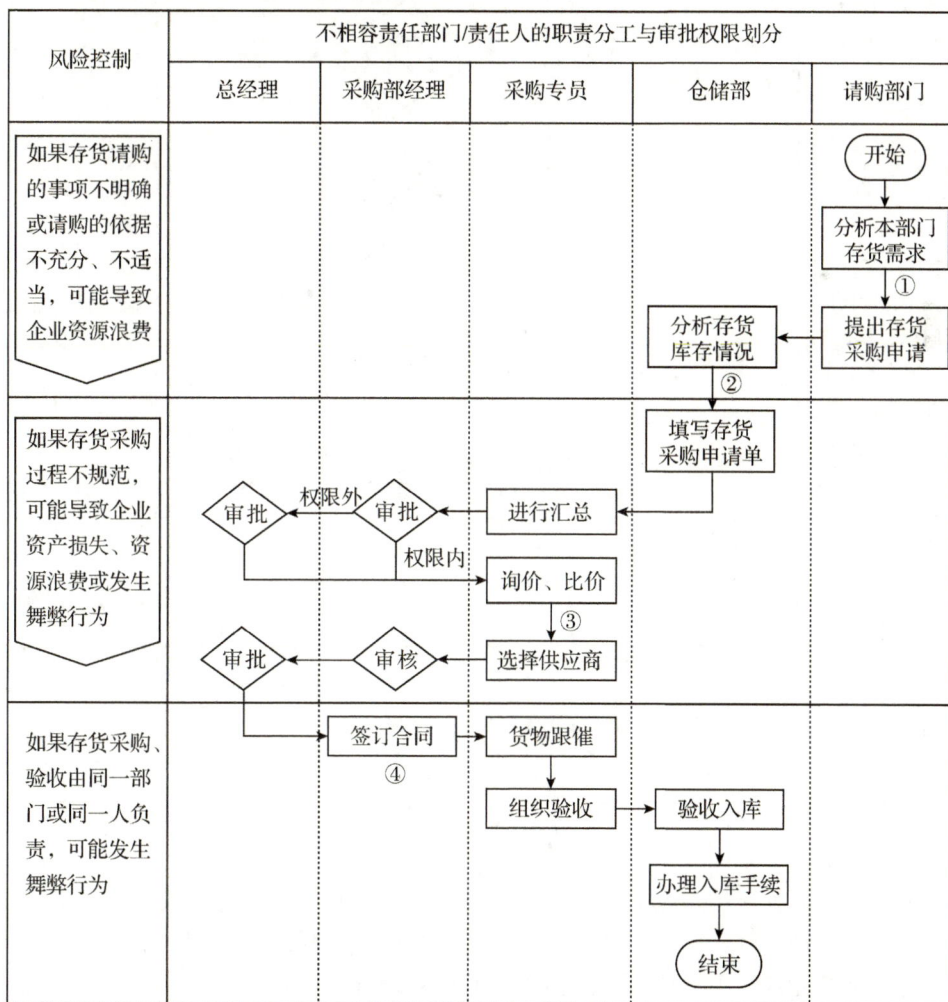

图 8-1　存货采购与风险控制流程

存货采购与风险控制流程说明：①请购部门根据实际生产情况，及时提交存货采购申请；②仓储部门通过计算机管理系统重新预测材料需要量，重新计算安全存货水平和经济采购批量，填写存货采购申请单；③采购专员通过询价、比价，选择供应商，提交采购部门经理审核后再由总经理审批；④采购部门经理在总经理的授权下，与供应商签订采购合同。

2. 外购存货验收与风险控制流程

外购存货验收与风险控制流程，如图 8-2 所示。

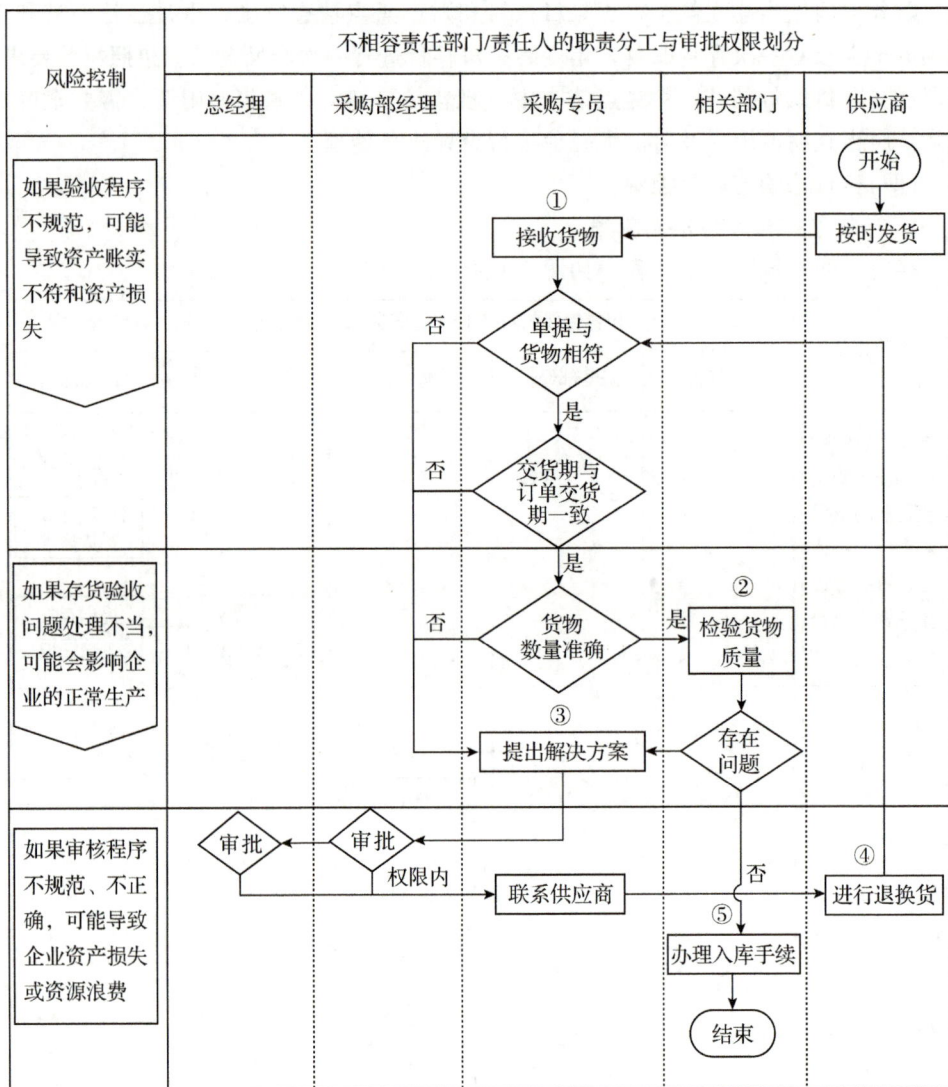

图 8-2　外购存货验收与风险控制流程

外购存货验收与风险控制流程**说明：**①采购专员接收货物后，按照采购订单上的内容一一进行核对，核对完毕后，清点货物的数量，核对数量无误后通知质检部门进行质量检验；②质检部门根据存货验收管理制度，参照货物的实际特点，进行质量检验；③质检部门出具质量检验报告，货物存在质量问题的，采购专员根据企业规定及货物的实际情况提出具体的解决方案，提交采购部门经理和总经理审批，采购专员在清点核对货物时发现问题，应提出具体解决方案，报采购部门经理和总经理审批；④与供应商就具体问题协商后，进行退换货处理；⑤验收合格的货物，直接由仓储部门办理入库手续。

二、固定资产管理的主要风险与控制措施

（一）固定资产管理的主要风险

固定资产管理的主要风险包括：①取得、验收不当风险，新增固定资产计划不周、取得方式不当、验收程序不规范，可能导致新增固定资产质量、性能不符合企业生产经营活动要求，影响固定资产的正常使用和效能的发挥；②使用、维修不当风险，固定资产使用操作不当、设备失修或维护过剩，可能导致固定资产使用效率低下、产品生产合格率低下，造成资源浪费，甚至发生设备安全事故；③更新改造不足风险，缺少固定资产评估机制，固定资产更新改造不到位，可能导致企业设备老化、资产价值贬损、使用效能低下，使企业丧失市场竞争力；④日常管理不善风险，固定资产账卡登记不及时、不完整，投保制度不健全，资产抵押不规范，账目核对、资产盘点清查流于形式，可能导致固定资产流失、信息失真、账实不符、索赔不力及资产被查封等风险，影响企业正常的生产经营活动，造成资产损失；⑤处置不当风险，固定资产退出机制不完善，缺乏规范的固定资产淘汰处置评审决策制度，资产处置方式不科学、不公开、不合理，可能导致固定资产处置中的串通舞弊和商业贿赂行为的发生，造成企业经济损失和有关人员经济犯罪。

（二）固定资产管理的关键控制点、控制目标和控制措施

固定资产管理内部控制的关键控制点、控制目标和控制措施，如表 8-2 所示。

表 8-2　固定资产管理内部控制的关键控制点、控制目标和控制措施

关键控制点	控制目标	控制措施
取得	(1)符合生产经营需要； (2)固定资产取得真实合法	(1)严格按照投资决策和预算安排购置、增加固定资产； (2)通过正规渠道、采取合法方式取得固定资产
验收	保证固定资产质量和完整	(1)建立严格的固定资产交付使用验收制度； (2)根据合同、发货单等内容进行验收，出具验收单； (3)未通过验收的固定资产，一律不得接收
账卡登记	实现账、卡、物相符	(1)建立健全固定资产账卡登记制度，落实固定资产岗位责任制度； (2)编制固定资产目录，科学制定固定资产编码，建立固定资产卡片； (3)定期核对固定资产账、卡、物，确保相符
使用	(1)固定资产运转正常； (2)提高固定资产使用效率	(1)制定固定资产使用规范，编制操作手册； (2)对关键设备的操作人员进行岗前培训，要求其持资格证上岗； (3)加强设备的保养维护，确保设备安全运转； (4)建立健全固定资产运行管理档案

学习笔记

关键控制点	控制目标	控制措施
维护	(1)保持固定资产性能; (2)提高设备完好率	(1)建立健全固定资产维修、保养制度,落实设备维护人员责任制; (2)定期检查维护,及时消除事故风险; (3)按年制订设备大修理计划,及时进行设备大修理
更新改造	提升固定资产性能	(1)建立固定资产定期评估制度,作出固定资产更新改造决策; (2)及时实施固定资产更新改造方案,不断提升企业装备水平
报废处置	(1)规范固定资产退出机制; (2)确保固定资产处置审批恰当	(1)建立固定资产报废处置管理制度,并严格执行; (2)及时处置多余、无用、报废的固定资产,盘活无效资金占用; (3)确保固定资产处置过程的公开、公平和公正,防止串通舞弊、商业贿赂行为的发生
会计核算与管理	(1)规范固定资产核算; (2)加强固定资产管理	(1)严格执行固定资产投保政策,及时办理投保手续; (2)规范固定资产抵押管理,确定固定资产抵押程序和审批权限; (3)准确进行固定资产折旧核算、固定资产减值核算; (4)定期进行固定资产盘点清查,及时、准确地处理固定资产盘盈、盘亏、毁损事项

(三)固定资产管理的会计系统控制

企业应当按照规定,准确进行固定资产业务的会计处理。要根据固定资产的特点、企业性质、发展战略和管理需要,合理确定固定资产折旧方法,防止通过人为调整折旧方法操纵当期损益;要采取切实措施,准确、及时、完整地建立和登记固定资产明细账和管理卡片,定期清理、核对固定资产账务,确保固定资产的安全、完整。

固定资产管理的会计系统控制具体措施包括以下四个方面。

1. 制定固定资产核算制度

财务部门要根据相关规定,结合本企业实际情况和管理要求,制定本企业的固定资产核算制度,确定计提折旧的固定资产的范围、折旧方法、折旧年限、净残值率等折旧政策,明确固定资产减值准备核算方法,保证固定资产核算有章可循、有法可依。

2. 严格审查、妥善保管固定资产凭证

财务部门应当安排专人负责固定资产核算工作,对固定资产业务的合同、协议、发票、调拨单、盘点表、报废单等资料严格审核、妥善保管,以备查用。

3. 准确核算固定资产业务

财务部门要按照相关会计制度的要求,对固定资产的取得、保管、使用、维修保养、更新改造、报废处置等环节进行准确的会计核算,正确核算各类固定资产的原始价值、折旧、净值、减值准备和使用年限。

4. 及时核对固定资产账目

财务部门应当建立健全固定资产账目核对和盘点清查制度，每年至少进行一次固定资产盘点清查，合理计提减值准备；对盘点清查中发现盘盈、盘亏、毁损、闲置及需要报废的固定资产，应当查明原因，及时、准确地进行会计账目处理。

知识练习：案例分析题

XY 公司是一个从家庭作坊发展起来的大型民营企业，主要生产机械铸造产品。董事长擅长经营，管理也不含糊，为了防止资产流失，该公司制定了严格的物资出入厂制度。员工如有偷窃行为，一经发现，立即送交公安机关处置。然而，令董事长百思不得其解的是，公司的固定资产总是账实不符，每到年底盘点清查时，盘盈、盘亏、毁损比比皆是，换了几任财务总监也无济于事。无奈之下，董事长聘请了一位管理专家。管理专家经过调研，发现 XY 公司的固定资产管理存在以下问题。

(1)固定资产重购置、轻管理。该公司的固定资产购置都是由董事长亲自决策，并安排专门部门进行采购或建造。但是，固定资产投入使用后就放松了监督管理，只是在大门口严加盘查，平常的使用、转移、调拨则无人管理。

(2)固定资产的会计核算与实物管理严重脱节。财务部门设有一个固定资产核算岗位，但只是按照凭证记账、按月计提折旧，年末根据盘点清查结果处理盘盈、盘亏，日常则无人管理。该公司下设的五个分厂也没有建立固定资产台账和卡片。

(3)造成固定资产盘盈、盘亏的主要原因有两个：一是各分厂之间的设备经常调来调去，造成有的分厂固定资产盘盈，有的盘亏；二是分厂的固定资产有很多是模具和周转箱，不仅流动性大，而且经常需要更新，分厂操作工人为了降低原料消耗、提高出铁率，就将这些报废的模具和周转箱直接化成铁水，变成了一个个铸件产品。

要求：根据内部控制的有关规范，结合管理专家调研发现的问题，制定 XY 公司改进固定资产管理的措施。

三、无形资产管理的主要风险与控制措施

(一)无形资产管理的主要风险

无形资产管理的主要风险包括：①取得不当风险，无形资产取得方式不当、违反国家法律法规，无形资产业务未经适当审批或超越授权审批，可能导致企业遭受法律与经济处罚、信誉受损；②验收不严风险，无形资产验收程序不规范、权属不清，可能导致无形资产不符合企业需求、企业资源浪费或引起法律诉讼；③使用管理不善风险，无形资产长期闲置或使用效率低下、效能发挥不到位、缺乏严格的保密制度、日常管理松懈，可能导致商业机密泄露、无形资产被侵权，以及发生内外勾结、串通舞弊等行为，严重损害企业利益；④升级换代风险，企业缺乏无形资产评估机制，无形资产内含的技术未能得到及时升级和更新换代，可能导致企业技术落后或存在重大技术安全隐患，使企业丧失市场竞争优势；⑤处置不当风险，长期闲置或已经失去使用价值的无形资产，如果处置不及时或者处理方式不当，可能导

致串通舞弊行为,造成企业资产流失和浪费;⑥会计核算不当风险,对无形资产业务相关信息的会计核算不规范、不严密、不合法、不真实、不完整,可能导致企业无形资产账实不符或资产损失。

(二)无形资产管理的关键控制点、控制目标和控制措施

无形资产管理内部控制的关键控制点、控制目标和控制措施,如表 8-3 所示。

表 8-3   无形资产管理内部控制的关键控制点、控制目标和控制措施

关键控制点	控制目标	控制措施
取得	(1)取得方式合法有效; (2)符合企业要求	(1)严格按照企业的发展战略和预算安排购买、研发无形资产; (2)通过正规渠道、采取合法方式取得无形资产
验收与落实权属	(1)保证具有先进性; (2)权属明确	(1)建立严格的无形资产交付使用验收制度; (2)明确无形资产的权属关系,及时办理产权登记手续; (3)对无形资产技术的先进性进行鉴定、评审; (4)无形资产权属关系发生变动时,应当及时办理权证转移手续
使用与保全	(1)发挥无形资产效能; (2)保证无形资产安全	(1)充分发挥无形资产效能,提高无形资产使用效率; (2)建立健全无形资产核心技术保密制度; (3)对无形资产的保管及接触应有记录,实行责任追究; (4)严厉打击无形资产侵权、泄密、串通舞弊等行为
技术升级与更新换代	保证无形资产的先进性	(1)定期对专利、专有技术等无形资产的先进性进行评估; (2)加大研发投入,不断推动企业自主创新与技术升级
处置	保证授权审批	(1)建立无形资产处置管理制度,明确无形资产处置的范围、标准、程序和审批权限等; (2)按照不相容职务分离控制原则办理无形资产处置事宜; (3)合理确定无形资产处置价格,并实行授权审批制度; (4)处置重要无形资产时,应当委托专业中介机构进行资产评估

(三)无形资产管理的会计系统控制

企业应当按照相关规定,准确进行无形资产业务的会计处理。根据无形资产的特点和管理需要,合理确定无形资产的使用寿命,正确选择无形资产摊销方法,并做好无形资产的减值准备,防止通过变更无形资产摊销操纵当期损益;采取切实措施,准确、及时、完整地建立和登记无形资产明细账,定期清理核对无形资产账务,确保无形资产的安全、完整。

无形资产管理的会计系统控制具体措施包括以下四个方面。

1. 制定无形资产核算制度

财务部门要根据企业会计准则的规定,结合本企业的实际情况和管理要求,制定本企业的无形资产核算制度,确定无形资产的摊销范围、摊销年限和摊销方法,明确无形资产减值准备核算方法,保证无形资产的核算有章可循、有法可依。

2. 严格审查、妥善保管无形资产凭证

财务部门应当安排专人负责无形资产的核算工作，对无形资产业务的合同、协议、权证、发票等资料严格审核、妥善保管，以备查用。

3. 准确核算无形资产业务

财务部门要按照相关会计制度的要求，对无形资产的取得、使用、保全、技术升级与更新换代、报废处置等进行准确的会计核算。

4. 及时核对无形资产账目

财务部门应当建立健全无形资产账目核对清查制度，每年至少进行一次无形资产核对清查，合理计提减值准备。对核对清查中发现侵占、闲置及需要报废的无形资产，应当查明原因，及时、准确地进行会计账目处理。

> **知识练习：选择题**
> 存货管理的关键控制点包括存货取得、验收入库、仓储保管、领用发出、
> （　　）、销售处置等。
> A. 核对账目　　　B. 配料送货　　　C. 定额管理　　　D. 盘点清查

第四节　资产管理控制制度的设计

一、资产管理控制制度设计的方法与内容

资产管理控制制度设计主要包括现状调研、风险评估和制度设计三个基本环节。

（一）现状调研

制度设计者先要整理描述资产管理方面的内部管理制度或相关文件，梳理资产管理业务流程现状，编制资产管理内部管理制度或相关文件情况表，完成编制资产管理业务流程目录、绘制资产管理业务流程图等资产管理控制制度设计的基础性工作。

1. 整理描述制度文件

制度设计者要认真梳理企业现有的控制制度或文件，重点关注企业有无资产管理方面的相关制度、制度设计是否完善、制度是否得到有效执行，有无具体可控的操作文件或表单等。

2. 梳理描述业务流程

制度设计者要了解企业现行的资产管理业务流程包括哪些环节，能否有效控制资产管理风险，并将企业资产管理方面的业务流程现状以图表的形式描绘出来。

3. 确定业务流程目录

在梳理企业资产管理制度和业务流程现状的基础上，制度设计者应根据控制制度设计的要求，编制资产管理业务流程目录，绘制资产管理业务流程图。

（二）风险评估

1. 识别并描述风险

评估资产管理风险，先要把资产管理的具体风险识别出来，然后整理出整体层

面的风险。企业应根据《企业内部控制应用指引第 8 号——资产管理》中有关资产管理风险的提示，结合企业资产管理的实际情况，识别并具体描述资产管理方面存在的风险。

2. 分析风险

资产管理风险分析的内容很多，一般从成因和结果两个方面进行，并编制资产管理风险分析表。

3. 评估风险

评估资产管理风险应从可能性和影响程度两个维度进行，根据评估结果进行风险排序或划分等级，并编制资产管理风险评估表。

4. 选择风险应对策略

资产管理风险是根据风险评估的结果，针对风险的不同等级采取相应策略的过程。不同等级的资产管理风险采取的应对策略不一样，要针对不同等级的资产管理风险，采取风险规避、风险降低、风险分担或风险承受四种应对策略，并编制资产管理风险应对表。

5. 编制风险数据库

依据资产管理风险评估的结果编制资产管理层面的风险数据库。资产管理风险数据库的基本要素包括业务流程、风险描述、风险分析、风险排序、风险应对策略、剩余风险等，也可以包含内部控制制度设计完成后的控制措施、控制部门或岗位等。

知识链接

资产管理风险评估方法

1. 收益现值法

收益现值法是指根据被评估资产合理的预期获利能力和适当的折现率，计算出资产的现值，并以此评定重估价值。企业的经营受非经营性因素影响较大，对预期收益的预测具有一定困难，因此，这一评估并没有被广泛运用。收益现值法一般只用于评估以长期获利为主的企业，如评估长期出租或经营的企业，评估股份制企业及专利、版权等无形资产。

2. 现行市价法

现行市价法是指参照相同或者类似资产的市场价格，评定重估价值。这一方法适用于数据充分可靠、市场活跃的资产，如对房地产、旧汽车等的评估，以及对二手设备及某些无形资产的评估。

3. 重置成本法

重置成本法是根据该项资产在全新情况下的重置成本，减去按重置成本计算的已使用年限的累计折旧额，考虑资产功能变化、成新率等因素，评定重估价值；或者根据资产的使用期限，考虑资产功能变化等因素重新确定成新率，评定重估价值。

在应用收益现值法或现行市价法的客观条件还不完全具备的条件下，重置成本法较广泛采用。但由于此法对未来经济未作分析，故对中外合资、合作经营，以及国有资产转让给非国有单位或者与之合资、合作，应创造条件采用收益现值法，对股份制企业也应逐步采用收益现值法。

4. 清算价格法

清算价格法是指根据企业清算时其资产可变现的价值，评定重估价值。清算价格法适用于企业破产、抵押、停止清理等情形中的资产评估。

5. 假设开发法

假设开发法是一种适用于评估未开发土地或正在开发项目的方法。该方法通过预测未来开发和销售的潜在收益来评估资产价值。假设开发法需要预测未来的市场趋势、开发成本等因素，具有较高的不确定性。

6. 期权定价法

期权定价法是一种通过使用期权定价模型来评估资产价值的方法。该方法主要适用于存在期权性质的资产，如股票期权、可转换债券等。期权定价法需要预测相关的参数，如波动率、无风险利率等，具有较高的不确定性。

（三）制度设计

1. 确定关键控制点

企业在构建与实施资产管理内部控制的过程中，要针对资产管理风险评估的结果，确定资产管理的一般控制点和关键控制点，并编制资产管理控制要点表。一般来说，资产管理的关键控制点至少应当包括资产取得、验收、领用、清查、处置等环节。

2. 明确控制目标

资产管理控制的基本目标是保证资产管理的合法性、安全性、有效性和可靠性，从而有效控制各种可能发生的风险。各关键控制点的具体控制目标，应根据识别出来的可能存在的具体风险来设计。

3. 提出控制措施

构建资产管理内部控制体系，必须强化对资产管理控制点，尤其是关键控制点的风险控制，并采取相应的控制措施。资产管理控制措施要与资产管理业务相融合，并嵌入资产管理业务流程当中。

4. 设计控制证据

为了保证资产管理控制制度能够有效实施，企业需要设计必要的表单，为资产管理过程留下控制证据。资产管理的相关表单很多，包括资产购置申请书、资产采购计划、采购通知单、资产采购合同、资产验收单、转置凭证、资产退出申请书、资产退出呈批单、资产调拨单或报废单、资产明细账和总账等。

5. 优化控制制度

企业要将内部控制的思想、方法和措施嵌入资产管理制度中。资产管理控制制度的内容和数量因企业的不同而不同。企业既可以制定一个统一的资产管理控制制度，也可以分别制定存货、固定资产、无形资产管理控制制度，其内容至少应明确请购、审批、购买、验收、付款等环节的职责和权限。

6. 绘制控制流程图

企业应根据资产管理业务流程、风险点、控制点及其相关的控制措施，结合具体单位的实际情况来绘制资产管理控制流程图。将资产管理内部控制流程和资产管理业务流程整合在一起，并在图上标示风险点和控制点。

7. 编制控制矩阵

资产管理控制矩阵是对资产管理业务流程图中的风险点、控制措施和控制证据等的详细说明与描述，是资产管理内部控制制度设计结果的集中体现，也是企业内部控制管理手册的重要组成部分。

二、资产管理控制制度设计的目标

(一)存货管理控制制度设计的目标

1. 科学供应，满足生产经营活动需要

无论是生产活动还是销售活动，都需要大量的存货供应。如果存货供应在时间、品种、质量、数量上出现问题，轻则给企业带来经济损失，重则会造成停产事故、安全事故，甚至威胁企业的持续经营和长久发展。因此，从时间、品种、质量、数量等方面保证生产经营活动的存货供应，是存货内部控制的首要目标。

2. 加快周转，提高存货运营效率

如果存货储存不足，会影响生产和销售活动的正常进行；如果存货储备过多，会加大资金占用、降低存货运营效率，导致资金周转困难，最终影响企业的经济效益。因此，加快存货周转、提高存货运营效率是存货内部控制的重要目标。

3. 控制成本，提高经营效率和效果

存货成本不仅影响产品成本和产品的市场竞争力，还直接影响企业的经营效率和效果。因此，企业应当在存货采购、保管、使用、销售、运输各环节控制存货的订购成本、采购成本、储存成本、使用成本、运输成本和销售成本，以实现提高经营效率和效果的目标。

4. 严格核算，合理确认存货价值

企业要按照相关会计制度的规定进行存货的会计核算，要根据存货的特点及管理需要，在企业会计准则允许的范围内确定存货计价方法，合理确认存货价值，防止通过人为调节存货计价方法操纵当期损益。

5. 严加防范，保证存货的安全、完整

存货具有流动性大、分布面广、形态不断转换的特性，防止存货短缺、浪费、侵占、损毁、失窃，保证存货的安全、完整，是存货管理中的重要内容。因此，企业应当加强存货制度建设，完善存货采购、验收、保管、领用、入库、出库、盘点和核算等方面的管理制度和业务流程，防止并及时发现和纠正存货业务中的各种差错和舞弊，确保存货的安全、完整。

(二)固定资产管理控制制度设计的目标

1. 保证固定资产业务的合规性

固定资产内部控制的首要目标是保证各个环节的固定资产业务活动都符合国家的法律法规，符合企业制定的固定资产管理制度和业务流程。

2. 保护固定资产的安全、完整

固定资产以实物资产形态存在，易受到侵占、盗窃、破坏、流失、使用不当、

保护不善等损害。固定资产一旦遭受损害，就会影响某个环节或者整个企业的生产经营活动，给企业造成的经济损失将远远超过一般的流动资产所带来的损失。因此，企业应当采取有效措施，保护固定资产的安全、完整。

3. 提高固定资产的利用率

固定资产利用率是指固定资产利用的有效性和充分性。固定资产利用率的高低、效果的好坏与企业的经济效益息息相关。因此，企业应当合理地配置固定资产的种类与数量，及时处置闲置的固定资产，加强固定资产的日常维修与保养，保证固定资产的完好状态，努力提高固定资产利用率。

4. 确保固定资产核算的真实性和完整性

固定资产核算涉及固定资产的增加、减少、盘点清查、盘盈盘亏、计提折旧和资产减值等会计业务。企业应当制定科学、规范的固定资产核算制度，必须严格划分资本性支出与收益性支出，正确提取折旧，定期进行固定资产的减值测试，对固定资产进行定期盘点，切实做到账账相符、账实相符，以保证会计信息的真实性和完整性。

拓展阅读

固定资产减值的判断依据

当固定资产发生损坏、技术陈旧或其他经济原因，导致其可收回金额低于其账面价值时，应视为固定资产减值。

固定资产减值测试的依据主要是固定资产账面价值与其预计可收回金额之间的差异。预计可收回金额是指固定资产在未来的使用过程中所能够产生的现金流量净额，即资产的现值。

判断固定资产是否存在减值，应同时满足两个条件：一是固定资产的存在不能为企业带来盈利，二是固定资产的销售净价低于其账面价值。

针对不同类型的固定资产，如房屋及建筑物、机器设备、运输设备、电子设备等，通过查看资产性能、物理形态、使用和运行情况等，了解是否存在资产陈旧过时、损坏、闲置、终止使用或计划提前处置等表明资产发生减值的迹象。

企业应当采用公允价值模型或成本减值模型来进行减值测试。公允价值模型主要是比较固定资产现在的价值与原始购买价值，而成本减值模型则是比较固定资产账面价值与预计未来现金流量。

综上所述，固定资产减值的判断不仅涉及资产的可收回金额与账面价值的比较，还包括考虑资产的使用状态、市场变化及技术更新等因素。

(三)无形资产管理控制制度设计的目标

1. 保证无形资产业务的合规性

一是无形资产的取得、使用、保护和处置必须符合国家法律法规和国际惯例，二是无形资产的取得、使用、保护和处置必须符合企业有关无形资产管理制度的规定，三是防止无形资产业务中的串通舞弊、损公肥私等违法乱纪行为。

2. 保证无形资产的先进性

无论是企业购买的无形资产，还是自行开发的无形资产，或者通过其他途径取得的无形资产，都必须进行鉴定验收，以保证其先进性。

3. 发挥无形资产的最大效能

资产是预期会给企业带来经济利益的资源，无形资产也不例外。企业通过使用无形资产，可以有效提升核心竞争力，给企业带来经济效益。但是，如果无形资产使用不当或长期闲置不用，不仅不能发挥无形资产的效能，而且自身价值也会降低。因此，提高无形资产的使用效率，使无形资产发挥最大效能，是无形资产内部控制的重要目标。

4. 保护无形资产的安全、完整

无形资产能够给企业带来经济效益，和其他资产一样，时刻面临着泄密、侵权、侵占、毁损、诉讼等安全隐患。因此，企业需要采取恰当的应对策略，有效规避各种风险的发生，保护无形资产的安全、完整。

> **知识练习：选择题**
> 无形资产管理控制制度设计的目标为（　　　）。
> A. 保证无形资产业务的合规性　　　B. 保证无形资产的先进性
> C. 发挥无形资产的最大效能　　　　D. 保护无形资产的价值

📦 本章小结

资产控制与风险防范　　存货、固定资产、无形资产

资产管理的业务流程
- 存货：取得、验收入库、仓储保管、领用发出、销售处置、盘点清查
- 固定资产：取得、验收、账卡登记、运行管理、盘点清查、更新改造、资产处置、会计系统控制
- 无形资产：取得、验收与落实权属、使用与保全、技术升级与更新换代、处置

资产管理的主要风险与控制措施：关键控制点、控制目标和控制措施

⚙️ 课后思考

1. 与其他资产相比，固定资产具有哪些特点？
2. 资产管理内部控制的总体要求有哪些？企业如何健全和落实资产管理措施？
3. 简述存货盘点清查内部控制的关键控制点、控制目标和控制措施。
4. 无形资产管理应关注哪些风险？
5. 简述资产管理风险评估的主要程序。

素养园地

人人参与、人人负责

供电局作为城市电力供应的重要保障，承担着巨大的社会责任。在电网负荷极高的地区，确保电力供应的稳定与安全至关重要。

带电作业是在不拉闸停电的情况下，电力工人在高压设备上完成测试、检修等一系列高风险工作。广州供电局为了最大限度地减少停电对用户的影响，将带电作业作为硬性服务标准。尽管这项作业投资巨大，且存在极高的风险和难度，但企业依然坚定承担责任，确保城市电力供应的稳定。

带电作业队员在面对高风险、高强度的工作时，展现出了极高的责任感和担当精神。他们不仅严格遵守作业规范，还积极创新作业方法，提高工作效率和质量。这种精神正是内部控制所倡导的"人人参与、人人负责"理念的体现。

知识运用

2021年，S股份有限公司的2名员工因为私自"捡"公司纸箱卖钱获刑一事，登上了微博热搜榜。其中，该公司原参谋部总监蒋某，从2018年10月至2020年4月，利用职务上的便利，伙同他人采取"销售不入账"或"调整过磅表"等方式，将出售的废旧纸箱价款34.4万元占为己有，犯职务侵占罪，判处有期徒刑11个月，并处罚金5万元。

操作要求：分析该公司资产管理中的存货发出管理制度存在的漏洞，并简要说明如何加强内部控制管理。

第九章 内部控制与风险管理评价

总体目标

(1)认知目标：了解内部控制的定义和原则，掌握内部控制评价的内容，重点掌握内部控制与风险管理评价的程序设计。

(2)技能目标：提升在生活中应用内部控制评价程序的设计能力和探究内部控制评价本质的批判性思维。

具体目标

(1)通过内部控制与风险管理评价原则点的学习，理解内部控制评价的全面性、重要性和客观性。

(2)通过内部控制与风险管理评价内容的学习，掌握授权审批的基本内容和信息与沟通的主要内容，认识评估企业面临的主要风险。

(3)通过内部控制与风险管理评价的程序设计的学习，掌握内部控制缺陷的认定标准和认定步骤。

(4)通过内部控制评价底稿与评价报告的学习，掌握内部控制评价底稿的组成部分，分析内部控制评价对外报告与对内报告的异同。

案例导入

M 银行内部控制重大缺陷

M 银行是国内第一家民间资本筹集设立的商业银行。近年来 M 银行违规事件的报道逐渐增多。

2017 年 2 月 22 日，针对 M 银行修改公司章程的事件，上海证券交易所对其下发监管工作函，明确规定了监管要求。

2017 年 4 月 13 日，M 银行北京分行航天桥支行原行长利用职务之便，通过控制他人账户作为资金归集账户，编造虚假理财产品，非法募集客户资金用于个人支配，涉案金额约 16.5 亿元，违反了《私募投资基金监督管理暂行办法》。

2017 年 5 月 22 日，上海证券交易所指出 M 银行独立董事数量未达到上市公司要求，其中 2 位董事任职年限已超过最长期限 6 年，同时未及时披露关联交易协议生效的先决条件，说明其交易披露不完整，风险提示不充分，违反了《关于在上市公司建立独立董事制度的指导意见》《上海证券交易所股票上市规则》的规定。

思考：该银行出现上述违规事件的原因有哪些？

第一节 内部控制评价的定义、原则和作用

一、内部控制评价的定义

内部控制评价作为优化内部控制自我监督机制的一项重要制度安排，是内部控制体系的重要组成部分。《企业内部控制评价指引》第二条规定："本指引所称内部控制评价，是指企业董事会或类似权力机构对内部控制的有效性进行全面评价、形成评价结论、出具评价报告的过程。"

对于内部控制评价的定义，可以从以下几个角度进行理解。

（一）内部控制评价的主体是董事会或类似权力机构

内部控制评价的主体是董事会或类似的权力机构。也就是说，董事会或类似的权力机构是内部控制建设和运行的责任主体。董事会可以指定审计委员会来承担对内部控制评价的组织、领导、监督职责，并通过授权内部审计部门或独立的内部控制评价机构执行内部控制评价的具体工作。董事会对内部控制评价承担最终的责任，对内部控制评价报告的真实性负责。对内部控制的建设和运行的有效性进行自我评价并对外披露，是管理层解除受托责任的一种方式。董事会可以聘请会计师事务所对企业内部控制的有效性进行审计，但其承担的责任不能因此减轻或消除。

（二）内部控制评价的对象是内部控制的有效性

内部控制评价的对象是内部控制的有效性。所谓内部控制的有效性，是指企业建立与实施内部控制对实现控制目标提供合理保证的程度。

1. 根据控制过程

从控制过程的角度来看，内部控制的有效性可以分为内部控制建设的有效性和内部控制运行的有效性。内部控制建设的有效性是指为实现控制目标所必需的内部控制程序都存在且建设恰当，能够为控制目标的实现提供合理保证。内部控制运行的有效性是指在内部控制建设有效的前提下，内部控制能够按照建设的内部控制程序被正确地执行，从而为控制目标的实现提供合理保证。内部控制运行的有效性离不开建设的有效性，如果内部控制在建设上存在漏洞，即使这些内部控制制度能够得到有效执行，也不能认为其运行是有效的。当然，如果评价证据表明内部控制的建设是有效的，但没有得到一贯执行，那么就可以得出其不符合运行有效性的结论。

评价内部控制建设的有效性，可以考虑以下几个方面：①是否做到了以内部控制的基本原理为前提，以我国《企业内部控制基本规范》及其配套指引为依据；②是否覆盖了所有关键的业务与环节，对董事会、监事会、经理层和员工具有普遍的约束力；③是否与企业自身的经营特点、业务模式及风险管理要求相匹配。

评价内部控制运行的有效性，可以从几个方面进行考察：①相关控制在评价期内是如何运行的；②相关控制是否持续运行；③实施控制的人员是否具备必要的权限和能力。

2. 根据控制目标

从控制目标的角度来看，内部控制的有效性可以分为合规目标内部控制的有效

拓展资源：《企业内部控制评价指引》

性、资产目标内部控制的有效性、报告目标内部控制的有效性、经营目标内部控制的有效性、战略目标内部控制的有效性。其中，合规目标内部控制的有效性是指相关的内部控制能够合理保证企业遵循国家相关法律、法规，不从事违法活动或违规交易；资产目标内部控制的有效性是指相关的内部控制能够合理保证资产的安全与完整，防止资产流失；报告目标内部控制的有效性是指相关的内部控制能够防止、发现并纠正财务报告的重大错报；经营目标内部控制的有效性是指相关的内部控制能够合理保证经营活动的效率与效果及时被董事会和经理层所了解或控制；战略目标内部控制的有效性是指相关的内部控制能够合理保证董事会和经理层及时了解战略定位的合理性、实现程度，并适时进行战略调整。

需要说明的是，由于受内部控制固有局限（如评价人员的职业判断、成本效益原则等）的影响，内部控制评价只能为内部控制目标的实现提供合理保证，而不能提供绝对保证。

（三）内部控制评价是一个过程

内部控制评价是一个过程，是指内部控制评价要遵照一定的流程来进行。内部控制评价工作不是一蹴而就的，而是一个涵盖计划、实施、编报等多个阶段、包含多个步骤的动态过程。

二、内部控制评价的原则

按照《企业内部控制评价指引》的要求，企业实施内部控制评价至少应当遵循下列原则。

（一）全面性原则

评价工作应当包括内部控制的建设与运行，涵盖企业及其所属各单位的各种业务和事项。

（二）重要性原则

评价工作应当在全面评价的基础上，关注重要业务单位、重大业务事项和高风险领域。

（三）客观性原则

评价工作应当客观地揭示经营管理的风险状况，如实反映内部控制设计与运行的有效性。

> **知识练习：选择题**
> 根据财政部下发的《企业内部控制基本规范》，（   ）是企业建立和实施内部控制应该遵循的基本原则。
> A. 全面性原则   B. 重要性原则   C. 持续性原则   D. 客观性原则

三、内部控制评价的作用

企业内部控制评价是对企业内部控制制度的完整性、合理性、有效性进行分析和评定的工作。作为内部控制体系的重要组成部分，对于企业来说，内部控制评价有着重要的意义。

(一)自我完善内部控制体系

内部控制评价是通过评价、反馈、再评价，报告企业在内部控制建立与实施中存在的问题，并持续地进行自我完善的过程。通过内部控制评价，企业可以查找、分析内部控制缺陷并有针对性地督促落实修改，可以及时填补管理漏洞，防范偏离目标的各种风险，从建设和执行等全方位健全优化企业的管控制度，从而促进企业内部控制体系的不断完善。

(二)提升市场形象和公众认可度

企业开展内部控制评价，须形成评价结论，出具评价报告。通过自我评价报告，将企业的风险管理水平、内部控制状况，以及与此相关的发展战略、竞争优势、可持续发展能力等公之于众，树立诚信、透明、负责任的企业形象，有利于增强投资者、债权人及其他利益相关者的信任度和认可度，为企业自身创造更为有利的外部环境，促进企业的可持续发展。

(三)实现企业与政府监管的协调互动

政府监管部门有权对企业内部控制的建立与实施的有效性进行监督检查。事实上，有关政府部门在审计机关开展的国有企业负责人离任经济责任审计中，就已将企业内部控制的有效性，以及企业负责人组织领导内部控制体系的建立与实施情况纳入审计范围，并成为十分重要的一个部分。尽管政府部门实施企业内部控制监督检查有其自身的做法和特点，但监督检查的重点部位是基本一致的，如大多数涉及重大经营决策的科学性、合规性及重要业务事项管控的有效性等。实施企业内部控制自我评价，能够通过自查来及早排查风险、发现问题，并积极整改，有利于在配合政府监管中赢得主动，并借助政府监管成果进一步改进企业内部控制实施和评价工作，促进企业的自我评价工作及与政府监管的协调互动。

第二节　内部控制评价的内容

按照《企业内部控制评价指引》的规定，企业应当根据《企业内部控制基本规范》《企业内部控制应用指引》及本企业的内部控制制度，围绕内部环境、风险评估、控制活动、信息与沟通、内部监督等要素，确定内部控制评价的具体内容，对内部控制设计与运行情况进行全面评价。

一、内部环境评价

企业组织开展内部环境评价，应当以组织架构、发展战略、人力资源、企业文化、社会责任等应用指引为依据，结合本企业的内部控制制度，对内部环境的设计及实际运行情况进行认定和评价。强有力的组织领导体制是内部控制评价工作有效实施的基本保证。企业组织开展控制活动评价，应当以《企业内部控制基本规范》和各项应用指引中的控制措施为依据，结合本企业的内部控制制度，对相关控制措施的设计及运行情况进行认定和评价。

(一)授权审批

企业授权内部审计机构或者其他专门机构作为内部控制评价机构，负责内部控

制评价的具体组织实施工作。即为企业内部控制评价工作的开展设置了专门的职能机构。

　　为了确保内部控制评价机构职能的有效发挥，内部控制评价机构必须具备一定的设置条件：①具有相对独立性，能够独立行使对内部控制系统建立与运行过程及结果进行监督的权力；②胜任能力的要求，授权内部审计机构或者其他专门机构应具备与监督和评价内部控制系统相适应的专业胜任能力；③协调与制约，授权内部审计机构或者其他专门机构与企业其他职能机构就监督与评价内部控制系统方面应当保持协调一致，在工作中相互配合、相互制约，满足企业对内部控制系统进行监督与评价所提出的有关要求；④支持与监督，授权内部审计机构或者其他专门机构能够得到企业董事会和经理层的支持，通常直接接受董事会及其审计委员会的领导和监事会的监督，有足够的权威性来保证内部控制评价工作的顺利开展。

🔍 知识链接

授权的类型

　　授权有一般授权和特别授权之分。一般授权是指授权处理一般性的交易；而特别授权是指授权处理非常规性交易事件，如重大资本支出和股票发行等。特别授权也可用于超过一般授权限制的常规交易，如同意因特殊情况，对某个不符合一般信用的客户赊销商品。

(二)职责分工

　　在设置内部控制评价机构的基础上，企业应成立专门的评价工作组，接受内部控制评价机构的领导，具体承担内部控制评价工作的组织。

　　《企业内部控制评价指引》要求内部控制评价机构根据经批准的评价方案，挑选具备独立性、业务胜任能力和职业道德素养的评价人员，组成评价工作组，具体实施内部控制评价工作。

　　评价工作组成员应当吸收企业内部相关机构熟悉情况的业务骨干参加。实施评价工作前，评价人员需要接受相关培训。培训内容一般包括内部控制专业知识及相关规章制度、评价工作流程、检查评价方法、工作底稿填写要求、缺陷认定标准、评价人员的权利与义务及评价中需重点关注的问题等。

　　通过内部控制职能机构和评价工作组这种矩阵式的组织设置，可以有效促进内部控制评价工作的开展。

二、风险评估评价

　　企业组织开展风险评估评价，评估企业面临的各种风险，包括战略风险、财务风险、市场风险、运营风险和法律风险等，并确定相应的风险承受能力和应对策略。

　　战略风险是指企业在运用各类资源与能力追求发展的过程中，因自身要素与外部复杂环境匹配失衡而引发的各种阻碍或可能的机遇。战略风险的影响因素既来源于企业外部，如政治法律环境、经济环境、社会环境、技术环境和行业状况等；也来源于企业内部，如战略资源、战略能力和领导能力等。

　　财务风险主要包括资金风险、投资风险和财务报告风险等。资金风险是企业面临的主要财务风险之一，涉及资金的筹集、使用和收回等方面。投资风险是指企业在投资过程中可能遇到的各种不确定性，如市场变化、政策调整等。财务报告风险则涉及财务报表的真实性和准确性等方面。

市场风险是指由于市场价格、利率、汇率等因素的变动而导致的企业资产价值下降或负债增加的风险。

运营风险是指企业在运营过程中可能遇到的各种不确定性，如供应链中断、生产事故、设备故障等。运营风险还涉及企业内部的组织结构、管理流程等方面。

法律风险是指企业在经营过程中因违反法律法规或合同条款而导致的损失或法律纠纷的风险。法律风险包括合规风险和合同履行风险等方面。

三、控制活动评价

控制活动评价是企业内部控制评价的核心环节，主要关注企业是否通过设计、执行控制活动，将风险控制在可接受的范围之内。

控制活动评价是指对企业内部各项控制活动的有效性、合理性和合规性进行评价的过程。这些控制活动旨在确保企业经营管理目标的实现，保障企业资产的安全、完整，以及确保企业财务报告及相关信息的真实、完整。通过控制活动评价，企业可以及时发现并纠正内部控制中的缺陷和不足，提高内部控制的效率和效果。

(一)评价内容

控制活动评价的内容主要包括：①资金活动控制，评估企业对资金筹集、投放、运营和分配等活动的控制是否有效，包括资金审批、支付、结算等环节是否存在漏洞或风险；②采购业务控制，评价企业采购计划的制订审批、执行和结算等环节的控制是否完善，供应商的选择、合同的签订和执行等方面是否存在风险；③资产管理控制，评估企业对存货、固定资产、无形资产等各类资产的管理是否规范，包括资产的采购、验收、保管、使用和处置等环节是否存在问题；④销售业务控制，评价企业销售计划的制订执行和结算等环节的控制是否有效，包括客户信用管理、销售合同签订和执行、收款管理等方面是否存在风险；⑤工程项目控制，评价企业工程项目的立项、招标、施工和验收等环节的控制是否有效，工程项目的预算、进度和质量等方面的管理是否存在风险；⑥财务报告控制，评估企业财务报告的编制审核和披露等环节的控制是否有效，包括财务报告的完整性、准确性和及时性等方面。

(二)评价方法

在进行控制活动评价时，可以采用以下几种方法：①穿行测试，通过模拟企业业务流程，了解控制活动在实际操作中的执行情况，从而评估控制活动的有效性；②抽样检查，从企业的业务活动中随机抽取一定数量的样本进行检查，以评估控制活动的准确性和完整性；③分析性复核，通过对企业财务报告和相关数据进行比较分析，以评估控制活动的合规性和有效性；④个别访谈，与企业员工进行面对面或电话访谈，了解他们对控制活动的理解和执行情况，从而评估控制活动的有效性。

(三)评价标准

在进行控制活动评价时，需要制定明确的评价标准：①控制活动的有效性，评估控制活动是否能够有效地防范和控制风险，确保企业经营管理目标的实现；②控

学习笔记

拓展资源：
《企业内部控制应用指引第6号——资金活动》

拓展资源：
《企业内部控制应用指引第11号——工程项目》

制活动的合理性，评估控制活动的设计是否符合企业的实际情况和业务需求，是否具有可操作性和可执行性；③控制活动的合规性，评估控制活动是否符合国家法律法规和企业内部规章制度的要求，是否存在违法违规的行为。

🔍 拓展阅读

内部控制为什么会存在固有的局限性

内部控制无论如何有效，都只能为被审计单位实现财务报告目标提供合理保证。内部控制实现目标的可能性受其固有限制的影响。这些限制包括：①在决策时人为判断可能出现错误和因人为失误而导致内部控制失效；②控制可能由于两个或更多的人员串通或管理层凌驾于内部控制之上而被规避；③内部行使控制职能的人员素质不适应岗位要求；④被审计单位实施内部控制的成本效益原则。

内部控制一般都是针对经常而重复发生的业务而设置的，如果出现不经常发生或未预计到的业务，原有控制就可能不适用。

四、信息与沟通评价

信息与沟通评价是内部控制评价中的关键环节，主要关注企业内部所有部门之间和员工、管理者之间的信息沟通是否顺畅、有效。

企业组织开展信息与沟通评价，应当以内部信息传递、财务报告、信息系统等相关应用指引为依据，结合本企业的内部控制制度，对信息收集、处理和传递的及时性、反舞弊机制的健全性、财务报告的真实性、信息系统的安全性，以及利用信息系统实施内部控制的有效性进行认定和评价。

(一)评价内容

信息与沟通评价的内容主要包括：①信息共享，评估企业内部各部门之间、员工之间，以及员工与管理层之间的信息共享程度，包括信息的传递是否及时、准确，员工是否能够方便地获取所需信息；②信息交流与反馈机制，评价企业内部的信息交流渠道是否畅通，员工是否能够及时、准确地交流信息，并得到有效反馈，包括上下级之间的沟通、部门之间的沟通及员工之间的沟通；③业务操作和管理信息系统，评估企业的业务操作和管理信息系统是否完善，是否能够满足企业信息管理的需求，包括系统的功能是否齐全、操作是否便捷、数据是否准确等；④档案及数据管理，评价企业对档案和数据的管理是否规范、有效，包括档案的保存借阅、销毁等流程是否完善，数据是否得到及时备份、保护等；⑤计算机信息环境控制，评估企业对计算机信息环境的控制是否到位，包括网络安全、系统安全、数据安全等方面的控制措施是否有效。

(二)评价标准

在进行信息与沟通评价时，需要制定明确的评价标准，主要包括：①信息的准确性和及时性，评估信息传递是否准确、及时，是否满足企业决策的需求；②沟通渠道的畅通性，评估企业内部沟通渠道是否畅通，员工是否能够及时、准确地交流信息；③信息系统的可靠性和安全性，评估企业的业务操作和管理信息系统是否可靠、安全，是否能够保障数据的安全性和完整性；④员工对信息与沟通机制的满意度，评估员工对信息与沟通机制的使用情况和满意度，包括系统的易用性、信息的共享程度等。

五、内部监督评价

企业组织开展内部监督评价，重点关注监事会、审计委员会、内部审计机构等是否在内部控制设计和运行中有效发挥监督作用。

尽管持续性监控程序可以提供关于其他控制要素有效性的重要反馈信息，但经常对系统的有效性直接进行评估也是十分必要的。在企业内部监督评价中，应关注以下几个方面。

(一)范围和频率

由于所控制风险的大小及内部控制在减小风险中的重要性不同，对于内部控制进行评价的范围和频率也不一样。例如，对那些致力于重大风险或对减小风险具有重要作用的控制就应经常地进行评价。对整个内部控制系统进行评价并不像对个别控制进行评价那样频繁，主要取决于战略及管理层的变更、重大并购或处置、经营活动或财务处理方法的重大变更等几个因素。当作出决策对企业的内部控制系统进行评价时，应当特别注意每个内部控制要素及其所有的关键活动。

(二)评价主体

评价通常以自我评价的方式进行，即负责某一单位或职责的人员对其控制自身活动的有效性进行评价。例如，部门主管应指导本部门内部控制的评价活动，可能亲自评价控制环境因素，然后请部门内负责各种经营活动的人员评价其他要素的有效性。生产经理可能主要关注经营和符合性目标，而会计主管可能更重视财务报告目标。然后，所有结果都将由主要执行人审阅。最后，部门的自我评价将与其他部门对其内部控制的评价一起交由企业的管理层审阅。

评价内部控制是内部审计人员的职责之一。有时，在董事会、高级管理层、子公司及部门主管的特殊要求下，内部审计人员也会对内部控制进行评价。在评价内部控制时，管理层可利用外部审计人员来进行此项工作。在管理层认为必要的时候，也可结合以上两种方式来执行特定的评价程序。

(三)评价程序

对内部控制系统进行评价本身也是一种评价程序。当方法或技术不改变时，这种评价程序应有一定的规则并建立在一定的基础之上。

评价者须理解企业每项活动及内部控制系统的各要素。因此，应先关注系统的运行过程或内部控制系统的设计，其中包括同企业职员进行探讨并审阅已有的文件。

评价者需要确定系统实际是如何工作的。已经设计好的特定的操作程序可能因时间的推移而有所变动，抑或不再实施。有时确立了新的控制，但描述系统的人却不知道或未将其归档。为了确定系统实际是如何工作的，评价者可以与实施控制或受控制影响的人进行讨论，或检查控制执行记录或其他程序的组合。

评价者必须分析内部控制的设计和测试结果。分析必须在已确定的准则的背景下，结合内部控制系统是否对既定目标提供了合理保证这一最终目标进行。

知识练习：选择题

1. 下列有关内部控制评价的说法中，错误的是（   ）。

A. 内部控制评价应紧紧围绕内部环境、风险评估、控制活动、信息与沟通、内部监督五要素进行

B. 内部控制的有效性是指企业建立与实施内部控制对实现控制目标提供合理保证的程度

C. 企业实施内部控制评价，包括对内部控制设计有效性的评价，但不包括运行有效性的评价

D. 董事会可以通过审计委员会来承担对内部控制评价的组织、领导、监督职责

2. 内部控制评价的内容主要包括（   ）。

A. 内部环境与内部监督评价   B. 风险评估评价

C. 信息与沟通评价   D. 控制活动评价

第三节　内部控制评价的程序

《企业内部控制评价指引》第十二条第一款规定："企业应当按照内部控制评价办法规定的程序，有序开展内部控制评价工作。"

内部控制评价程序一般包括制定评价工作方案、组成评价工作组、实施现场测试、认定控制缺陷、汇总评价结果、编报评价报告等。

一、制定评价工作方案

内部控制评价机构应当以内部控制目标为依据，结合企业内部监督情况和管理要求，分析企业经营管理过程中影响内部控制目标实现的高风险领域和重要业务事项，确定评价方法，制定科学合理的评价工作方案，经董事会批准后实施。评价工作方案应当明确评价主体范围、工作任务、人员组织、进度安排和费用预算等相关内容。评价工作方案既可以以全面评价为主，又可以根据需要采用重点评价的方式。

二、组成评价工作组

企业内部控制评价部门应当根据经批准的评价方案，组成内部控制评价工作组，具体实施内部控制评价工作。评价工作组应当吸收企业内部相关机构熟悉情况的业务骨干参加。评价工作组成员对本部门的内部控制评价工作应当实行回避制度。

三、实施现场测试

内部控制评价工作组可以综合运用个别访谈法、调查问卷法、专题讨论法、穿行测试法、实地查验法、抽样法和比较分析法等各种方法，对被评价企业进行现场测试，充分收集被评价企业内部控制设计和运行是否有效的证据，对评价项目与有关数据如实确认和分析。

四、认定内部控制缺陷

内部控制缺陷是内部控制在建设和运行中存在的漏洞。这些漏洞将不同程度地影响内部控制的有效性，影响控制目标的实现。衡量内部控制有效性的关键步骤就是查找内部控制在建设或运行环节中是否存在重大缺陷。

(一)内部控制缺陷的认定标准

对内部控制缺陷的认定是对内部控制缺陷的重要程度进行识别和确定的过程，即判定一项缺陷属于重大缺陷、重要缺陷还是一般缺陷的过程。

内部控制缺陷一经认定为重大缺陷，内部控制评价报告中将会被出具"否定意见"，而被认定为存在重大缺陷的企业内部控制系统是不能被投资者等利益相关者所相信的。

此外，内部控制缺陷，尤其是重大缺陷，代表着内部控制的薄弱环节，是未来内部控制修补和完善的重点。因此，对内部控制缺陷所属的类型进行认定十分重要，直接关系外部利益相关者对企业的认可度及企业今后内部控制工作的重点所在。对内部控制缺陷进行正确认定的关键是有一套系统、可行的认定标准。

(二)内部控制缺陷的认定步骤

第一步：结合财务报告内部控制缺陷的迹象，判断是否可能存在财务报告内部控制缺陷。

第二步：确定重要性水平和一般水平，以此作为判断缺陷类型的临界值。可以采用绝对金额法或者相对比例法进行确定。

第三步：抽样。按照业务发生频率的高低和账户的重要性确定抽样数量。

第四步：计算潜在错报金额。根据控制点错报样本数量和样本量，在潜在错报率对照表中查找对应的潜在错报率，之后统计相应账户的同向累计发生额，计算控制点潜在错报金额。其计算公式为：

$$潜在错报金额＝潜在错报率×相应账户的同向累计发生额$$

第五步：如果重要性水平和一般水平是绝对金额，那么可以直接将潜在错报金额合计数与其进行比较，判断缺陷类型；如果重要性水平和一般水平是相对数，需进一步计算错报指标再进行比较判断。

$$错报指标＝潜在错报金额合计数÷当期主营业务收入(或期末资产)$$

(三)内部控制缺陷的处理办法

内部控制缺陷按照成因不同，分为建设缺陷和运行缺陷。对于建设缺陷，应从企业内部的管理制度入手查找原因，需要更新、调整、废止的制度要及时进行处理，并同时改进内部控制体系的设计、弥补建设缺陷的漏洞。对于运行缺陷，则应分析出现的原因，查清责任人，并有针对性地进行整改。

内部控制缺陷按照影响程度不同，分为重大缺陷、重要缺陷和一般缺陷。对于重大缺陷，应当由董事会予以最终认定。企业要及时采取应对策略，切实将风险控制在可承受范围之内。对于重要缺陷和一般缺陷，企业应当及时采取措施，避免发生损失。

企业应当编制内部控制缺陷汇总表，结合实际情况对内部控制缺陷的成因、表

📝学习笔记

现形式和影响程度进行综合分析和全面复核，提出认定意见和改进建议，确保整改到位，并以适当形式向董事会、监事会或者经理层报告。

🔍 知识链接

有关内部控制缺陷的认定标准，如表9-1所示。

表9-1   内部控制缺陷认定标准

缺陷类型	定义	认定标准	
		定量标准 （财务报表的错报金额区间）	定性标准
重大缺陷	一个或多个控制缺陷的组合，可能导致企业严重偏离控制目标	错报＞利润总额的5%； 错报＞资产总额的3%； 错报＞经营收入总额的1%； 错报＞所有者权益总额的1%	缺乏民主决策程序； 决策程序导致重大失误； 违反国家法律法规并受到处罚； 中高级管理人员和高级技术人员流失严重； 负面新闻频现，涉及面广； 重要业务缺乏制度控制或制度体系失效； 内部控制重大缺陷或重要缺陷未得到整改
重要缺陷	一个或多个控制缺陷的组合，其严重程度和经济后果低于重大缺陷，但仍有可能导致企业偏离控制目标	利润总额的3%＜错报＜利润总额的5%； 资产总额的0.5%＜错报＜资产总额的3%； 经营收入总额的0.5%＜错报＜经营收入总额的1%； 所有者权益总额的0.5%＜错报＜所有者权益总额的1%	民主决策程序存在但不够完善； 决策程序导致的一般失误； 违反企业内部规章，形成损失； 关键岗位业务人员流失严重； 出现负面新闻，波及局部区域； 重要业务制度或系统存在缺陷； 内部控制重要缺陷或一般缺陷未得到整改
一般缺陷	除重大缺陷、重要缺陷之外的其他控制缺陷	错报＜利润总额的3%； 错报＜资产总额的0.5%； 错报＜经营收入总额的0.5%； 错报＜所有者权益总额的0.5%	决策程序效率不高； 违反内部规章，但未形成损失； 一般岗位业务人员流失严重； 出现负面新闻，但影响不大； 一般业务制度或系统存在缺陷； 一般缺陷未得到整改； 存在其他缺陷

五、汇总评价结果

评价工作组全面复核和确认检查出来的各种问题，分析汇总评价结果，提出认定意见并编制评价报告。

《企业内部控制评价指引》专门对内部控制评价报告进行了规范，要求企业在评价报告中至少披露以下内容：①董事会对内部控制报告真实性的声明，实质就是董事会全体成员对内部控制有效性负责；②内部控制评价工作的总体情况，即概要说明；③内部控制评价的依据，一般指基本规范、评价指引及企业在此基础上制定的评价办法；④内部控制评价的范围，描述内部控制评价所涵盖的被评价单位，以及纳入评价范围的业务事项；⑤内部控制评价的程序和方法；⑥内部控制缺陷及其认定情况，主要描述适用于本企业的内部控制缺陷具体认定标准，并声明与以前年度保持一致，同时根据内部控制缺陷认定标准，确定评价期末存在的重大缺陷、重要缺陷和一般缺陷；⑦内部控制缺陷的整改情况及重大缺陷拟采取的整改措施；⑧内部控制有效性的结论，对不存在重大缺陷的情形，出具评价期末内部控制有效结论，对存在重大缺陷的情形，不得作出内部控制有效的结论，并应描述该重大缺陷的成因、表现形式及其对实现相关控制目标的重要程度。

企业应当根据年度内部控制评价结果，结合内部控制评价工作底稿和内部控制缺陷汇总表等资料，按照规定的程序和要求，及时编制内部控制评价报告。

六、编制评价报告

内部控制评价机构以认定的内部控制缺陷和汇总的评价结果为基础，综合内部控制工作整体情况，客观、公正、完整地编制内部控制评价报告，并报送企业经理层、董事会和监事会，由董事会最终审定后对外披露。企业内部控制审计报告应当与内部控制评价报告同时对外披露或报送。企业应当建立内部控制评价工作档案管理制度，并妥善保管内部控制评价的有关文件资料、工作底稿和证明材料等。

内部控制评价报告应当报经董事会或类似权力机构批准后对外披露或报送相关部门。对于基准日至内部控制评价报告发出日期间发生的影响内部控制有效性的因素，企业应当根据其性质和影响程度对评价结论进行相应的调整。

知识练习：选择题

1. 内部控制评价工作组对被评价单位进行现场测试时，可以单独或者综合运用的方法有（ ）。

A. 调查问卷法　　B. 专题讨论法　　C. 穿行测试法　　D. 实地查验法

2. 内部控制缺陷按其影响程度分为（ ）。

A. 重大缺陷　　B. 重要缺陷　　C. 一般缺陷　　D. 财务报告缺陷

3. 企业在内部控制评价报告中披露的内容包括（ ）。

A. 董事会声明　　　　　　　　B. 内部控制评价工作的总体情况

C. 内部控制评价的依据　　　　D. 内部控制缺陷及其认定、整改情况

第四节　内部控制评价底稿与评价报告

企业内部控制评价部门应根据日常监督与专项监督工作的情况，结合内部控制缺陷的认定与整改结果，形成一系列评价底稿，最终形成内部控制评价报告。内部控制评价报告是内部控制评价的最终体现。

一、内部控制评价底稿

内部控制评价底稿是内部控制工作的载体，也是内部控制评价报告形成的基础。

在实际工作中，评价底稿一般是通过一系列的评价表格来实现的。一般来说，评价底稿包括业务流程评价表、控制要素评价表和内部控制评价汇总表。

(一)业务流程评价表

企业的经营活动涉及多个业务流程，包括采购业务流程、销售业务流程、工程项目业务流程、担保业务流程等。企业应根据其自身业务特点，建设合理的业务流程模块，由相对独立的评价小组对每个业务流程进行测试与评价，形成业务流程评价表。各类业务流程评价应包括建设有效性和运行有效性。各业务流程评价表应包括评价指标(对控制点的描述)、评价标准(检查是否符合控制要求)、评价证据、评价结果(评价得分)、未有效执行的原因等。

(二)控制要素评价表

控制要素评价表包括内部环境评价表、风险评估评价表、控制活动评价表、信息与沟通评价表、内部监督评价表。其中，内部环境评价表、风险评估评价表、信息与沟通评价表、内部监督评价表都是根据现场评价结果直接形成的，而控制活动评价表是在对各业务流程评价表的基础上汇总而成的。控制要素评价表的内容包括评价指标、评价标准、评价结果、评价得分等。

(三)内部控制评价汇总表

内部控制评价汇总表包括以下几个部分：①内部环境评价及其评分；②风险评估评价及其评分；③控制活动评价及其评分；④信息与沟通评价及其评分；⑤内部监督评价及其评分；⑥缺陷的认定；⑦综合评价得分。

内部控制评价汇总表是在内部控制要素评价表的基础上汇总形成的，并将缺陷的认定单列项目，作为最后评价得分的减项。为了更清楚地描述缺陷的基本情况，应分类反映缺陷数量、等级等项目。

二、内部控制评价报告

(一)内部控制评价报告的编制要求

内部控制评价报告可以分为对外报告和对内报告。对外报告是为了满足外部信息使用者的需求，需要对外披露，在时间上具有强制性，披露内容和格式强调符合披露要求；对内报告主要是为了满足管理层或治理层改善管控水平的需要，不具有强制性，内容、格式和披露时间由企业自行决定。

企业因其外部环境和内部条件的变化，其内部控制系统不可能是固定的、一成不变的，而是一个不断更新和自我完善的动态体系。因此，需要经常对内部控制展开评价，在实际工作中可以采用定期与不定期相结合的方式。

对外报告一般采用定期的方式，即企业至少应该每年进行 1 次内部控制评价，并由董事会对外发布内部控制报告。年度内部控制评价报告应当以 12 月 31 日为基准日。应当说明的是，如果企业在内部控制评价报告年度内发生了特殊的事项且具有重要性，或因为具有了某种特殊原因，企业需要针对这种特殊事项或原因及时编制内部控制评价报告并对外发布。这种类型的内部控制评价报告属于非定期的内部控制评价报告。

对内报告一般采用不定期的方式，即企业可以持续地开展内部控制的监督与评价，并根据结果的重要性随时向董事会（审计委员会）或经理层报送评价报告。从广义上讲，企业针对发现的重大缺陷等向董事会（审计委员会）或经理层报送的内部报告（内部控制缺陷报告）也属于非定期内部控制评价的报告。

根据《企业内部控制基本规范》《企业内部控制评价指引》的要求，财政部等五部委制定了企业内部控制评价报告的格式供企业编制评价报告时参考。企业也可以根据实际情况对具体的报告方式作适当调整，但有关内容原则上应体现在年度报告中。

（二）内部控制评价报告的披露与报送

在我国，随着《企业内部控制基本规范》及配套指引的推出，内部控制信息披露已经逐渐步入强制性阶段。《企业内部控制评价指引》第二十六条规定："企业应当以每年的 12 月 31 日作为年度内部控制评价报告的基准日，内部控制评价报告应于基准日后 4 个月内报出。"

对于委托注册会计师对内部控制的有效性进行审计的企业，应同时将内部控制审计报告对外披露或报送。

企业内部控制评价报告应按规定报送有关监管部门。对于国有控股企业，应按要求报送国有资产监督管理部门和财政部门；对于金融企业，应按规定报送银行业监督管理部门或保险业监督管理部门；对于公开发行证券的企业，应报送证券监督管理部门。

📖 本章小结

内部控制评价

> 定义：企业董事会或类似权力机构对内部控制的有效性进行全面评价、形成评价结论、出具评价报告的过程
> 原则：全面性原则、重要性原则、客观性原则
> 作用：自我完善内部控制体系、提升市场形象和公众认可度、实现企业与政府监管的协调互补
> 内容：内部环境评价、风险评估评价、控制活动评价、信息与沟通评价、内部监督评价
> 程序：制定评价工作方案、组成评价工作组、实施现场测试、认定内部控制缺陷、汇总评价结果、编制评价报告

内部控制评价底稿：业务流程评价表、控制要素评价表、内部控制评价汇总表

❄ 课后思考

1. 企业内部控制评价的内容有哪些？
2. 简述企业内部控制评价的原则。
3. 试说出几种常见的内部控制评价方法。
4. 简述企业内部控制评价的程序。
5. 内部控制缺陷有几种类型？

⚙ 素养园地

固职业之德，做审计之剑

审计人员在执行过程中，除了遵守法纪法规外，还要自觉遵守职业道德。审计人员职业道德是为指导审计人员在从事审计工作中保持独立的地位、公正的态度和约束自己行为而制定的一整套职业道德规范。

国家审计人员职业道德的要求包括：审计机关和审计人员办理审计事项，应当严格依法、正直坦诚、客观公正、勤勉尽责、保守秘密。

内部审计人员职业道德的要求包括：依法审计、忠于职守、坚持原则、客观公正、廉洁奉公、保守秘密；不得滥用职权、徇私舞弊，不得泄露秘密、玩忽职守。

📖 知识运用

甲公司聘用 A 会计师事务所对其 2024 年度的内部控制有效性实施审计，并由 A 会计师事务所认定内部控制缺陷，出具内部控制评价报告并对外发布。

操作要求：根据《企业内部控制基本规范》及其配套指引的要求，判断甲公司是否存在不当之处；对存在不当之处的，分别指出不当之处，并逐项说明理由。

参考文献

[1]张远录，企业内部控制与制度设计[M].2版.北京：中国人民大学出版社，2019.

[2]吴智勇，秦捷，内部控制管理实务[M].北京：高等教育出版社，2019.

[3]方红星，池国华.内部控制学[M].5版.大连：东北财经大学出版社，2022.

[4]颜青，罗健，蒋淑玲.内部控制与风险管理[M].2版.北京：中国人民大学出版社，2023.

[5]洪宇，内部控制[M].上海：立信会计出版社，2022.

[6]宋森，吴煜丽.中小企业审计实务[M].2版.北京：北京师范大学出版社，2021.

[7]王如燕，陈丽英.内部控制与风险管理[M].上海：立信会计出版社，2024.